天智天皇と大化改新

森田　悌　著

同成社　古代史選書　2

はしがき

本書は、蘇我入鹿暗殺事件である乙巳の変を断行した中大兄皇子、天智天皇を基軸に、その周辺や大化から天智天皇朝にかけての政治改革および死後の天智天皇の評価等について考察したものである。主たる史料としては『日本書紀』を使用し、併せて『藤氏家伝』や『万葉集』所載の和歌等を用いた。テーマがテーマなだけに先学による研究蓄積には大変なものがあり、圧倒される思いがするが、先学説の間には所見の岐れているところが多く、史料批判を含め左袒し得ない論点が多々あることも事実である。私は極力先入主となるようなことにならないよう心掛け、虚心坦懐を旨として史料の解読を行い、納得のできる歴史像の提示に努めてみた。

天智天皇が領導した大化改新については律令国家形成の起点をなすとの見方がある一方で、虚構と見做し、天武・持統天皇朝の動向を重視する所説がある。後者は大化改新否定論として知られ、この学説は大化改新肯定論者にも多大な影響を与え、大化で打ち出された改革案は多分に目標提示であって、実現されるようになるのはかなり時間が経過した後のことである、との主張が間々なされている。私は大化改新否定論に与さず、大化の改革案が目標提示であったとする所見も当たらないとみているが、総じて大化改新を議論する論者にあっては、改新以降の史料、動向に注視しても、それ以前のあり方を等閑視して来ている嫌いがあるように思う。天智天皇朝の甲子の宣や天武・持統天皇朝における施策が『日本書紀』にみえる大化の改革策なのであり、後者は虚構なのだとする大化改新否定論はその典型であるが、大化で作成を宣布している造籍の法について言えば、吉備の五郡に展開する白猪屯倉において敏達天皇朝の頃丁籍、名籍を作成するという先蹤があり、かかる行政経験の蓄積との関連で改新策は検討されなければならないのである。論者の中には、大化改新の政治方針は当時の歴史段階を念頭におくと時期尚早との思いを抱いている向きが少なくないのであるが、五世紀段階における朝廷大王陵や地方豪族による大古墳の築造を顧慮すれば、当時の権力者による人民統治術がかなり発展していたことを想定せざるを得ないように思う。大古墳造営のため長期に渉り多数の労務者を差発するとなれば、帳簿作成から始めて統治技術の発達が不可欠なはずである。大化改新を検討するに当たっては、かかる前史を踏まえる必要があるのである。

また改革案の起草実務には、当時の日本において最高の知的能力を有し、その上で十年以上、三十年余という長期間中国で研鑽を積み、隋・唐の政治哲学、法律制度について習得している帰朝留学僧・生らが参画していた事実が重視されねばならないと思う。この点に関しては多くの論者が触れてはいるが、通り一遍以上でない、というのが私の正直な所感である。彼らは四書五経や『史記』以下の史書は勿論、武徳律令のような法書も学んでいたことに疑いなく、その素養が大化改新詔以下の改革策の起案過程で活かされていたと考えるべきだと思うのである。『日本書紀』を読んでいて大化に差し掛かると、前後の時代と異なる長文かつ論理性に優れた詔勅の類がみられるようになるとの思いは、誰しもが抱くのではなかろうか。私はここに、帰朝留学僧・生らの起案段階における関与の跡をみることができるように思う。

日本史における大変革となると明治維新があるが、一方に江戸時代後半以降の国内における改革の動きがあり、他方欧米の文物・制度の導入があって、その上に達成されたとする見方に、まず異論はあるまい。大化改新の分析に当たっても、内部的発展の前史と先進中国の文物・制度の導入という二つの視点に留意する必要があり、本書ではかかる看点を意識しつつ考察をすすめた積りである。

なお、本書執筆に当たっては、日本の君主は天皇と称することで統一している。天皇称号の開始は推古天皇朝のことなので、それ以前の段階において天皇称号を使用するのは不正確であるが、慣例的に天皇と称されているので、それに従っている。年次を示すに当たっては、天皇の在位年次により示しているが、天智天皇の治政期にあっては、称制時代と即位以降を一連のものとしている。また本書は私の考察結果を述べることを本意としているので、必要に応じて研究史ないし先学説に触れているが、研究史の叙述が目的ではないので、悉皆的に言及することはしていない。諒とされたい。

目次

天智天皇と大化改新

第一章　大化改新前史

第一節　皇位継承

皇位継承事情

皇位継承は何時の時代においても問題を胎みやすい課題であり、そのための制度的解決策が皇太子制であり、天皇の在位中に次の天皇となるべき後嗣を定めておく方式である。皇太子制が確立していれば、在位中の天皇が退位ないし死去した時に、皇太子が直ちに即位することが可能になるのである。勿論皇太子制が確立しているからといって問題がないとはいえず、状況によっては皇太子の改廃が珍しいことでなく、律令皇太子制下の奈良時代末において、光仁天皇朝の皇太子他戸親王は後の桓武天皇となる山部親王を擁立する藤原百川の策謀により太子を廃され、桓武天皇朝の当初において皇太子早良親王は実子安殿親王の立太子を図った桓武天皇により廃立されている。即ち皇太子制、即皇位継承の安定化ということにはならないが、この制度により皇位継承の円滑化が進むであろうことは言うまでもないだろう。私見によれば、後述する如く日本における皇太子制の創出は天智天皇朝末で、大友皇子をもって皇太子の嚆矢と考えている。当然のことながら、天智天皇朝以前においては皇太子制を欠き、天皇が欠けると紛糾の発生が間々みられている。いま六世紀に入った継体天皇以降、舒明天皇に至るまでのそれぞれの天皇の即位事情を示す『日本書紀』の記事を引用すると、次の通りである。

①継体天皇

（武烈天皇）八年（五〇六）冬十二月己亥、小泊瀬（武烈）天皇崩。元無二男女一、可レ絶二継嗣一。壬子、大伴金村大連議曰、方今絶無二継嗣一。天下何所レ繋レ心。自レ古迄レ今、禍由レ斯起。今足仲彦天皇五世孫倭彦王、在二丹波国桑田郡一。請、試設二兵杖一、夾二衛乗輿一、就而奉レ迎、立為二人主一。大臣大連等、一皆随焉、奉レ迎如レ計。於是倭彦王、遥望二迎兵一、懼然失レ色。仍遁二山壑一、不レ知レ所レ詣。（継体天皇）元年春正月辛酉朔甲子、大伴金村大連、更籌議曰、男大迹王、性慈仁孝順。可レ承二天緒一。冀慇懃勧進、紹二隆帝業一。物部麁鹿火大連・許勢男人大臣等、僉曰、妙二簡枝孫一、賢者唯男大迹王也。丙寅、遣二臣連等一、持レ節以備二法駕一、奉レ迎二三国一。夾二衛兵仗一、粛二整容儀一、警二蹕前駈一、奄然而至。於是男大迹天皇、晏然自若、踞二坐胡床一。斉二列陪臣一、既如二帝坐一。（中略）二月辛卯朔甲午、大伴金村大連、乃跪上二天子鏡剣璽符一再拝。（中略）男大迹天皇曰、大臣大連、将相諸臣、咸推二寡人一。々々敢不レ乖、乃受二璽符一。是日、即二天皇位一。

②安閑天皇

（継体天皇）廿五年（五三一）春二月辛丑朔丁未、男大迹天皇、立二大兄一為二天皇一。即日、男大迹天皇崩。

③宣化天皇

（安閑天皇）二年（五三五）十二月、勾大兄（安閑天皇）広国押武金日天皇崩無レ嗣。群臣奏二上剣鏡於武小広国押盾尊一、使レ即二天皇之位一焉。

④欽明天皇

（宣化天皇）四年（五三九）冬十月、武小広国押盾天皇崩。皇子天国排開《（欽明天皇）》広庭天皇、令二群臣一曰、余、幼年浅レ識、未レ閑二政事一。山田皇后、明閑二百揆一。請就而決。山田皇后怖謝曰、妾蒙二恩寵一、山海詎同。万機之難、婦女安預。今皇子者、敬レ老慈レ少、礼二下賢者一。日中不レ食以待レ士。加以幼而頴脱、早擅二嘉声一、性是寛和、務存二矜宥一。請諸臣等、早令三登レ位光二臨天下一。冬十二月庚辰朔甲申、天国排開広庭皇子、即二天皇位一。

⑤敏達天皇

（欽明天皇）廿九年（五六八）、立為二皇太子一。卅二年（五七一）四月天国排開広庭天皇崩。（敏達天皇）元年（五七二）夏四月壬申朔甲戌、皇太子即二天皇位一。

天皇家略系図（数字は天皇の代数）

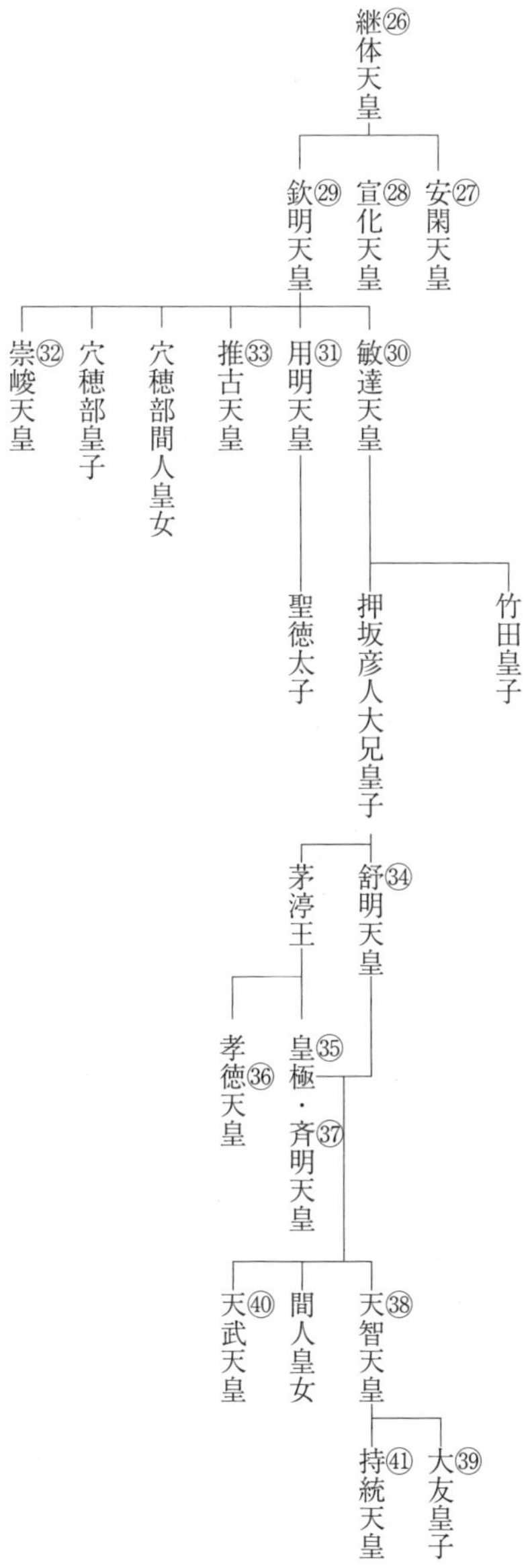

⑥用明天皇

（敏達天皇）十四年（五八五）秋八月、渟中倉太珠敷《（敏達天皇）》天皇崩。九月甲寅朔戊午、天皇即二天皇位一。

⑦崇峻天皇

（用明天皇）二年（五八七）八月癸卯朔甲辰、炊屋姫尊《（推古天皇）》与二群臣一、勧二進天皇一、即二天皇之位一。

⑧推古天皇

当二于泊瀬部《（崇峻天皇）》天皇五年（五九二）十一月一、天皇為二大臣馬子宿祢一見レ殺。嗣位既空。群臣請二渟中倉太珠敷《（敏達天皇）》天皇之皇后額田部皇女一、以将二令践祚一。皇后辞譲之。百寮上レ表勧進。至二于三一乃従之。因以奉二天皇之璽印一。冬十二月壬申朔己卯、皇后即二天皇位於豊浦宮一。

⑨舒明天皇

豊御食炊屋姫天皇廿九年（六二一）、皇太子豊聡耳尊薨。而未レ立二皇太子一。以二卅六年三月一、天皇崩。九月、葬礼畢之。嗣位未レ定。当二是時一、蘇我蝦夷臣為二大臣一。独欲レ定二嗣位一。顧畏二群臣不一レ従。則与二阿倍麻呂臣一議、而聚二群臣一、饗二於大臣家一。食訖将レ散、大臣令二阿倍臣一、語二群臣一曰、今天皇既崩无レ嗣。若急不レ計、畏有レ乱乎。今以二詎王一為レ嗣。天皇臥病之日、詔二田村皇子一曰、天下大任。本非二輙言一。爾田村皇子、慎以察之。不レ可レ緩。次詔二山背大兄王一曰、汝独莫二諠讙一。必従二群言一、慎以勿レ違。則是天皇遺言焉。今誰為二天皇一。時群臣嘿之無レ答。亦問之。非レ答。強且問之。於是、大伴鯨連進曰、既従二天皇遺命一耳。更不レ可レ待二群言一。阿倍臣則問曰、何謂也。開二其意一。対曰、天皇曷思歟、詔二田村皇子一曰天下大任也。不レ可レ緩。因レ此而言、皇位既定。誰人異言。時采女臣摩礼志・高向臣宇摩・中臣連弥気・難波吉士身刺、四臣曰、随二大伴連言一、更無レ異。許勢臣大麻呂・佐伯連東人・紀臣塩手、三人進曰、山背大兄王、是宜レ爲二天皇一。唯蘇我倉麻呂臣更名雄当。独曰、臣也当時、不レ得二便言一。

更思之後啓。爰大臣知二群臣不レ和、而不レ能レ成レ事、退之。（中略）（舒明天皇）元年（六二九）春正月癸卯朔丙午、大臣及群卿、共以二天皇之璽印一、献二於田村皇子一。則辞之曰、宗廟重事矣。寡人不レ賢。何敢当乎。群臣伏固請曰、大王先朝鍾愛、幽顕属レ心。宜纂二皇綜一、光二臨億兆一。即日、即二天皇位一。

以上継体天皇から舒明天皇に至る九代の天皇の即位当時の事情に関わる『日本書紀』の記事を掲記してみたが、大きく三つの類型に分けることができるように思われる。

皇位継承候補の欠如

㈠は継体天皇の場合で、前天皇の周辺に皇位継承に相応しい人物がおらず、大臣・大連以下の廷臣が適当な人物を内外に求め推戴している。言うまでもなく武烈天皇には嗣子がなく、謂わば皇統が絶えた状態となり、①にみる如く大連大伴金村が大夫らに議って仲哀天皇五代の孫倭彦王を奉迎するに至ったが、怖気づいた王が逃亡したので、再議して応神天皇五代の孫を迎えることになり、継体天皇として即位したのであった。天皇五代の孫となると、皇統が断絶していると言ってもよく、継体天皇が武烈天皇の姉に当たる手白香皇女を皇后としていることから、前代以来の皇統と婚姻関係を結んでいることが即位の背景にあったと見得るようであるが、前皇統の中には皇位継承候補を見出すことのできない状況下で、大連大伴金村が主導して他の大連、大臣らと協議し、新天皇を推戴したのである。まずは皇位継承候補が皆無の中で、大伴金村以下の廷臣が適当な人物を捜し出し皇位に即けていることになり、専ら臣下が候補者無しの状況下で協議し選定していたことになる。

皇太子格の皇子の即位

㊁は前天皇の在位中に、次の天皇に相応しい人物として朝廷内外で認められていた人物が即位しているケースである。②の安閑天皇は、継体天皇が死去の直前に譲位した天皇で、日本で最初の生前譲位と見得るものである。『日本書紀』では継体天皇が安閑天皇を即位させたとしか記しておらず、確かな詳細は不明であるが、継体天皇紀七年（五一三）十二月条に、

詔曰、朕承㆓天緒㆒、獲㆓保宗廟㆒、兢々業々。間者、天下安静、海内清平、屢致㆓豊年㆒、頻使㆓饒国㆒。懿哉、摩呂古（安閑天皇）、示㆓朕心於八方㆒。盛哉、勾大兄（安閑天皇）、光㆓吾風於万国㆒。日本邕々、名擅㆓天下㆒。秋津赫々、誉重㆓王畿㆒。所㆑宝惟賢、為㆑善最楽。聖化憑㆑玆遠扇、玄功藉㆑此長懸。寔汝之力。宜㆑処㆓春宮㆒、助㆑朕施㆑仁、翼㆑吾補㆑闕。

とあり、継体天皇が後に安閑天皇となる勾大兄皇子の助力により聖化を達成していることを述べ、皇子を春宮としたという。六世紀段階において皇太子制が出現していたとは考えられないので、勾大兄皇子を春宮に処すとする右の詔が事実を伝えているとは解し難いが、勾大兄皇子が継体天皇を補佐し天皇の信任を得、皇太子格の皇子扱いされていたとみてよいようである。継体天皇朝の大事件として任那四県の百済への割譲があるが、割譲の議に加わっていなかった勾大兄皇子が決定後とはいえ異議申立てを行っている。『日本書紀』では、勾大兄皇子が審議に加わらなかった理由として、「前有㆑縁㆑事」としている。これは、本来ならば勾大兄皇子も参加することになっていたとの含意のようであり、勾大兄皇子が継体天皇朝において重要な政務に参画していたことを示している。廷臣が勾大兄皇子の即位に関与したか否か示す記事を欠くが、皇太子格の皇子の即位に異論があったとは思われず、前天皇の譲位の意思表明により、直ちに即位が実現されていたのであろう。臣下が勾大兄皇子の即位について審議したか否か不明なものの、審議が行われたとすれば、以前から皇太子格と見做されていた皇子のこと故、形式的なかたちのもので終始し、

言ってみれば追認する、ないし確認する、といった態のものだったとみられる。如何に次の天皇として目されていたにしても、即位するとなれば、廷臣らの推戴があった方が好都合だろうから、追認、確認のための審議はあり、王者としての権威を確固たるものにしたことを考えてよい。

⑤の敏達天皇の即位についても、安閑天皇の時の如き前天皇による生前譲位ではないが、『日本書紀』には欽明天皇が死去すると、スムーズに皇太子から即位したとあり、継体天皇朝の勾大兄皇子と同様に即位以前の段階において、皇太子格と見做されていたようである。⑥の用明天皇の即位についても、『日本書紀』では敏達天皇が死去すると直ぐに即位したとあり、廷臣の間に用明天皇即位に対し異論はなく、追認、確認程度のことが行われたに過ぎなかったらしい。尤も用明天皇即位後、異母弟に当たる穴穂部皇子が用明天皇即位に不満をもち策謀を行っている。しかし穴穂部皇子は大連物部守屋と結びつくようなことを行っているものの、用明天皇擁立の過程では廷臣らの間に紛議はなかったようであり、即位は格別の議を伴うことなく執り行われていたとみてよいだろう。

大兄制

即ち安閑・敏達・用明三天皇の即位事情は、即位以前の段階において次の天皇と目されており、前天皇の譲位・死去に伴い廷臣による実質的な協議・審議を経ることなく、スムーズに皇位に即いているのであるが、注目すべきこととして安閑・用明両天皇は皇子時代に大兄を称していた。大兄の本義は嫡長子であるが、六世紀勾大兄皇子から七世紀中葉中大兄皇子に至るまで、皇室では嫡長子にして次の天皇に相応しいと目される皇子を、大兄と称していたと考えられている。敏達天皇も次の天皇に相応しい皇子であったとすれば、大兄を称してよいところであるが、欽明天皇と皇后石姫との間の子とはいえ、兄に箭田珠勝大兄皇子がいたので、大兄を称することがなかったのである。箭田珠勝大兄皇子は欽明天皇十三年（五五二）四月に死去している。本来ならこの皇子が即位したのだろうが、早逝によりその機会がなく、弟の敏達天皇の即位となったのである。大兄については同一時期に一人しかいなかったか、複数存在することがあったか、議論があるが、山背大兄王と古人大兄皇子が並在し、古人大兄皇子と中大兄皇子が同時にいたとみてよいことから、複数存在することがあったと考えられる。複数の大兄がいたり、大兄の称がなくても有力な皇子がいる場合は、皇位継承に際し紛糾の起こる可能性があるが、大兄を称する皇子は前天皇の欠位とともにスムーズに襲位することが通例となっていたらしい。勿論正后所生の嫡長子である大兄にしても、状況によっては襲位できないことがあり、敏達天皇皇后広姫所生の押坂彦人大兄皇子は皇位に即かないままで終っている。当時大臣蘇我馬子の威勢が盛んで、血縁的に蘇我氏の流れを汲まない押坂彦人大兄皇子に即位の機会は巡って来なかったのである。大兄は皇太子ではないが、皇太子格と目された皇子といってよく、格別の紛糾ないし不利な要因が無ければ、自動的に皇位に即くことができた。同一時期における複数の大兄の存在は、大兄が皇太子でないことを適確に示していると言えよう。次の天皇ということになれば、皇子であることが重要な条件となるように思われるが、山背大兄王は皇子でないにも拘わらず、大兄を称されている。推古天皇と共同統治したとみてよい厩戸皇子の嫡長子なので、皇位継承に相応しい皇族と目されることがあり、大兄王を称されていたのであろう。

聖徳太子即位説

尤も大兄は天皇の子であるという理解に基づき、山背大兄王の父厩戸皇子は推古天皇の摂政・共同統治者でなく、即位したところの天皇であったという説がある。この説に立つ門脇禎二氏は、崇峻天皇が弑殺された後皇位に即いたのは厩戸皇子で、同皇子の死後敏達皇后額田部皇女が推古天皇として即位したと考えている(1)。氏は『隋書』「倭国伝」

の記事を援用し、そこにみえる阿毎多利思比孤（アメタリシヒコ）を君主の称号とみず、具体的な個人の姓名とみ、厩戸皇子を指す、との主張を行っている。文字通り姓アメ、名タリシヒコということである。氏は、天皇になったにも拘わらず、厩戸皇子は『日本書紀』で天皇でなく摂政に位置づけられてしまったため、遂に和風諡号が欠如したままになってしまったと解釈し、若し諡号が贈られていたとすれば足彦（タリシヒコ）系の名前であったと考えられるとしている。

甚だ興味深い推論であるが、アメタリシヒコを個人名とする所論には疑問が多く、厩戸皇子天皇説は信憑性を欠くと言わざるを得ない。アメタリシヒコは『通典』に「華言、天児也」とあるのを考慮すると、漢語の天子を和訳した語という趣があり、中国の天子に通じる意味合の君主号と解すのが穏当なところであろう。付言すると、三世紀代の邪馬台国にあっては、高句麗・馬韓までみられていた崇天の習俗は認められないのであるが(2)、その後中国思想の影響下で崇天の習俗が日本でも広まり、中国で天児を意味するアメタリシヒコが君主の称号になったとみることができる。『隋書』「倭国伝」において中国人がアメタリシヒコを倭王の姓名と解釈しているにしても、これを個人名とするのは、当たらないであろう。『隋書』「倭国伝」では交渉相手の倭王を男王としているが、実際には女性である推古天皇であり、ここに重大な矛盾が出来している。門脇説の如く当時の倭王を厩戸皇子とすれば、この矛盾を避けることができるが、ここは、アメタリシヒコを倭王の通称とみればよいのではなかろうか(3)。尤も後に朝廷が唐と交渉するに当たって、唐朝から叱責を受けることが必至の天皇称号を用いず、代りに日本国王の名前だとして和訓スメラミコトを使い国書のやりとりをしている事実を考慮すると、推古女帝を男王と詐って対隋交渉を行っていた可能性を全く否定することはできないようである。男子皇帝を旨とする中国と交渉するに当たっては、日本国王も男子である方が便宜なのは言うまでもない。

厩戸皇子が天皇であったとすれば、その下に皇太子格の皇子がいてもよいことになるが、門脇氏によれば、後の舒明天皇に当たる押坂彦人大兄皇子の子田村王子が該当すると説いている。『隋書』「倭国伝」に皇太子の称号としてみえる利《（和）》歌弥多弗利（ワカミタフリ）は称号でなく、田村王子の田村が古代朝鮮語のタフリに通じるとみて、タフリノ王子と呼ばれていた田村王子のことだという。確かに田村はタフリになるだろうが、田村王子は平城京左京四条二坊の田村《たむら》里に因んで付けられた名前だろうから、田村王子、ワカミタフリ説は牽強付会の説と言わざるを得まい。通説的にワカミタフリはわかんどおり（王家の筋）のことと説かれており、これに従ってよいであろう。当然ワカミタフリは皇太子にあらず、王家の血筋を引く、皇位継承者となり得る有力皇子の意となる。

既述した如く門脇氏の厩戸皇子即位説は興味深く、付随するところの『隋書』「倭国伝」の利歌弥多弗利の解釈も面白いが、氏説の欠陥は、厩戸皇子が即位したとするならば、『日本書紀』が何故厩戸天皇紀を置かなかったかについて、説明できていないことである。『日本書紀』では厩戸皇子について聖智ありとし、推古天皇紀二十九年（六二一）条の厩戸皇子の死亡記事では、「諸王諸臣及天下百姓、悉長老如レ失二愛児一、而塩酢之味、在レ口不レ嘗。少幼者如レ亡二慈父母一、以哭泣之声、満二於行路一。乃耕夫止レ耜、舂女不レ杵。皆曰、日月失レ輝、天地既崩。自レ今以後、誰恃哉」と記し、最大級の讃辞を贈っているのである。かく賞讃されている厩戸皇子が即位していたとすれば、『日本書紀』が厩戸天皇紀を置かないなどということは考え難いのである。

宣化・欽明天皇の即位

本題を外れたやや煩瑣な記述を行ってきたが、次に皇位継承に関わる㊂の類型は、有力な継承候補者が複数いて紛糾が起こりそうな場合や、前天皇の生前に次の天皇と目されるような皇族がいない時の天皇選定で、大連・大臣以下の群臣が実質的に協議して決めることを行っている。(4) ③の宣化天皇の即位に際しては、前天皇安閑が嗣子がないまま死去したので、群臣が奏上して皇位を象徴するレガリアである剣鏡を上り、即位に至ったとある。嗣子のない安閑天皇の死後には、老齢の弟である宣化天皇となる皇子と、正后である手白香皇女所生の若い弟で欽明天皇となる皇子がいたが、両者ともに安閑天皇の生前において次の天皇と目されるようにはなっておらず、結局群臣が協議して老齢の宣化天皇の推戴を決め、その即位となったようである。宣化天皇が死去すると、④にみる如く欽明天皇の即位となるが、この天皇は若年を理由に即位を辞退して安閑天皇皇后春日山田皇女が執政に当たるべきだとの意思表示を行い、それを受けて皇后が群臣らに欽明天皇の即位を実現するべきだと告示し、即位となったのであった。即位当時の欽明天皇は若く直ちに襲位するには相応しくないとの判断があり、持って廻った手順を経ているらしい。群臣らが始めから欽明天皇推戴で一致していれば、右のような手続をとる必要はないはずで、春日山田皇后の欽明天皇の即位を図るべきだとの告示により、群臣らが協議した上で推戴の意思決定を行い、即位に至ったのであろう。宣化天皇の後継たり得る皇族としては欽明天皇以外にいなかったにしても、若年という状況下では臣下がその即位の当否について協議する必要があったことと思われる。

崇峻天皇の即位

用明天皇が二年という短い在位期間で死去し空位となると、大連である物部守屋が穴穂部皇子を擁立しようとする一方で、同皇子が敏達天皇死後の殯宮に闖入して皇后額田部皇女を姧そうとしたり、用明天皇の宮を囲むなど不穏当な行動に出ていたことなどにより、大臣蘇我馬子の賛同を得られず、守屋・穴穂部皇子と馬子・額田部皇女の対立が激化し、新天皇の推戴不可能な事態になっている。守屋と馬子は敏達天皇朝の頃から対立関係にあり、敏達天皇の殯宮で両人ともに誄を奉っているが、守屋は小柄な馬子を「猟箭中ヘル雀鳥ノ如シ」と嘲笑し、馬子は震える守屋に「鈴ヲ懸クベシ」と言ったという[5]。穴穂部皇子の母は馬子の姉妹である小姉君であるから、同皇子は馬子にとり甥に当たり、額田部皇女の従兄弟ということになるが、対立する守屋と結び殯宮に奉仕する皇女を奸そうとしたのであるから、馬子・額田部皇女からみて敵対者ということになり、結局額田部皇女の命を奉じた馬子らにより穴穂部皇子は殺され、守屋も馬子らに攻められて射殺されている。新帝擁立に当たり武力を伴う衝突事件が起きているのであるが、穴穂部皇子と守屋が除去された後、新天皇の推戴となり、それを示すのが⑦である。額田部皇女と群臣が泊瀬部皇子、崇峻天皇を選定して皇位につけたとあり、皇女は先帝の皇后として選定の場に臨み、群臣らの中では馬子が第一人者として事に当たったとみてよい。

この時の新天皇の候補としては、馬子による守屋討伐に参加した皇子らが上っていたことと思う。崇峻天皇即位前紀によれば、泊瀬部皇子・竹田皇子・厩戸皇子・難波皇子・春日皇子が討伐軍に加わったとある。泊瀬部皇子は小姉君の所生であるから馬子の甥、竹田皇子は額田部皇女の所生、厩戸皇子は用明天皇皇子、難波・春日皇子はともに敏達天皇皇子であるから、誰が皇位に即いても不思議でないところであるが、竹田皇子と厩戸皇子はやや年少であり、難波・春日皇子は蘇我氏と縁戚関係にないことから、泊瀬部皇子の即位となったのであろう。額田部皇女と群臣らによる選定過程がどうであったか不明であるが、恐らく皇女の叔父でもある馬子が主導して協議をすすめ、崇峻天皇に決定していったのであろう。

推古天皇の即位

崇峻天皇は馬子主導の群臣らの議により推戴されたとはいえ、治政五年にして馬子との間に隙ができ、馬子に弑殺されている。君主の弑殺という大変事の後即位するのが推古天皇で、それを示すのが⑧であり、群臣らが額田部皇女推戴を決め、皇女の辞退を経た後再度百寮が即位することを求め、位に即いたという。⑧にみえる群臣と百寮の異同が定かでないが、群臣がマエツキミを称された有力廷臣なのに対し、百寮はマエツキミより下位の廷臣を含んだものであろうか。天皇を弑殺した程の馬子であるから、新天皇選定に当たっては群臣らの審議をリードしたとみてよく、候補としては守屋討伐後の天皇選定の場で候補とされた皇子らが考えられるが、馬子は自らが主導して決めた崇峻天皇が反旗を翻したことを教訓に、皇女を選んだのであろう。勿論、額田部皇女は馬子からみて姪に当たり、且つ既述した如く守屋討伐に当たって馬子は皇女の命を奉じて事に当たっており、皇女に朝政を担う才があったことも選定理由になったことと思う。

舒明天皇の即位

推古天皇が三六年に渉る長期治政の後死去すると、⑨にみる推移を経て舒明天皇が即位している。この天皇の即位に際して舒明天皇となる田村皇子の他に、厩戸皇子の子である山背大兄王が有力候補として並び、更に推古天皇が死去する五日前に二人に遺詔を発し、紛糾したのであった。大臣家である蘇我氏も馬子の弟境部摩理勢と子蝦夷が対立関係に入っており、前者が山背大兄王を推し、後者は田村皇子擁立の立場であった。山背大兄王が馬子の娘刀自古郎女を母とし、謂わば蘇我氏にとり込まれたようなかたちになっているのに対し、田村皇子は抬頭してきた蘇我氏のため大兄ながら遂に即位し得なかった押坂彦人皇子の子であるので、蘇我離れしているのであるが、推古天皇の娘田眼皇女と蝦夷の姉妹法提郎女を妃とし、後者との間に古人大兄皇子がいた。門脇禎二氏は山背大兄王が蘇我氏の本流的な立場と結びつき、蝦夷は蘇我氏の本家を嗣ぎながらも蘇我離れをしている田村皇子と結びつき、本流と一歩距離を置く地点にいたと説いているが、(6)首肯してよいだろう。このような状況下で⑨に引かれている推古天皇の遺詔となっているのであるが、この遺詔については明確に田村皇子を後継に指名していたとする解釈と、必ずしもそうとは言えないとする解釈とが出されている。遠山美都男氏は、田村皇子への遺詔が天下大任については軽言せず慎重に対処せよと言い、山背大兄王には群臣の言うことを聞けと言っていること、また推古天皇の床辺にまず呼ばれたのが田村皇子であったこと等に注目して、遺詔は田村皇子を指名していたとみている。(7)蝦夷に召集された群臣の中に遺詔は田村皇子を指名しているとする者がいるのであるから、遠山氏のような解釈は尤もな見方ということになるが、納得せず山背大兄王を擁立しようとする群臣もおり、遺詔を読んでいくと、田村皇子を指名しているとみるにはかなり持って廻った言い方をしている、と言わざるを得ないように思う。『日本書紀』は田村皇子の子である大海人皇子、天武天皇の皇統を正当視する立場に立っているので、山背大兄王より田村皇子の側に立つ記述を行う傾向があるとされている。この理解を容認すれば、ストレートに遺詔が田村皇子指名を言ってよいところを、そうなっておらず、推古天皇の意思が女婿田村皇子指名を意図していたにしても、曖昧な言い方で終始していた、というのが実態なのであろう。蘇我蝦夷が召集した会合の場で、遺詔に従い田村皇子が即位すべきだと主張するものがいる一方で、はっきりと異を唱えるものがいるのは、右のようなあり方を反映しているのである。寧ろ以前から明瞭に即位への意思を有し、それを示していたとみてよい山背大兄王とその擁立者の存在の前に、田村皇子を推す推古天皇にしても明確に田村皇子を指名できなかった、と判断し得るように思われる。かく判断し得るとすれば、群臣の意向が後継天皇選定に大きな影響力を有していたことになり、蝦夷が召集した会議が田村皇子派と山背大兄王派とに二分し、遂に収拾し得なくなったのも理解しやすいだろう。推古天皇の田村皇子の側に傾く立場に立つ蝦夷は、結局馬子の墓を作るという蘇我氏内の事業に関わる内紛に事寄せて、山背大兄王擁立の頭目である境部摩理勢を殺害し、群臣を田村皇子擁立で固め即位を実現したのである。異論のある群臣を田村皇子擁立にまとめあげた具体的な過程は不詳であるが、摩理勢殺害に使用した武力をちらつかせるようなことがあったかもしれない。

猶、蝦夷が推古天皇の後継を決めるため群臣を召集した場所が私邸であったため、公的意味合を有する群臣の協議と見做すのは当たらない、とする所見がある。尤もとも言える所見ではあるが、当時きちんとした会議規定があったと思われず、会議の場が私邸か宮廷内であるかを議論することに、余り意味はないだろう。(8) 蝦夷が田村皇子擁立の立場で群臣を説得しようとした会合なので、正規の群臣らの協議とは言えない、という見方もあり得るが、協議の場での審議過程では主張が分かれたものの間で相手方を説得し、翻意を促すことがあって不思議でないだろう。

群臣の意向

以上継体天皇から舒明天皇に至る九代の天皇の即位事情を、三類型に分けて分析してきたが、前天皇の周辺に皇位継承可能者が皆無となり、廷臣らが謂わば無の状態で継承者を捜し出し、帝位に即けるという特異な㊀を除くと、前天皇の生前に次天皇と目されている皇子がいて、事なく即位する㊁と、次天皇として認められている皇子が欠如していたり、複数の有力候補がいる㊂の類型が弁別され、後者にあっては、群臣の意向に基づき選定されていたことが判明する。㊀も群臣が捜し出し決定しているという点で㊂に通じるが、前天皇の周辺に継承可能者の存否という前提条件に相異があるので、区別してみたのである。群臣の議が分裂したため選定することができなくなった⑨の例は、次天皇決定に際しての群臣の議の重要性をよく示している。群臣の協議は、④の場合にみる如く先帝皇后の告示により開始されることがあったろうが、審議は廷臣の筆頭たる大連・大臣らの主導の下ですすめられたとみてよい。⑨にみる群臣らの会合に田村皇子推挙に反対する境部摩理勢が出ていないようであるが、群臣の審議に先立ち、摩理勢は馬子から見解を聴取されていたので、会合に出席することがなかったらしい。或いは摩理勢が蘇我一門ながら蝦夷の意向に反し明確に山背大兄王擁立の立場だったので、蝦夷は摩理勢に会合への出席を求めなかったのかもしれない。大臣蝦夷は自分と摩理勢の対立は、蘇我氏内部の抗争として処置されるべきもので、群臣協議の場で見解を闘わす態のものではない、と考えていたのではなかろうか。それ故蝦夷は最終的には、その武力をもって摩理勢を殺害しているのである。摩理勢の殺害についての『日本書紀』の記述は、山背大兄王の異母兄弟である泊瀬王の宮に摩理勢が逃げこむと、蝦夷は山背大兄王に摩理勢を差出すことを求め、王は父厩戸皇子と摩理勢との親密な関係を顧慮しつつも、叔父・甥の関係の中で、摩理勢に対し蝦夷の要請により宮を退去することを求め、自家へ帰った摩理勢が殺される、という次第になっており、山背大兄王を含んだ蘇我一門の内部抗争事件という様相が濃厚である。

即ち㈡のケースにあっては、群臣らが格別の審議をする必要はなく、あっても追認・確認程度以上のことをする必要はないが、㈢は六世紀から七世紀前半にかけて皇位継承者を選定するに当たり、群臣の協議・審議が決定的な意味を有していたことを示しているのである。これは天皇が自らの後継をその意思で決めることが困難であったということになり、群臣の議を条件にして天皇が推戴されるとなれば、自ずと王権は制約されたものにならざるを得ない。蘇我馬子の除去を意図した崇峻天皇があっけなく馬子に弑殺されているのは、当時の即位事情に関わっている、とみることができるように思われる。かかるあり方は安定した王権の継承・維持の立場からすれば、克服されなければならないあり方と言わざるを得ないのである。

第二節　政治課題

中央集権体制の確立

六世紀から七世紀にかけての政治の動向は、王権を強化し中央集権体制の確立を目指すことにあったとみてよい。五世紀倭五王の時代にあっては、朝廷は地方において大古墳を築造するような有力豪族を服属下におき、自らも巨大古墳を営み、それなりに安定した支配体制を作りあげていたが、六世紀に入ると群集墳に象徴される中小豪族や有力農民の抬頭が著しく、それらの人たちを体制の基盤として組みこむことが求められ、王権強化・中央集権化によりその掌握が意図されるようになったのである。著名な例であるが、継体天皇朝の頃九州で叛乱した筑紫国造磐井は、かつての傍輩が朝使として磐井に臨んでいる事態に不満を表明している[(9)]が、王権の強化が図られていることを示し、かかる王権がかつての有力豪族配下の中小豪族や有力農民を直接的に把握し、権力の基盤とすることが課題となっていた。

この動きは日本のみならず、朝鮮半島においても認められ、百済では五世紀後半の東城王の頃から王権強化の動向が顕著となり、過度な専制を行い東城王が殺された後武寧王、次いで聖明王が即位して、支配体制の強化がすすめられている。『梁書』「東夷伝」百済条には「百済王、号㆓所㆑治城固麻㆒、謂㆑邑曰㆓檐魯㆒、如㆓中国之言郡県㆒也。其国有㆓二十二檐魯㆒、皆以㆓子弟宗族㆒分拠之」とみえ、中国風の郡県制を布き、地方へ王族を派遣してその掌握を行っていたことが知られる。固麻は熊津のことで、聖明王が五三八年に泗沘へ遷都するまで、都城とされていたところである。百済と日本との関係となると、任那四県の割譲がよく知られているが、百済王権の支配強化の延長上でなされた要求であった。新羅においても同様に王権による支配強化がすすめられ、法興王四年（五一七）には兵部が置かれ、官制の改革が図られており、『梁書』「東夷伝」新羅条には「其俗呼㆓城健牟羅㆒、其邑在㆑内曰㆓啄評㆒、在㆑外曰㆓邑勒㆒。亦中国之言郡県也。国有㆓六啄評・五十二邑勒㆒」とあり、ここでも中国風の郡県制による支配が行われていたことが知られる。実態がどのようなものであったか不明であるが、『三国史記』によれば法興王七年（五二〇）には律令を発布している。

推古天皇朝の国政改革

即ち日本も朝鮮諸国も同様の動きを示しており、ともに中国東方に位置するという条件が共通することに由るのであろう。ただし百済・新羅における中国風の郡県制による王権強化と異なり、日本では、まずは朝廷の直轄領地たる屯倉や直轄民たる直属部民の設定がすすめられている。安閑天皇紀に集中的にみえる屯倉設置がそれをよく示し、天皇の宮に結びつく部民や舎人、また私部・壬生部などがそれに関わるが、国制改革の面で大きく進展するのが推古天皇朝である。当時の朝廷の要務執行は氏姓制度に基づき、臣連・伴造等を称される人たちが世襲的に当たっていたが、王権強化のためにはこれでは対処するのが困難であり、氏姓制度の枠を打ち破り人材を登用することが求められるようになっていた。萌芽的ながら、推古天皇朝の前後の頃から中国風の官なる役職の導入が始まっている。推古天皇朝の頃のこととして藤原鎌足の父中臣御食子が前事奏官兼祭官に就任していたことが知られ、弥加利大連が大椋官になっている。祭官は後代の神祇官の前身であり、大椋官は大蔵省に発展していく官であろう。これらがどこまで実態を伴っていたかは疑問であるが、推古天皇朝段階に至ると、官制がかなり採用されていたことが確認されるのである。また推古天皇即位前紀によれば、厩戸皇子は用明天皇皇后穴穂部間人皇女が禁中を巡行して馬官に至った時、厩の戸に当たり労せず出産したとみえている。厩戸皇子の生年については一定していないが、午年である甲午（五七四）に生まれたことにより名付けられたとする『上宮聖徳法王帝説』の伝えるところが妥当なようであり、この生年は敏達天皇三年に当たる。推古天皇即位前紀の記述が信憑し得るとすれば、敏達天皇の頃から官が萌芽していたことになるが、厩戸皇子出産当時の穴穂部間人皇女は皇后になっておらず皇子妃であるから、『日本書紀』に皇女が巡行した場所が禁中とあるとはいえ、馬官は宮中でなく皇子宮に設けられていたことになろう。即ち萌芽的な官は宮中のみならず皇子宮でも行われていたらしい。このような状況に連動して定められたのが、出身でなく能力により人をランク付けすることになる位階制であり、推古天皇紀十一年（六〇三）十二月条に大小からなる徳・仁・礼・信・義・智あわせて十二階の冠位が定められたことがみえている。仁以下は謂ゆる五常の徳目である。冠位十二階が制定された年の翌推古天皇十二年四月には厩戸皇子により十七条憲法が作られているが、この憲法は役人の勧戒を旨としており、冠位十二階制と関連を有しているとみることができそうである。尤も冠位十二階のことは『隋書』「倭国伝」にみえ、その制定を疑う必要は皆無であるが、十七条憲法については国司という当時使われたとは考えられない語がみえることなどから、厩戸皇子の撰作を疑問視する向きが少なくない。

十七条憲法

いま十七条憲法の条文を示すと、次の通りである。

一曰、以レ和為レ貴、無レ忤為レ宗。（下略）

二曰、篤敬二三宝一。々々者仏法僧也。（下略）

三曰、承レ詔必謹。君則天之、臣則地之。天覆地載、四時順行。（下略）

四曰、群卿百寮、以レ礼為レ本。其治レ民之本、要在二乎礼一。（下略）
五曰、絶レ饕棄レ欲、明弁二訴訟一。（下略）
六曰、懲レ悪勧レ善、古之良典。（下略）
七曰、人各有レ任。掌宜レ不レ濫。（下略）
八曰、群卿百寮、早朝晏退。（下略）
九曰、信是義本。毎レ事有レ信。（下略）
十曰、絶レ忿棄レ瞋、不レ怒二人違一。（下略）
十一曰、明二察功過一、賞罰必当。（下略）
十二曰、国司国造、勿レ斂二百姓一。国非二二君一。民無二両主一。（下略）
十三曰、諸任レ官者、同知二職掌一。（下略）
十四曰、群臣百寮、無レ有二嫉妬一。（下略）
十五曰、背レ私向レ公、是臣之道矣。（下略）
十六曰、使レ民以レ時、古之良典。故冬月有レ間、以可レ使レ民。（下略）
十七曰、夫事不レ可二独断一。必与レ衆宜レ論。（下略）

一見して朝廷へ出仕する役人の心構えについての訓示であり、仏教とともに儒教の徳目である仁・義・礼・智・信に基づき身を処すべきことを教諭していることが判る。先に十七条憲法と徳と五常からなる冠位制とが連繋しているのではないかと述べたが、その可能性は十分にあろう。第三条の天覆地載は勝れて中国的な世界観であり、これにより君臣間の秩序が根拠づけられており、第一条の和、第二条の仏教の尊崇と並んで最初の三条が総論的な心構えに関し教示している、とみることができる。続く第四条以下は具体的な行動規範からなり、多分に中国の儒教思想に基づく一方で仏教思想が採用されているとされる。ここで注目されるのは、十七条憲法において仏教および中国思想に基づき条文を立てながら、日本の在来思想、就中神祇思想に関わる条項がないことである。君臣間の秩序を天覆地載説で根拠づけるのは良いとして、神祇に全く触れていないのは不可解の思いを禁じ得ない。

十七条憲法と神祇思想

但し私は、この憲法を作った推古天皇朝の時代風潮や撰作者厩戸皇子の素養を考慮すると、仏教・中国思想で貫かれ、神祇思想に触れていないのも尤もと考える。推古天皇朝が仏教隆盛の時代であったことは、喋々するまでもないことであり、厩戸皇子が仏教を高麗僧慧慈について学習し、儒教経典を博士覚哿に学んだことは、よく知られている。物部守屋征討軍に加わった厩戸皇子は額に四天王像を着けて戦い、長じては斑鳩に法隆寺を建立し、仏教経典の講義を行い、妃に「世間虚仮、唯仏是真也」と諭していた。これより厩戸皇子の素養が仏教・儒教を旨とし、在来の神祇思想に及んでいなかったことは十分に推察されるところで、寧ろ神祇思想に言及していないことをもって、推古天皇朝、厩戸皇子の撰作を確認し得るように思われるのである。勿論国司という語の使用や洗練された文章が推古天皇朝のものでなく、後代たる『日本書紀』の編纂者らの潤色を経ていることを考えてよい。しかし原十七条憲法を全く前提とすることなく、『日本書紀』の編纂者が厩戸皇子に仮託して作文したとするならば、朝廷支配に関し高天原、神祇思想に触れないことは無いはずがない、と考えられるのである。

先に私は十七条憲法が冠位制と連繋していると述べたが、冠位制にみる五常の徳目の順序は仁・礼・信・義・智となっていて、通常のあり方である仁・義・礼・智・信と異なっている。因みに『隋書』「倭国伝」では通念に合わせて、仁・義・礼・智・信の順序で記載している。即ち冠位制においては礼の位置が上っており、この点に注目して坂本太郎氏は、十七条憲法で総論を説いた条項に続く第四条で礼に従うべきことを述べているのは、礼を重んじている冠位制の思想に通じている、と論じている。(10)私は、『日本書紀』にみえる十七条憲法が潤色を経ていることは否定できないにしても、推古天皇朝ないし厩戸皇子の置かれた思想状況を考慮すると、神祇思想に言及していないのは尤もであり、確実に存在した冠位制との関連を顧慮すると、厩戸皇子による撰述を否定する必要はないと考えるのである。仮に厩戸皇子に仮託して『日本書紀』編纂者が述作したとするならば、何故長文に渉る憲法を推古天皇紀に置くことになったのか説明されねばならないが、それは頗る困難なのではなかろうか。

十七条憲法の撰者

猶、『日本書紀』の撰述に関し成果を挙げている森博達氏は、十七条憲法の撰作者として山田史三方を挙げている。(11)この人物は遣新羅留学僧で還俗し文雅の士として知られた人物であるから、仏・儒経典に通じていたことが確実であり、十七条憲法の述作者として相応しい、と言えば言えよう。十七条憲法の文章は、漢籍を縦横に引載して作られている。これは山田史三方のような文章家により可能になったのであろうが、繰返すことであるが、内容的に神祇思想に触れていないのは『日本書紀』編纂時の作物とすると不可解であり、三方が撰述者であったとするならば、矢張り厩戸皇子撰作の原十七条憲法を潤色したのであろう。原十七条憲法が伝わっていないのであるから、潤色の程が如何様であったか不詳であるが、大きく国家を君・臣・民からなるものとして構想し、君に奉仕する臣が民を治める、というあり方を説き、個々の条文で臣は君に忠誠をもって仕え、臣は適切な方式で民に当たれと教示していた、という程度の内容を含んでいた、とみることができるように思う。そもそも冠位制が、授冠する君、される臣、そしてその下の民という構造を前提としている。仏教経典や外典を学んだ厩戸皇子が君・臣・民という構造を構想し、萌芽的ながら形成されてきている官司制を念頭に撰作したのが、原十七条憲法ということになるのであろう。

部民制支配の限界

ところで推古天皇朝の前後の頃から宮中や皇子宮において官司制が萌芽する中で、民の統治となると部民制であり、既述した如く朝廷は直属の部民を設定し、直轄領地たる屯倉の拡大により態勢強化を図るようになっていたが、直属部民や屯倉の拡充で対処するには限界があり、その枠を越える必要があった。先述した朝鮮諸国にみられる郡県制の採用である。部民支配については後章で論ずることになるが、大まかに概括すれば、国造が領域支配を展開する一方で、各地に天皇、皇族、氏姓を有する豪族らに分属する部民が設定され、そこからの収益で天皇・皇族・豪族らがその生活を支え、貴豪族らが朝廷に奉仕していた体制である。これは言ってみれば、各皇族、貴豪族らがそれぞれ自らの経済的基盤を有していることに他ならず、王権強化、中央集権体制の確立を目指すという看点からすれば不都合なことであり、朝鮮諸国で郡県制が進められ王権が直接部内を掌握する方向を採用していたのと同様に、部民制を廃止し、国家、王権が直接把握する方向が求められるようになっていたのである。

更に部民制にあっては、ある地域に異なる部民が混住したり、隣接して居住するケースが稀でなく、異なった部民が入りくんだ状態になっていることがあり、適切に管理されていればよいが、時代が降り複雑化するに従い混乱を招くような事態が出来することがあった。履中天皇紀五年（四〇四）十月条には、

　葬二皇妃一。既而天皇、悔下之不レ治二神祟一、而亡中皇妃上、更求二其咎一。或者曰、車持君行二於筑紫国一、而悉校二車持部一、兼取二充レ神者一。必是罪矣。天皇則喚二車持君一、以推問之。事既得レ実焉。因以数之曰、爾雖二車持君一、縦検二校天子

之百姓一。罪一也。既分二寄于神一車持部、兼奪取之。罪二也。則負二悪解除・善解除一、而出二於長渚崎一、令二祓禊一。

既而詔之曰、自レ今以後、不レ得レ掌二筑紫之車持部一。乃悉収以更分之、奉二於三神一。

とあり、朝廷の輿輦のことに奉仕していた車持君が九州において、右引文で「天子之百姓」と称されている車持部に非ざる人たちを勝手に車持部とし、更に宗像三神に分寄されている車持部を自らの部民としたことを指弾している。宗像三神の車持部とは、同神に奉納され神輿のことに預かっている部民であろうが、車持君は九州地方で不法に部民の拡大を図っていたことが知られるのである。このようなことは珍しいことでなかったであろう。皇極天皇元年（六四二）紀には、上宮王家の部民である壬生部を蘇我蝦夷・入鹿父子の墓を作る作業に動員したので、上宮大娘姫王が怒り嘆いたとある。蝦夷・入鹿は上宮王家と蘇我氏の縁戚関係により、壬生部を動員していたらしい。ケースによっては、伝領により混乱が生ずることが考えられ、かかる看点からも部民制支配は揚棄されねばならない制度となっていた。

第三節　海外交渉

日本と朝鮮三国の関係

欽明天皇二十三年（五六二）に任那が新羅に統合され日本は朝鮮半島における足掛りを失い、以後任那の復興が目指されるようになる。欽明天皇の「朕疾甚。以二後事一属レ汝（敏達天皇）。々須下打二新羅一、封中建任那上、更造二夫婦一、惟如二旧日一、死無レ恨之」という遺詔は任那復興への強烈な意思を示し、敏達天皇以降の朝廷に受け継がれていくのであるが、新羅は朝廷と軍事対決となるのを避けるため任那の調を貢納し、欽明天皇殯葬には弔使未叱子失消らを派遣し、挙哀を行っている。尤も任那調は怠倦されることがあり、日本・新羅間に緊張が生じ、朝廷が新羅に対して軍事的圧力をかける事態にもなっている。即ち日本と新羅の間は任那滅亡以来特異な関係が続くが、その一方で朝鮮半島内では高句麗・新羅・百済三国が鼎立して相互に争い、そこに崇峻天皇二年（五八九）になると隋が統一帝国を作りあげて朝鮮半島に影響を及ぼすようになり、日本の対外交渉もかかる状況に対応して展開するようになるのである。大雑把に言えば、高句麗・百済はそれぞれ新羅と境界を接して対立関係となり、共に新羅と敵対することから友好関係を結び、隋および隋滅亡後帝国を作りあげる唐は国境を接する高句麗と緊張関係となり、高句麗と対決する新羅は隋・唐に傾くようになっている。文字通り遠交近攻であるが、任那滅亡以来新羅と緊張関係が続く朝廷は、高句麗・新羅・百済、また隋・唐の動向をみながら交渉に臨むようになっているのである。

崇峻天皇朝から推古天皇朝の初年にかけて朝廷は九州で遠征軍を編成して、この武力を背景に新羅に圧力をかけているが、これは新羅が成立した早々の隋の冊封下に入っていないのを奇貨として、攻勢をかけているらしい。推古天皇八年（六〇〇）の第一回遣隋使は、任那地域と紛争を生じていた新羅への出兵に関し隋の了解を得ることを、一の目的としていたと考えられている。この時の遠征軍は一時的に任那を回復したが、遠征軍が引上げるとともに再度奪われてしまい推古天皇九年（六〇一）には高句麗・百済に任那救援を求め、同十・十一年には厩戸皇子の弟久米、当麻王を将軍とする再遠征が試みられている。尤もこの試みは、久米王の死および当麻王妃の死により挫折している。この軍興の失敗の後、冠位制や十七条憲法の撰作が行われているのであるが、一の契機として軍興失敗に由来する無力感に対処するための廷臣らへの引き締め策と見得るようである。この後、新羅との関係は比較的穏やかに推移するが、推古天皇二十六年（六一八）に高句麗征伐に失敗して隋が滅び唐が興るという異変が出来し、推古天皇三十一年に新羅と任那地域の間で抗争が起ると、朝廷は再び新羅征討計画を立て、使人を派遣する一方で遠征軍を派遣し、調貢納の確保に努めている。

唐と朝鮮三国の関係は、高句麗が唐と対決姿勢をとり、前者と抗争する新羅が唐に助勢を求め、百済は高句麗と結ぶことがあり、唐・新羅の連合と高句麗とが争う事態が漸次明瞭になってきている。朝鮮三国を冊封下に置く唐は、三国に指示して和解を諭す行動に出ているが、唐・高句麗間の緊張はすすみ、舒明天皇三年（六三一）に高句麗は唐の侵攻に備えて長城を築くに至っている。朝鮮三国は新羅を含め、相互に抗争する過程で日本の支援を求めて遣使・貢納を行っているが、日本は伝統的に敵対してきた新羅とは距離を置き、それと対決する高句麗・百済の側に傾き、特に百済は古くからの友好国であることがあり、深く結びついていた。

留学僧・生らの帰国

推古天皇三十一年（六二三）七月に来日した新羅大使奈末智洗爾に随従して、唐へ留学していた僧恵済・恵光および医恵日・福因らが帰国している。福因は推古天皇十六年に小野妹子が再度大使として渡隋した時に派遣された八人のうちの一人である。他の帰朝者が何時日本を発ったか不明であるが、福因と前後して渡海していたとみてよいだろう。恵日らは「留二于唐国一学者、皆学以成レ業、応レ喚。且其大唐国者、法式備定之珍国也。常須レ達」と上奏し、唐を法式備わる珍国と称揚し、交流関係維持を申し出ている。長年隋・唐で学んできている留学僧・生らが唐に親近感をもち、唐との交流を献言するのは自然なことであろう。恵日らが新羅大使と共に帰国したのは、当時新羅が唐と関係を深めていたことによる。猶、推古天皇三十一年は、既述した如く新羅と任那地域との紛糾を機に朝廷が新羅に攻勢をかけ軍事行動に出ている年である。この後舒明天皇四年（六三二）に、遣唐使犬上三田耜を送ってきた唐の高表仁と共に、学問僧霊雲・僧旻および勝鳥養が帰国している。この一行も新羅送使に送られてきたのであった。更に舒明天皇十一年に大唐学問僧恵隠・恵雲が新羅送使につき添われて帰国し、同十二年には大唐学問僧南淵請安・学生高向玄理が新羅経由で帰国している。この二人は推古天皇十六年（六〇八）に小野妹子に随って留学のため渡隋していた。帰国した留学生・留学僧らは大化改新ではブレーンとして働くことになる人たちであるが、注目すべきは、いずれも新羅経由で帰国していることで、唐と新羅との緊密な関係が関わり、唐・新羅の対日政策の一環として帰国が図られているとみることが、強ち不可能ではないように思われるのである。留学僧・生らは十五年から三十年余も中国で学んでおり、恵日らの奏上にみる如く学業は成就して帰国の時期に至っていたことが確実だろうが、日本の外交路線を唐・新羅側に傾けさせようとの意図の下に、帰国が進められた気配が濃厚である。長年隋・唐に滞在して朝鮮半島の動向を注視していれば、隋・唐と対決する高句麗と対抗関係にある新羅に近しいものを感ずるのは当然で、唐・新羅は留学僧・生らを帰国させることにより日本国内に親唐・新羅派の育成を図ろうとしたのであろう。

高表仁の来日

先に触れた舒明天皇四年（六三二）に来日した唐使高表仁は、難波の江口で整飾した三二艘の船による出迎えを受け、三月余滞在した上で帰国している。『日本書紀』には江口での歓迎と客館で接遇したとの記事しかみえないが、『旧唐書』「倭国伝」には「遣㆓新州刺史高表仁㆒、持㆑節往撫之。表仁無㆓綏遠之才㆒、与㆓王子㆒争礼、不㆑宣㆓朝命㆒而還」とあり、朝廷と円滑な交渉ができず、皇子と争い使命を果さず帰国したことが知られる。『日本書紀』に舒明天皇に拝謁したとの記事がないのは、高表仁と朝廷の交渉がはかばかしく進まなかったことを、消極的ながら示しているのであろう。恐らく高表仁は朝廷に親新羅路線を採ることを勧めたものの、説得ができず、遂にはこの交渉の場で皇子と争うに至ってしまったのだと考えられる。この争った皇子の名は伝わっていないが、外交交渉の場に参画する立場の人物のようであるから、外交に関わる三韓の調を奉る表を読唱する、乙巳の変の場となった儀場に居合わせていた古人大兄皇子が相応しいとみてよい。当時厩戸皇子の子である山背大兄王も有力な皇族であったが、舒明天皇即位時における確執を考慮すると、外交折衝の場に関わり得たかは疑問である。唐・新羅は留学僧・生の送りこみにより日本の親新羅路線採用を期したが、日本には伝統的に新羅への敵対観があり、外交路線を転換させることはできなかったのである。帰国した留学僧・生らは自ずと親唐・新羅路線の立場であったろうが、廷臣としては中下級であり、外交路線選択への主導権をとる立場でなく、朝廷指導層の外交観としては、新羅を敵対、警戒視することで一貫していたと考えられる。

百済との交渉

唐・新羅の朝廷への働きかけが効果を上げない一方で、朝廷は高句麗支援に動き、伝統的友好関係にある百済は王族を質として日本に出し、日本と謂わば同盟関係に入っている。尤も舒明天皇紀三年（六三一、辛卯）条に百済義慈王がその子豊璋（翹岐、糺解）を質としたとあるのは、皇極天皇二年（六四三、癸卯）の誤りらしい[12]。『日本書紀』が干支の辛と癸をとり違えて記事を作ったことに由ると考えられる。当時百済王宮内で内紛が起こっていたようで、皇極天皇元年二月紀に前年死去した舒明天皇の弔使として来日した百済使とその傔人から、当時の百済国内の状況について事情聴取した記事があり、

弔使報言、百済国主謂レ臣言、塞上恒作レ悪之。請レ付二還使一、天朝不レ許。百済弔使傔人等言、去年十一月、大佐平智積卒。又百済使人、擲二崐崘使於海裏一。今年正月、国主母薨。又弟王子児翹岐及其母妹女子四人、内佐平岐味、有二高名一之人卌余、被レ放二於嶋一。

と記されている。これより百済義慈王の弟である塞上（塞城）が舒明天皇朝の頃来日していたことが知られ、恐らく王族として日本で質とされていたのであろう。或いは、舒明天皇紀三年の義慈王が豊璋を質貢したとする記事の豊璋が塞上の誤りで、この時塞上が質として日本へ入貢されていたのかもしれない。弔使の傔人らの証言は、百済王宮の変事として、

①舒明天皇十三年に大佐平智積が死亡。
②百済使が崐崘使を海中へ投込む。
③皇極天皇元年に義慈王の母が死亡。
④豊璋と同母妹および他に高名な人が島に放逐される。

を内容としている。尤も『日本書紀』では皇極天皇元年四月条に大使翹岐（豊璋）が拝朝し、蘇我蝦夷家に喚ばれたとの記事があり、七月条には百済使智積らを朝廷で饗したことがみえているので、①④と矛盾を来していることになる。翹岐については、皇極天皇二年四月紀に調使とともに来朝したとの記事がみえている。傔人の証言は恐らく何らかの流言の如きに基づくものであり、百済王宮内での異変との絡みで大佐平智積の死や義慈王の母の死亡、また豊璋と妹らの放逐がなされたと言っているのであろう。『日本書紀』の記事からみて、大佐平智積の死は明らかに誤っており、豊璋と妹らの放逐は正しいにしても、その後解除されていたとみざるを得ない。皇極天皇元年二月の段階で弔使傔人が放逐されたと証言している豊璋が、同年四月に拝朝したり蘇我蝦夷家を訪問しているのは理解し難いことであり、皇極天皇二年四月紀の豊璋来朝記事に信拠性あり、とすべきであるように思われる。即ち豊璋は皇極天皇二年四月に来朝しているのであって、この時百済の質としてやって来ているとみてよい。同天皇元年四月紀の豊璋の拝朝や蝦夷家への来訪は、二年四月以降に付けられるべき記事であろう。ここは『日本書紀』の編者が係年を錯ったので

ある。④の豊璋と妹らの島への放逐を、日本への質としての派遣のことを言っていると解釈する所見があるが、傔人の証言は豊璋の来日の一年前のことであるから当たるまい。(13) 尤も論者によっては、弔使の来朝を皇極天皇二年のこととして、この時に豊璋も来たと解釈しているが、(14) 傔人が同道してきている豊璋らの放逐を言うのは解し難く、舒明天皇死後一年半経っての弔使派遣も不自然であり、失当であろう。百済使、豊璋を巡る『日本書紀』の記事には矛盾しているところがあると言わざるを得ないのであるが、皇極天皇元年に弔使の来日、同二年に調使・豊璋らの来日とみれば、矛盾を解消できると考えるのである。『日本書紀』の記事をこのように読み直して可とすれば、皇極天皇二年の豊璋の質貢を、百済朝廷にとり好ましくない人物の日本への態の良い放逐と見得るかもしれない。

この後、豊璋は天智天皇朝において百済滅亡後帰国して王家再興に当たるが、人質としての在日は日本・百済間の同盟関係を象徴することになる。猶、弔使が塞上の帰国を朝廷が認めないだろう、と言っているのは、既に質として送られてきていた塞上が百済義慈王にとり不都合な人物視されていて、帰国が望まれていなかった、ということではなかろうか。

②の百済使は朝廷から百済へ派遣された使節阿曇比羅夫だろうが、崐崘使の海中投込みは、唐・新羅の結合に加担する崐崘使に反新羅の立場に立つ百済使が反感をもち、行ったのであろう。崐崘はインドシナからマレー半島にかけての地域であるが、唐の意向を汲み、唐・新羅の立場で百済に働きかけをしているような事態が全くあり得ないとは思われない。それに許せない思いをもった百済使が粗暴な行為に出ても、不思議でないだろう。

百済王宮内の紛糾を山尾幸久氏は、母の死に伴い勝手な行動をとり始めた義慈王が、太子豊璋の廃位と弟隆の立太子を強行したことに由る、と推測しているが、(15) 真偽の程は確かでない。それは措いて、豊璋の質入貢は、日本が新羅を敵として百済と同盟関係を深めたことを示すのである。

宮廷内クーデターの連鎖的発生

百済王宮内の内紛の具体的様相は不詳であるが、これに並行して皇極天皇元年十月に高句麗宮廷内でクーデター事件が出来し、泉蓋蘇文が栄留王を殺し、王の甥を宝蔵王として即位させ、自らは莫離支として全権を掌握している。泉蓋蘇文は栄留王が誅しようとしたのに先んじて諸大臣らを宴席に招いて殺害し、次いで王宮に入り王を殺したという。『日本書紀』によれば、殺されたのは百八十人余という惨劇になったと伝えられている。この人物は強暴な性格であったらしいが、唐に対しては従前より強硬な態度をとるようになっており、唐・新羅と対決姿勢を強めていく。東アジアの対立軸がより鮮明になっていくのであるが、王宮内における殺害事件は蘇我入鹿殺害という乙巳の変に大きな影響を与えていたとみてよい。宮廷内クーデターの連鎖的発生である。

注

(1) 門脇禎二『「大化改新」史論』上巻第一章(思文閣出版、一九九一年)。
(2) 拙著『邪馬台国とヤマト政権』(東京堂出版、一九九八年)。
(3) 井上光貞『飛鳥の朝廷』「日出ずる国の天子」(小学館、一九七四年)。
(4) 吉村武彦「古代の王位継承と群臣」(『日本歴史』四九六号、一九八九年)、佐藤長門「倭政権における合議制の機能と構造」」(『歴史学研究』六六一号、一九九四年)参照。
(5) 『日本書紀』敏達天皇十四年八月己亥条。
(6) 前注(1)。
(7) 遠山美都男『古代王権と大化改新』第四章(雄山閣、一九九九年)。
(8) 前注(7)。

(9) 『日本書紀』継体天皇二十一年六月甲午条。
(10) 坂本太郎『大化改新の研究』「聖徳太子の新政」(『坂本太郎著作集』第六巻、吉川弘文館、一九八八年)。
(11) 森博達『日本書紀の謎を解く』(中央公論新社、一九九九年)。
(12) 山尾幸久『「大化改新」の史料批判』第一章(塙書房、二〇〇六年)。
(13) 鈴木靖民「皇極紀朝鮮関係記事の基礎的研究」(『国史学』八二・八三号、一九七〇・一九七一年)。
(14) 前注(12)。
(15) 前注(12)。

第二章　中大兄皇子とその周辺

第一節　中大兄皇子と皇位継承

中大兄皇子と皇位継承

後に天智天皇となる中大兄皇子は、推古天皇三十四年（六二六）に後に舒明天皇となる田村皇子を父とし、これも後に皇極・斉明天皇となる宝皇女を母として生まれている。田村皇子は押坂彦人大兄皇子の子であり、宝皇女は押坂彦人大兄皇子の孫に当たる。両親はともに蘇我氏の血を受けず、蘇我離れをしており、叔父に後に孝徳天皇となる軽皇子がおり、異母兄として田村皇子が娶った蘇我馬子の娘法提郎女を母とする古人大兄皇子がいた。中大兄皇子を称する以前は葛城皇子を称しており、大和、葛城の地で養育されたようである。舒明天皇の即位事情については前章で触れた如く、厩戸皇子の子である山背大兄王との紛糾を経た上で、蘇我蝦夷の支援を得て廷臣の推戴を経、登極したのであった。蝦夷は山背大兄王擁立を画策した蘇我一門の境部摩理勢を殺害した上で、群臣の意思統一を図り、舒明即位を実現しているのであって、多分に武力をちらつかせながら反対派を説得したようであり、舒明天皇朝において山背大兄王は猶、次の皇位を狙い、王を支援する群臣も少なくなかったらしい。厩戸皇子以来の壬生部を始めとする上宮王家の経済基盤が充実していたことも、十分に推察されるところである。舒明天皇が即位した当時の中大兄皇子は四歳の幼齢であるから、皇子自身が皇位継承を意識するようなことはあり得なかったろうが、漸次舒明天皇朝において山背大兄王、軽皇子、古人大兄皇子および中大兄皇子が皇位を巡る政治の動きの中に身を投ずることになるのである。舒明天皇が治政十三年にして死去すると、中大兄皇子が誄詞を奏上している。この時皇子は十六歳であるが、年長の古人大兄皇子を差し措いての誄であり、皇后宝皇女の所生であることによるのだろうが、皇位を意識するようになっていたとみてよいだろう。

中大兄皇子が何時頃葛城皇子から大兄を称するようになったか、それを示す史料を欠くが、舒明天皇の殯葬の場で誄詞を奏上している段階で既に大兄を称されるようになっていたのではなかろうか。既に少し触れた門脇禎二氏は同一時期に複数の大兄はいなかったと考え、葛城皇子が中大兄皇子を称されるようになったのは乙巳の変後、古人大兄皇子が殺害された大化元年九月以降のこととしている(1)が、格別の根拠があるとは思われない。舒明天皇が死去した段階において山背大兄王に並んで、蘇我蝦夷の娘法提郎女を母とする古人大兄皇子と中大兄皇子がいて、不都合はないと考える。古人大兄皇子は舒明天皇夫人法提郎女所生の嫡子であり、中大兄皇子は正后宝皇女所生の嫡長子なので大兄を称するようになっていたのである。門脇氏の同一時期に複数の大兄が存在しないとする所見は大兄を皇太子に准ずる制度上の皇嗣とする理解に基づくのであるが、制度的に定められている皇嗣であるならば、舒明天皇死後スムーズに山背大兄王が即位してよいところであろう。大兄は有力皇位継承資格者であってもそれ以上ではなく、その故に大兄を差し措いて大兄に非ざる皇子が即位することがあったのである。門脇説に立つと、大兄に非ざる皇子が大兄を差し措いて即位するという事実を説明するのが困難になるように思われる。

舒明天皇死後の襲位について皇極天皇紀には、

（舒明天皇）十三年十月、息長足日広額天皇《（舒明）》崩。（皇極天皇）元年春正月丁巳朔辛未、皇后即㆓天皇位㆒。

とあるのみで、宝皇女がスムーズに即位した如くであるが、有力候補として山背大兄王、軽皇子、古人大兄皇子らがいて、群臣らの間に誰か一人に決定することができないという状況があり、恐らく大臣蝦夷の主導下で協議を行い、宝皇女擁立で意思統一が図られたとみてよい。曽て崇峻天皇弑殺後推古女帝が擁立された事態が想起され、それに倣ったということが考えられる。特に推古天皇の後継に野心を明確にしていた山背大兄王は、舒明天皇の後継として名乗りをあげていたはずであり、以前甥とはいえ山背大兄王の擁立を嫌った蘇我蝦夷は、今回も王を皇位に即けることを願わず、寧ろ法提郎女の所生である古人大兄皇子の擁立を意図した可能性があろう。このような状況下では、宝皇女による襲位以外に廷臣の間に選択の余地は無かったと思われるのである。中大兄皇子はその年齢を考慮すると、舒明天皇死去の段階で皇位を狙う位置にいたとは見做し難いが、それを意識するようになっていたことを推測してよいだろう。

留学僧・生らの講説

ところで舒明天皇朝から皇極天皇朝にかけて皇位継承にも関わり注目すべき動向となっていたのが、隋・唐で学び帰朝した留学僧・生らである。これについては本章第四節で述べる予定であるが、彼らは学堂を開き講説を行い、国制・政治の改革を訴えていたのである。僧旻は講堂で『周易』を講義し、南淵請安は周孔の教えを伝授していた。このような講席で王族・貴族の子弟が漸次国制・政治改革に向うようになっていったのであるが、その中で鋭敏に新来の政治思想を学び改革の計画を練るようになったのが中臣鎌足である。鎌足は『藤氏家伝』上に「幼年好㆑学、博渉㆓書伝㆒、毎読㆓太公六韜㆒、未㆓嘗反覆㆒誦之」とあり、博く中国の古典を学習し、殊に兵法書である周太公望の撰とされる『六韜』に通じていたらしい。後年乙巳の変での策略をみると兵法書の習得は納得させられるところであり、新来の政治思想を身につけただけでなく、改革のための具体的な策略を考えるようになっていた。

中臣鎌足と軽皇子・中大兄皇子

皇極天皇紀三年（六四四）正月一日条に、

以二中臣鎌子《（鎌足）》連一拝二神祇伯一。再三固辞不レ就。称レ疾退居二三嶋一。于時、軽皇子、患脚不レ朝。中臣鎌子連、曽善二於軽皇子一。故詣二彼宮一、而将二侍宿一。軽皇子、深識二中臣鎌子連之意気高逸容止難レ犯、乃使二寵妃阿倍氏一、浄二掃別殿一、高二鋪新蓐一、靡レ不二具給一。敬重特異。中臣鎌子連、便感二所遇一、而語二舎人一曰、殊奉二恩沢一、過二前所レ望。誰能不レ使レ王二天下一耶。謂下充二舎人一為中駈使上也。舎人、便以レ所レ語、陳二於皇子一。皇子大悦。中臣鎌子連、為レ人忠正、有二匡済心一。乃憤下蘇我臣入鹿、失二君臣長幼之序一、挟中闚二闟社稷一之権上、歴試接二於王宗之中一、而求下可レ立二功名一哲主上。便附二心於中大兄一、疏然未レ獲レ展二其幽抱一。偶預二中大兄於法興寺槻樹之下打毱之侶一、而候二皮鞋隨レ毱脱落一、取二置掌中一、前跪恭奉。中大兄、対跪敬執。自レ茲、相善、倶述レ所レ懐。既無レ所レ匿。後恐三他嫌二頻接一、而倶手把二黄巻一、自学二周孔之教於南淵先生所一。遂於路上、往還之間、並レ肩潜図、無レ不二相協一。

とみえている。『藤氏家伝』上にもほぼ同一内容の記述がみえ、ともに同一の資料により作文されているらしい。これによれば、中臣鎌足は神祇伯に任命されたのを固辞し、三島に隠棲して親しくしていた軽皇子の宮に侍宿することを行っていたという。右引文は皇極天皇紀三年正月一日条に掲記されているので鎌足の神祇伯任命はこの日になりかねないが、関連記事を一つにまとめているため正月一日任命とみえるに過ぎず、時の経過を追って記している『藤氏家伝』上には「及二岡本天皇御宇之初一、以二良家子一簡二授錦冠一、令レ嗣二宗業一。固辞不レ受、帰二去三島之別業一、養二素丘園一、高尚二其事一。俄而岡本天皇崩、皇后即位。王室衰微、政不レ自レ君、大臣竊慷慨之。于時軽皇子患脚不レ朝。大臣曽善二於軽皇子一。故詣二彼宮一而侍宿」とあるので、神祇伯任命は舒明天皇朝初のことであり、軽皇子の宮への参宿は皇極天皇朝初のことであった。軽皇子は鎌足の人物・識見の勝れているのをみて、敬重、礼遇し、鎌足はこれに応えて軽皇子を皇位に即けたいと舎人に語り、それを聞いた皇子は大悦びしたとあり、改革を意図する鎌足は皇子に希望を見出し、事に当たろうとしたらしいが、結局軽皇子では器量不足で成就し得ないと判断して、中大兄皇子と連携するようになったという。皇極天皇元年（六四二）当時の鎌足は二十九歳であり、軽皇子が推定四十七歳前後というかなりな年嵩になっていることを考慮すると、軽皇子は新来の政治思潮に十分に馴染むことができず、二十歳代の鎌足には不満を覚えるところがあったのであろう。軽皇子は舒明天皇の甥、そして宝皇后の弟であるから、血脈的に非常によい位置に付けているにしても、鎌足からみると十分に革新的とはみえなかったらしい。それに対して皇極天皇元年当時の中大兄皇子は十七歳で若く進取の気風があり、鎌足は中大兄皇子と結ぶことにより国制・政治改革を進め得ると確信したのである。

法興寺における打毬

鎌足が中大兄皇子に近づくことになった契機は、右引『日本書紀』の記述によれば、法興寺における打毬の場で脱げ落ちた中大兄皇子の皮鞋を鎌足が拾いとり、皇子に差し出したことに始まるが、これについては往々にして、『三国史記』新羅本紀や『三国遺事』に同巧の話柄がみえることを根拠に、事実に非ざる説話と解されてきている。前者の文章を引用すると、次の通りである。

（金庾信）妹夢登二西兄山頂一、坐旋流二偏国内一。覚与レ季言レ夢、季戯曰、子願買二兄此夢一。因与二錦裙一為レ直。後数

日、庾信与二春秋公一蹴鞠、因践二落春秋衣紐一。庾信曰、近請二往綴レ紐。因倶往レ宅置レ酒従容、喚二針線一来縫。其姉有レ故不レ進。其季進レ前綴。淡粧軽服光艶炤レ人。春秋見而悦之、乃請レ婚成レ礼。則有レ娠生レ男。是謂二法敏一。

後に新羅文武王となる法敏の母が金春秋と結婚に至る挿話であり、蹴鞠の場で法敏の母の兄である金庾信が金春秋の衣紐を踏み落し、近くの庾信宅へ春秋をよびいれ末妹に縫い付けさせたことが結婚の契機になったという。日本の鎌足が中大兄皇子の皮鞋を拾いあげる話と、新羅の金庾信が金春秋の衣紐を末妹に縫い付けさせる伝承とは類似しており、相互の関連を否定することはできないように思われる。尤も『三国史記』『三国遺事』が後代の編纂書なので、時間的に『日本書紀』を参照することが不可能ではないにしても、その可能性は小さい。遠山美都男氏は「日羅二つの物語は、いずれも歴史的事実を忠実に伝えようとしたものではないと思われる。また成立年代はたしかに『日本書紀』『家伝』上のほうが古いが、さりとて春秋・庾信の物語が中大兄・鎌足のそれを単純に模倣したと断定できる決め手はない。両者は同様の主題（中略）をもった説話として、日本と新羅の双方でそれぞれ別個に発生したものだったのではないかと考えられる」と論じている(2)。金庾信の妹の奇妙な夢や末妹との夢の売買に余り現実味はなく、作話の感がするが、日本・新羅における打毬の場を奇貨とした事の展開を無関係な話柄とするのは、必ずしも当たらないのではないだろうか。

私がこのように考えるのは、当時唐から帰朝した少なからざる留学僧・生らが新羅を経由していた事実があるからである。金春秋が金庾信らと蹴鞠をしたのが何時の頃のことか不明であるが、春秋の生年は六〇三年（推古天皇十一）であるから、遅くとも六三〇年代前後の頃とみてよく、となると、仮に春秋と庾信の蹴鞠の挿話があったとすれば、面白い話でもあり、日本へ早速伝わっていた可能性が考えられる。新羅経由で帰国した留学僧・生らが、金庾信が蹴鞠の場を利用して金春秋に近づいたという挿話を日本へ齎し、留学僧・生らの学堂に出入していた鎌足がそれを耳にした、という事態が全くあり得ない、とは思われない。日本・新羅の間で打毬・蹴鞠の場は同一なものの、鎌足は皮鞋を拾いあげて差し出すだけなのに対し、庾信は春秋の衣紐を践落して末妹に縫いあわさせる、という展開になっていて、細部はかなり異なっている。同一源のフィクションであるならば、もう少し細部においても類似点があってよく、金庾信の故事を聞知した鎌足が模倣行為に出た可能性を排さない、と考えるのである。

私は、日本・新羅の打毬・蹴鞠の故事については相互に密接していたとみてよく、鎌足が庾信の行為を真似た可能性を考えてよいと思っているが、たとえそうでなくても右故事は六三〇年代から四〇年代の頃、謂ゆるトピックスを含め海外の文物、故事が日本に盛んに流入してきていたことを示しているように思われる。先に所見を紹介した遠山美都男氏は打毬の場での鎌足と中大兄皇子の出会いを否定し、両者の確実な接点は、中大兄皇子が鎌足の仕えていた軽皇子の甥に当たる血縁関係に過ぎない、と論じているが、私は強いて打毬の場での出会いを否定する必要はなく、学堂の講席で交流があり、鎌足が中大兄皇子に注目し近づくようになったことを想定してよいと思う。鎌足が僧旻の学堂に出入していたことは史料より確認でき、後述する如く海外文物への進取的対応をしている中大兄皇子、天智天皇のことを思えば、皇極天皇朝初前後の頃、学堂を介し両者に交流がなかったというような事態は考え難いのである。

山背大兄王殺害事件

やや煩瑣な考証を行ってきたが、皇位継承に論を戻すと、『日本書紀』皇極天皇二年（六四三）十月条に、

戊午、蘇我臣入鹿独謀、将下廃二上宮王等一、而立二古人大兄一為中天皇上。（中略）十一月丙子朔、蘇我臣入鹿、遣二小徳巨勢徳太臣・大仁土師娑婆連一、掩二山背大兄王等於斑鳩一。或本云、以二巨勢徳太臣・倭馬飼首一為二将軍一。

とあり、蘇我入鹿が上宮王家を滅して古人大兄皇子を即位させることを図り、巨勢徳太と土師娑婆を斑鳩へ派遣して攻撃するという事件が出来している。上宮王家側の奴三成が奮戦する中で山背大兄王は胆駒山中に逃れ、その後斑鳩寺へ戻り自経している。右引『日本書紀』の記事では、入鹿が甥の古人大兄皇子の即位を謀り、山背大兄王家の族滅を行ったとしており、古人大兄皇子の即位に障害となっている山背大兄王の除去を意図したとしている。この事件については『藤氏家伝』上にも記述がみえ、

宗我入鹿与二諸王子一共謀、欲レ害二上宮太子之男山背大兄等一曰、山背大兄吾家所レ生、明徳惟馨、聖化猶余。岡本天皇嗣レ位之時、諸臣云々、舅甥有レ隙。亦依レ誅二境部臣摩理勢一、怨望已深。方今天子崩殂、皇后臨レ朝。心必不レ安、焉无レ乱乎。不レ忍二外甥之親一、以成二国家之計一。諸王然諾。但恐三不レ従害及二於身一、所以共計也。

と記されている。これによれば、入鹿は、舒明天皇即位に際し蘇我氏本宗家と山背大兄王とが反目したため、舅甥関係にある入鹿と山背大兄王との間に隙が生じており、一族の摩理勢殺害により、山背大兄王擁立を図った側に深い怨望があり、皇極女帝の下で政情が不安定になる恐れがあるので、舅甥の間柄ながら国家の計として山背大兄王一族の誅殺を行う、と語ったという。

山背大兄王殺害と軽皇子

『日本書紀』と『藤氏家伝』上の間では、前者が入鹿の独謀を言うのに対し、後者は入鹿が諸王子らと共謀したとする相違があり、前者では入鹿が古人大兄皇子の即位のために山背大兄王の殺害を企てたとする一方で、後者では舒明天皇即位以来の蘇我本宗家と上宮王家側との間の隙と怨望による国家不安の除去のため武力を行使した、としている。両者の間に微妙な相異があるが、『日本書紀』が乙巳の変における入鹿を逆臣としていることを考慮すれば、入

鹿一人の企謀により山背大兄王殺害になったとする筆致は同書に相応しく、必ずしも真実でない可能性があり、『藤氏家伝』上の入鹿が諸王子と共謀したとする記述や、国家の計のために実行したとする文詞の方が、事実を伝えている可能性が大きいように思われる。因みに『上宮聖徳太子伝補闕記』には、

　癸卯年十一月十一日丙戌、宗我大臣并林臣入鹿、致奴王子児、名軽王、巨勢徳太古臣、大臣大伴馬甘連公、中臣塩屋枚夫等六人、発二悪逆至計一、太子子孫男女廿三王、無レ罪被レ害。

とあり、同様の記述は『聖徳太子伝暦』にもみえている。平安期の編纂書ながら右両書の記述を否定する必要はなく、『藤氏家伝』上に言う諸王子の中に軽皇子がいたことは確実で、『日本書紀』は皇子らの共謀を言うことを避け、『藤氏家伝』上は諸王子の共謀を言いつつも、軽皇子の名を挙げるのを止めているのであろう。乙巳の変、大化改新を擁護する立場からは、聖徳太子の子、山背大兄王の族滅に乙巳の変後孝徳天皇となる軽皇子が加わっていたとは、言いたくないところである。上宮王家側に立つ『上宮聖徳太子伝補闕記』や『聖徳太子伝暦』は、法隆寺等に伝わる所伝に基づき、軽皇子に対しても遠慮のない筆致となっているのであろう。猶、右引『上宮聖徳太子伝補闕記』の文章では、悪逆の計を立てた六人の筆頭に大臣蘇我蝦夷を挙げているが、『日本書紀』によれば、入鹿が山背大兄王を殺害したと聞くと怒り罵り、「噫、入鹿、極甚愚癡、専行二暴悪一。儞之身命、不二亦殆一乎」と語ったとあるから、謀議に加わっていたとは考え難い。『上宮聖徳太子伝補闕記』の編者は蘇我本宗家を上宮王家に敵対した一族とみ、入鹿の父蝦夷も山背大兄王襲撃の企謀者としてしまったようである。

『藤氏家伝』上にみえる国家のために山背大兄王を殺害するという入鹿の発言も、皇極天皇朝における皇位継承に関わる不安要因を除くということで、真実に迫っている可能性があろう。山背大兄王の即位願望は明白で、軽皇子も『藤氏家伝』上によれば、鎌足の皇位に即けてやりたいとの言葉に大悦びする人物であり、古人大兄皇子は大兄を称

する皇位継承有資格者で、中大兄皇子もそれに継ぐ皇子として成長してきているのであるから、入鹿が乱が起こる可能性を言うのも尤もであり、甥古人大兄皇子の即位を求めただけでなく、国家的見地から山背大兄王族滅に進んだことを考えてよい。複数の皇位継承を目指す有力皇族がいる中で、山背大兄王はかつて推古天皇後継を巡り蘇我氏本宗家と争い、性格的にも野心的なところがあり、その一方で新来の政治思潮摂取にはさほど進取的でなく、皇位には不適切な人物ということで、入鹿が王子らと謀って排斥した、とみることができそうである。『日本書紀』において、山背大兄王は、入鹿の軍勢に攻められて自経するに先立ち、軍事的対決をすれば入鹿に勝てるにしても百姓を損なうことを好まず、我が身を入鹿に賜う、と語ったとあり、徳性の高い人物として描写されているが、悪徳の入鹿に対比し有徳の人物として意識的に記述されているようであり、有力皇位継承候補者の中では最年長ながら欠陥が少なくなく、入鹿からみて適当な人物とは見做されていなかったのである。

軽皇子以外の襲撃参加者

既引した『上宮聖徳太子伝補闕記』等の記載から、山背大兄王襲撃に関わったのは『日本書紀』から知られる入鹿・巨勢徳太・土師娑婆・倭馬飼首だけでなく、軽皇子を含む諸王子・大伴馬甘連・中臣塩屋枚夫らがいたことが判明するが、皇位継承の紛糾による乱を恐れかつ古人大兄皇子擁立を図る入鹿を首謀者とし、巨勢徳太・土師娑婆ないし倭馬飼首が襲撃の実行者として入鹿により遣わされ、諸王子や大伴馬甘・中臣塩屋枚夫らは計画に与かり協力することはあっても、実行に加わっていなかった可能性が高いように思われる。巨勢徳太は将軍、実行責任者として実行部隊を指揮していたとみてよく、土師娑婆や倭馬飼首はその下で襲撃に当たったのであろう。『上宮聖徳太子伝補闕記』では入鹿・軽皇子・巨勢徳太・大伴馬甘・中臣塩屋枚夫ら六人が悪逆の計を立てたと述べ、『日本書紀』では徳太・土師娑婆ないし倭馬飼首が襲撃実行者として遣わされたと記述しており、謀議者が即襲撃実行者ではなかったらしいことが窺えるのである。軽皇子は『上宮聖徳太子伝補闕記』の記載順序よりみて入鹿に次ぐ企謀者のようであるが、襲撃には参加していなかったのであろう。高位身分の軽皇子が徳太を将軍とする襲撃隊の一員になることは考え難いことのように思われる。

先引した『藤氏家伝』上の記述によれば、入鹿の襲撃計画に諸王が然諾したとあるので、軽皇子以外にも参加した者がいたことになるが、入鹿に害せられることを恐れて計を共にしたと記されているところをみると、軽皇子以外は意ならず参加したということかもしれない。『上宮聖徳太子伝補闕記』で入鹿以下六人を厳しく非難しているのは、積極的な謀議参加者だったことに由ると考えられ、軽皇子はライバル山背大兄王を除くということで、入鹿の企謀に直ぐに加わることになったのであろう。入鹿の山背大兄王殺害の目的に古人大兄皇子の擁立があったことから、この皇子も謀議に関係していた蓋然性が高いとみてよいだろうが、最初の襲撃で山背大兄王を殺害できず、二度目の襲撃に入鹿自身が出向しようとすると、古人大兄皇子が諫めたと解し得る記述が『日本書紀』にみえるので、古人大兄皇子の関与は消極的なものに留っていたらしい。古人大兄皇子の言っていることは、入鹿自身の出陣を不可とするのみで、山背大兄王の攻撃を否としていないのであるから、この皇子も襲撃自体は肯定していたとみられるのである。上宮王家擁護の立場に立つ『上宮聖徳太子伝補闕記』の編者が、後に孝徳天皇となる軽皇子を悪逆計を企てた人物として挙げているにも拘わらず古人大兄皇子に触れていないのは、同皇子が積極的な関与者でなかったことを示しているのであろう。入鹿は古人大兄皇子の皇位継承を意図しつつも、山背大兄王襲撃計画では、古人大兄皇子を積極的な謀議参加者とすることを避けた、と見得るようである。

以上より皇子らの中では軽皇子の謀議参加が積極的であったとみられ、蝦夷の後を継ぎ群臣の筆頭の位置にいたとみてよい入鹿と軽皇子が結びつき、山背大兄王の襲撃が企画、実行されたことが確実である。軽皇子は先述した如く当面のライバル山背大兄王を除くことで蝦夷と思惑が一致したはずであるが、叔父舒明天皇の即位の際には、対抗した候補山背大兄王とは対立関係に入っていたことが考えられるから、その頃から山背大兄王に反感を抱いていたとみてよい。入鹿としたら、皇位継承候補でもある山背大兄王を襲撃するとなると、それなりの態勢を固める必要があり、そのためには皇極天皇の同母弟である軽皇子の参加は甚だ便宜となったことと思われる。

『上宮聖徳太子伝補闕記』で入鹿・軽皇子の次に名前が挙げられている巨勢徳太と大伴馬甘については、巨勢・大伴氏が軍事氏族という性格を有していることに注目すべきだと考える。巨勢氏は朝鮮問題に関わり、崇峻天皇四年（五九一）には猿が任那復興のための大将軍として出陣するなど軍事氏族としての活躍が知られ、大伴氏が物部氏に並ぶ最有力軍事氏族であることは、周知に属す。大伴氏は宮廷警護の氏族として、大伴門（朱雀門）に名を残している。巨勢・大伴氏は軍事に関わる伴造氏として膝下に軍備動員態勢を有しており、それを見込んで入鹿が謀議への参加を呼びかけた、と推測し得るように思われる。徳太と馬甘は後に左右大臣になる有力廷臣であり、入鹿が危惧していた皇位継承を巡る乱については同様の思いをしていたとみてよく、皇極天皇の弟である軽皇子が積極的に関与する謀議なので抵抗感なく加わったとみることができそうである。蘇我本宗家も漢直氏のような直属武力を従えていたが、山背大兄王の側も兵を興せば入鹿を討つことができると語ったというのであるから、それなりの武備があったと推測され、襲撃には大伴・巨勢氏のような軍事氏族の参加が必要だったのである。

中大兄皇子と襲撃事件

これまでの考察により、入鹿による山背大兄王襲撃に対する当時の有力皇位継承候補者の対応となると、軽皇子は積極的に関与し、古人大兄皇子は消極的に関わっていたとみられるのであるが、この時十八歳になっていた中大兄皇子がどのように対処していたかとなると、史料を欠き、確かなところは不明である。但しこの頃既に中大兄皇子は中臣鎌足と結びついていたと考えられ、鎌足は改革を進める皇子として一度は憑んだ軽皇子を見限っていたのであるから、入鹿の企謀には加わっていなかった可能性が大なようである。勿論『日本書紀』や『藤氏家伝』上は中大兄皇子と鎌足を顕彰する意図が濃厚であるから、二人が加わっていたにも拘わらず、曲筆により史実を抹消してしまっている可能性が考えられるが、『藤氏家伝』上では、入鹿による山背大兄王殺害事件後のこととして、

　鞍作以為、已除二骨鯁一、方无二後悔一。安二漢詭譎一、徐二顕於朝一、薫二卓暴慢一。既行二於国一。於是中大兄謂二大臣一曰、王政出レ自二大夫一、周鼎将レ移二季氏一。公如之何。願陳二奇策一。大臣具述二撥乱反正之謀一。中大兄悦曰、誠吾之子房也。

と記している。襲撃に成功した入鹿が国家にとり障害物を除去したと高言するのは当然であるが、中大兄皇子は政治権力が国王の許から臣下に移ることを憂えて鎌足に献策を求め、後者は正しい路線に戻す方策を述べたという。勿論「撥乱反正之謀」とは乙巳の変で成就される入鹿殺害の計画に他ならない。右引『藤氏家伝』上の文章によれば、入鹿による山背大兄王殺害が乙巳の変立案の切掛けになったということであり、鎌足と中大兄皇子が入鹿を除去せねばならない明確な対象として認識するに至った契機として、この殺害事件を考えるのは、理解しやすいように思う。山背大兄王殺害から約一年半後に乙巳の変が起きているのであるが、この間に鎌足と中大兄皇子が入鹿殺害を決意するに至るような事件は発生していない。山背大兄王殺害事件が鎌足・中大兄皇子による入鹿殺害へ向う契機となっていたとすれば、二人は山背大兄王殺害事件とは全く無関係だったことになろう。入鹿は山背大兄王襲撃に当たり、従前から王に反感を有していた軽皇子を引き込んだが、皇子の甥に当たる中大兄皇子を誘うことはしなかったのである。

右引文において入鹿を春秋時代、魯の国家権力を牛耳った季孫氏に擬え、鎌足を前漢の忠臣子房（張良）に同じとし

ているあたりは、編者の文飾であることが確実であるが、鎌足・中大兄皇子が事件に関係がないとする筆致は信頼してよい。

先に私は、葛城皇子は舒明天皇の殯葬の場で誄詞を奏上した段階で中大兄皇子を称していたのではないか、と推測したが、入鹿が同皇子を誘わなかったのは十八歳という若年であることとともに、皇位継承有資格者として浮上しつつあった同皇子を巻き込むことにより、山背大兄王殺害後の事態が複雑化するのを避けようとしたことに由るのかもしれない。

第二節　間人皇后

間人皇女の出生

間人皇女は舒明天皇二年（六三〇）紀に、

立二宝皇女一為二皇后一。々々生二二男一女一。一曰二葛城皇子一、近江大津宮御宇天皇。二曰二間人皇女一、三曰二大海人皇子一。浄御原宮御宇天皇。

とあり、舒明天皇と後に皇極・斉明天皇となる宝皇后との間に生まれ、天智・天武両天皇と同腹の皇女である。生年は伝わっていないが、兄の葛城皇子、中大兄皇子の生年が推古三十四年（六二六）、大海人皇子のそれも伝わらないものの、兄より数歳程度の年少とみてよいだろうから、兄弟に挟まれた皇女は兄との年齢差が精々二、三歳程度であったとみてよく、仮に二歳だとすれば推古三十六年の出生となる。大海人皇子の生年は『本朝皇胤紹運録』によれば朱鳥元年（六八六）に六十五歳で死去したとあるので推古天皇三十一年（六二三）となるが、これでは兄の中大兄皇子より年長となるので信憑性を欠く。但し中大兄・大海人両皇子の年齢差はさほどなかったようであり、間人皇女が兄より二歳程度年少とみるのは無理のない推測であろう。『日本書紀』によれば皇女は大化元年（六四五）七月に孝徳天皇の皇后となり、白雉四年（六五三）に皇太子中大兄皇子が天皇に倭京への帰還を申し出たものの、天皇が承認せず、母および大海人皇子と共に飛鳥河辺行宮に移ると、行を共にしており、天皇が恨んで退位しようとして山埼に宮を作り、皇后に次の歌を送ったとある。

　鉗着け吾が飼ふ駒は引出せず吾が飼ふ駒を人見つらむか

尤も孝徳天皇が白雉五年（六五四）に病疾となると、母・兄と一緒に天皇の許に出かけている。その後天智天皇四年（六六五）に死去している。『日本書紀』の中大兄皇子を皇太子とする記述は、当時皇太子制は行われていなかったので、正しくは皇太子格となるが、母・兄弟が難波を去ると間人皇后も共に去り、天皇が大漸となった段階での慰問も母・兄と一緒に出かけているところをみると、母皇極前天皇・中大兄皇子と間人皇女の三人の仲は頗る密接な間柄であったと推測される。見様によっては、間人皇女は夫である孝徳天皇より母・兄と深い関係をなしていた、と見得るようである。

間人皇女と孝徳天皇との結婚

孝徳天皇、軽皇子の出生が何時のことであったか伝わらないが、姉である宝皇女、皇極天皇の出生が『本朝皇胤紹運録』等の記述に基づき推古天皇二年（五九四）とすると、それより若干遅れて生まれたとみてよいだろうから、強いて推測すれば、推古天皇四年の頃とみるのが妥当なところであろう。出生時をかく推定してみると、これも推測に基づくものであるが、間人皇女の出生は推古天皇三十六年（六二八）の頃なので、二人の年齢差は三十歳を越えていて、一世代以上の差があったことになる。孝徳天皇と間人皇女の結婚が何時頃のことであったか史料を欠くが、乙巳の変当時間人皇女は推定十八歳、孝徳天皇の推定年齢は五十歳ということになり、年齢的にこの時皇女が天皇と結婚していて不思議でないが、年齢差を考慮すれば、謂ゆる政略婚であることが疑いない。仮に軽皇子が孝徳天皇となる以前に皇女が皇子妃になっていたとすれば、母皇極天皇が、皇位を目指す意図をもち山背大兄王排除を企てた蘇我入鹿に与して大兄襲撃に参画している軽皇子を見込んで、娘である皇女をその妃とすることを図ったことが考えられる。皇極天皇が舒明天皇死亡当時十六歳になっていた中大兄皇子の即位を願うのは当然であったろうから、まず弟軽皇子の即位を図り、次いで中大兄皇子の即位を実現しようと意図したことは、十分あり得ることであり、そのために軽皇子との関係を深めるため、間人皇女を皇子妃としたとみるのである。間人皇女の結婚が乙巳の変後ということであるならば、即位した孝徳天皇との関係を深めるための政略婚であり、既に二十歳になっている中大兄皇子も、妹を孝徳天皇に納れ皇后とすることに関わっていた、とみることができそうである。間人皇女の孝徳天皇との結婚が乙巳の変の前後どちらであったか不詳であるが、皇極天皇ないし中大兄皇子の意向が絡んでいることが確かな政略婚であり、間人皇后が子を生んでおらず、母・兄が孝徳天皇を置いて難波から倭京へ戻ると、皇女も天皇の許を離れているのも、政略婚に由来するとみれば、理解しやすいだろう。中西進氏は中大兄皇子と間人皇女の間柄を兄妹関係に終らず、恋愛感情の如きがあったとみている(3)。私は、中西氏のかかる所見を否定する必要はないと考えているが、それについては後述するとして、皇女が夫である孝徳天皇より母・兄との関係を深くしていたことが確実である。

孝徳天皇は妻として間人皇后の他に、安倍倉梯麻呂の娘小足媛と蘇我倉山田石川麻呂の娘乳娘を妃とし、舒明十二年（六四〇）に前者との間に有間皇子を儲けていた。有間皇子も時期が来れば天皇になり得る立場の皇子であるが、乙巳の変の当時は僅か六歳であり、皇位継承者と見做されるようなことはなかったであろう。この変による支援者蘇我入鹿の殺害に伴い古人大兄皇子が皇位継承候補としての地位を失い、次いで謀反を理由に殺されると、中大兄皇子のみが次の天皇候補であったとみてよく、更に同皇子はクーデターの断行者として権威が昂まっていたことが確実である。間人皇女と孝徳天皇との結婚が乙巳の変後のことであったとするならば、皇極前天皇と中大兄皇子が間人皇女を天皇の配偶とすることを意図しただけでなく、天皇の方が前二者との関係を深めるため、間人皇女を求めたことが考えられる。有り体に言えば、孝徳天皇と中大兄皇子の力関係は後者の方が優っていた可能性を考えても、強ち失当とは言えないように思われるのである。先に間人皇女に去られた孝徳天皇が皇女を恨み送った歌を紹介したが、推定六十歳に近い天皇が二十歳代半ばの皇后に送っている歌としてみると、前者が後者を扱いかね十分に対応できていない状況が浮かんでくると言ってよい。先引歌から窺知される間人皇女と孝徳天皇との関係は、政治的にみれば中大兄皇子と孝徳天皇とのそれになろう。中大兄皇子の方が優位に立っていたということである。『日本書紀』によれば、皇女らに去られた孝徳天皇は退位を決意したと記されている。孝徳天皇の天皇としての地位は、間人皇后を介し皇極前天皇や中大兄皇子と結びついていることにより維持することができた、とみることが可能なようにも思われるのである。

後論することであるが、乙巳の変を軽皇子が仕掛けたクーデター事件とみ、その後の政権立ち上げ、運営を孝徳天皇が主導したとする所見があるが、間人皇后との関係をみると、信拠し難いと言わざるを得ない。猶、孝徳天皇の先引歌には「人見つらむか」とあり、見るという動詞が使われている。見るという動詞には男女間の恋愛に関わる語法があり、「人見つらむか」を先に少し触れた中西進氏は、間人皇后と中大兄皇子との間の恋愛感情の根拠としている。氏の解釈を敷衍すれば、孝徳天皇が間人皇后と中大兄皇子との間に恋愛感情があるのを感知し、ふしだらな関係だと非難をこめている歌意となるが、氏の推論するようなことが全くあり得ないことではないように思われる。

間人皇女と仲天皇・中皇命

ところで間人皇女に関わる論点に、「大安寺伽藍縁起并流記資財帳」にみえる仲天皇および『万葉集』巻一にみえる中皇命がある。前者の必要部分を引用すると、次の通りである。

天皇行（幸カ）二事筑志朝倉宮一、将二崩賜一時、甚痛憂勅久、此寺授レ誰参来止、先帝待問賜者、如何答申止憂賜支。爾時近江宮御宇天皇奏久、開伊髻墨刺乎刺、肩負レ鉞、腰刺レ斧奉為奏支。仲天皇奏久、妾毛我妋等、炊女而奏レ造止奏支。爾時手拍慶賜而崩賜之。以後飛鳥浄御原宮御宇天皇二年歳次癸酉十二月壬午朔戊戌、造寺司小紫冠御野王、小錦下紀臣訶多麻呂二人任賜、自二百済地一移二高市地一、始院寺家入二賜七百戸封、九百三十二町墾田地、卅万束論定出挙稲一。六年歳次丁丑九月庚申朔丙寅、改二高市大寺一号二大官大寺一。十三年天皇寝膳不レ安。是時東宮草壁太子尊奉レ勅、率二親王諸王諸臣百官人等天下公民一、誓願賜久、大寺営造延二今三年一、天皇大御寿、然則大御寿更三年大坐坐支。以後藤原宮御宇天皇朝庭尓、寺主恵勢法師乎令レ鋳レ鐘之。亦後藤原朝庭御宇天皇、九重塔立金堂作建、并丈六像敬奉レ造之。（下略）

『万葉集』巻一には「高市岡本宮御宇天皇代息長足日広額天皇」の歌として、

天皇遊二猟内野一之時、中皇命使二間人連老献一レ歌

を題詞とする、

やすみししわご大君の朝にはとり撫でたまひ夕にはい倚り立たしし御執らしの梓の弓の金弭の音すなり　朝猟に今立たすらし暮猟に今立たすらし　御執らしの梓の弓の金弭の音すなり（万葉三）

が引かれ、「後岡本宮御宇天皇代天豊財重日足姫天皇、後即二位後岡本宮一」の歌として、

中皇命往二于紀伊温泉一之時御歌

を題詞として、

君が代もわが代も知るや磐代の岡の草根をいざ結びてな（万葉一〇）
わが背子は仮廬作らす草無くは小松が下の草を刈らさね（万葉一一）
わが欲りし野島は見せつ底深き阿胡根の浦の珠そ拾はぬ（万葉一二）

が採られている。仲天皇は中天皇と同語とみてよいだろうが、中天皇、中皇命について考察した喜田貞吉氏は、『続日本紀』神護景雲三年（七六九）十月条の称徳天皇詔中にみえる「中都天皇」が元明天皇に当たることに注目して、「大安寺伽藍縁起并流記資財帳」中の仲天皇は天智天皇の皇后倭姫女王を指し、倭姫女王が天智天皇死後一時皇位に即いたとみ、斉明天皇朝の歌とされる万葉一〇～一二の作者中皇命はナカツスメラミコトで中天皇に当たり、天智天皇の后である倭姫皇后を指し、舒明天皇朝の歌とされる万葉三の作者中皇命は皇極天皇を指す、と結論している。(4)その後土屋文明氏が「大安寺伽藍縁起并流記資財帳」中の仲天皇を間人皇女に当て、万葉三・一〇～一二の作者中皇命はいずれも間人皇女でよい、との見解を述べている。(5)中天皇の語義については中間天皇ないし中宮天皇の意かとし、『本朝文集』巻二一「天智天皇崇福寺願文」で間人皇女を中宮太皇后と称していることを参考にして、間人皇女が中天皇、また中宮天皇と呼称されていたことが確実である、と述べている。特異な見解として折口信夫氏が、神と人との中間の尊者という説を述べている。(6)田中卓氏は「大安寺伽藍縁起并流記資財帳」の仲天皇について、土屋氏の所見を採って間人皇女に当たるとみ、中皇命についても土屋説に従う一方で、その語義を中間天皇という一般語でなく、中大兄に類する間人皇女を指す固有名称と解される、と論じている。そして、中皇命→ナカツスメラミコトが天皇と同訓であることから、後に中天皇と称されるようになった、と推考している。(7)氏は間人皇女が天皇に即いていないのにスメラミコトと呼ばれたことについて、『摂津国風土記』逸文に息長足比売天皇（神功皇后）、『常陸国風土記』に倭武天皇（日本武尊）、『続日本紀』に岡宮御宇天皇（草壁皇子）、御春日宮天皇ないし田原天皇（施基皇子）、『播磨国風土記』に市辺天皇命（磐坂市辺押羽皇子）、宇治天皇（菟道稚部子太子）の如く、天皇に非ずして天皇を称されている例を挙示して、即位していない間人皇女が天皇を称されることがあり得た、と主張している。

仲天皇、持統天皇説

中皇命は『万葉集』初期の代表的歌人の一人でかねて注目されてきており、現段階では間人皇女を指すということで落着しているようであるが、猶、論ずべき点がありそうである。「大安寺伽藍縁起并流記資財帳」の仲天皇についてみると、斉明天皇が死が迫った病床で、大安寺の造営を一体誰に任せたらよいだろうかと発問すると、まず中大兄皇子が髻に墨刺を着け肩に鍬を負い、腰に斧を下げて奉仕すると言い、次いで問題の仲天皇が自分も夫と一緒に炊女となって奉仕する、と申し出るという文脈になっている。斉明天皇朝においては、中大兄皇子が天皇の長子で且つ皇太子格であるから、この人物がまず奉仕に当たると言うのは当然であろう。次に申し出ている仲天皇は妾と自称しているのであるから女性ということになり、喜田貞吉説の倭姫女王、土屋文明説の間人皇女いずれでもあり得るが、倭姫女王とすると、直前に奉仕すると申し出ている中大兄皇子を夫と称し得る立場であるから、非常に説得的とはいえ、倭姫女王が天皇となったという徴憑がないのであるから、強力に主張し得る態の所見とは言い難いように思われる。論者の論旨をみると、「大安寺伽藍縁起并流記資財帳」の記述を根拠に倭姫女王が即位したとしているようであり、論理が転倒している気味が窺えるのである。間人皇女説は、同皇女が中大兄皇子を兄弟の意で妹と称している、とみていることになるが、妹の第一義は夫であろうから、間人皇女説は適説とは言い難いように思われるのである。

ここで私は、先引「大安寺伽藍縁起并流記資財帳」の仲天皇の申し出を聞いて、斉明天皇が手を拍って慶び死去したとする段落の次の段落に注目すべきだと考える。この段落では、斉明天皇死後の造営の進展について記述しており、飛鳥浄御原御宇天皇、天武天皇朝における造寺司の任命と寺の整備を言い、天武天皇の死後は藤原宮御宇天皇、持統天皇による鋳鐘を述べ、次いで後藤原朝庭御宇天皇、文武天皇による塔・金堂の作建と丈六像の奉造に及んでいる。即ち大安寺の造営に勤めているのは夫婦である天武・持統両天皇とその子（文武天皇）であり、倭姫女王や間人皇女については造建に奉仕した、との記述がないのである。私は、天武・持統両天皇が造営に尽力したという後段の文意に照応して、前段に持統天皇の、自分が夫と奉仕するとの申し出が置かれているとみると、前後の段落の文脈がスムーズに続くと思われ、仲天皇は持統天皇とみるのが適切だと考える。中大兄皇子の奉仕の具体例が、その申し出にも拘わらず記されていないではないか、という所論があり得るが、既述した如く皇子は斉明天皇の嫡長子で皇太子格であるから、奉仕を申し出るのは当然であり、次の仲天皇については実際に奉仕していないと、奉仕するとの文言が生きてこないと思われる。かく考えることから私は、仲天皇は倭姫女王でも間人皇女でもなく持統天皇とみるべきだと結論するのである。

猶、仲天皇が持統天皇だとすると、「大安寺伽藍縁起并流記資財帳」では在位した天皇を示すに当たっては、某宮御宇天皇と表記し、単に某天皇と称することはないので不都合である、との指摘を田中卓氏が行っており、仲天皇が持統天皇に当たらないとの主張の根拠になり得る如くであるが[8]、同帳では推古天皇を小治田宮御宇太帝天皇と表記する一方で、太皇天皇とも表記している。これより藤原宮御宇天皇を仲天皇と称しても、不都合はないのである。以上より「大安寺伽藍縁起并流記資財帳」にみえる仲天皇は持統天皇に他ならず、仲、中の字義はある天皇とある天皇の中間のことだろうから、天武天皇と文武天皇の間に在位したの意で称されているのであろう。奈良時代において先太上天皇・中太上天皇・後太上天皇がみえ、それぞれ元明・元正・聖武太上天皇を指すが、中は先後の中であり、中天皇の中は、本来男系で継承されるべき天武天皇から文武天皇への皇統が途中女帝である持統天皇に継がれている点に注目し、持統女帝を中天皇と称しているのであろう。以上少なからず煩雑な考証を行ってきたが、「大安寺伽藍縁起并流記資財帳」の仲天皇は持統天皇で、間人皇女説は当たらない。

中皇命の訓

『万葉集』の中皇命は、題詞より舒明天皇朝ないし斉明天皇朝の人であることが判る。中皇命を訓読して、通常ナカツスメラミコトと訓んでおり、これより中天皇に当てることが行われているのであるが、中皇命が舒明天皇ないし斉明天皇朝の人となると、既に天皇、スメラミコトが在位しているのであるから、ナカを冠するとはいえ、もう一人スメラミコトがいるのは不可解なように思われる。既述した如く、田中卓氏は即位していない人物ながら天皇を称されている例を挙げ、中皇命が天皇でないにも拘わらずスメラミコトを称されてよいのだ、と考えているが、例として挙げられたものはいずれも古い時代のものであり不適切と言わざるを得ず、従い難い所見である。私には、これまで疑われてきていない中皇命の訓ナカツスメラミコト以外の訓を考えてみるのが、一案のように思われる。皇の訓は、ありふれた形では言うまでもなくスメラであり皇軍、スメラミイクサの如き用例があるが、オホキないしオホキミと訓むケースがあり、『続日本紀』天平勝宝元年（七四九）七月甲午条の孝謙天皇宣命詔では聖武天皇のことを「我皇天皇」、アガオホキミスメラミコトと称し、『続日本紀』天平宝字三年（七五九）六月庚戌条の宣命詔では淳仁天皇が孝謙太上天皇を「我皇聖太上天皇」、アガオホキミヒジリノオホキスメラミコトと称している。皇后、皇太后の訓もそれぞれオホキサキ、オホキオホキサキである。ここでは皇をオホキ、オホキミと訓み、意味としては天皇ないし天皇に関わる、ないし皇親絡みといったところであろう。宣命で呼びかけの対象となると「親王等・諸王等」が頻出し、ミコタチ・オホキミタチと訓んでおり、皇親がオホキミと呼ばれている。次節で取り上げる額田王はヌカタノオホキミと称すのが通例であるが、皇親であることに由る呼称である。私は皇親をオホキミと称すことから、漢字で表記するに当たり王を使用するとともに、皇を使用することがあり得たとみ、殊に直宮の場合は皇字を用いたとみることができるように思うのである。かく推考して可となれば、中皇命をナカツスメラミコトと訓む必要はなくなり、ナカツオホキミノミコトないしナカツオホキミコトと訓み得ることになろう。

万葉九の中皇命の歌は、題詞より間人連老を介して舒明天皇に献上されたことが知られる。献上に当たった者が間人老であることより、中皇命は間人氏が養育に関わった間人皇女とみてよい、とするのが通説となっているが、私もこの所説に従ってよいと考え、訓読についてはナカツスメラミコトでなくナカツオホキミノミコトないしナカツオホキミコトとするのが適当だとみるのである。田中卓氏は中大兄を葛城皇子に与えられた固有名詞と見得ると論じたが、中皇命も同様に間人皇女に関わる固有名詞と見得るようである。中大兄皇子の中は舒明天皇の皇子として古人大兄皇子に次ぐ大兄の意であろうが、中皇命の中は宝皇女所生の三人の男女のうち二番めの子であることに由るとみられる。兄弟の順序をいう時は、男子は男子、女子は女子として排行するのが通例ではあるが、先引した舒明天皇二年紀では、宝皇女が三人の男女を生んだとし、次いで葛城皇子、間人皇女、大海人皇子の順序で名前を列記しているのであるから、男女こみで順番を示す例が確認され、間人皇女をナカツオホキミノミコトないしナカツオホキミコトと呼称することは、十分あり得たように思われるのである。天武天皇の皇子草壁皇子を皇子尊、ミコノミコト、高市皇子を後皇子尊、ノチノミコノミコトと称したことはよく知られているが、親である舒明・皇極天皇にとり大切な皇女なので、間人皇女が中皇命と称されているのであろう。猶、万葉九について、舒明天皇朝における間人皇女の年齢はどうみても十代前半なので、この歌を作った人物としては相応しくなく、間人老が皇女に替り作歌して献上したと説かれることがある。題詞に「御歌」となく単に「歌」とのみある点が、実作者を老とする根拠になっているようであるが、万葉一三の題詞に「中大兄近江宮御宇天皇三山歌」とあり、中大兄皇子の歌ながら御歌となっていないから、必ずしも根拠とはなし難い。歌調は複雑とは言い難く、若い間人皇女が作ったとみても、さほど異和感はないように思う。十代前半ながら歌を献上しているとなると、天皇と格別に近しく親子の愛情に満ちた関係が推測され、中皇命なる呼称を得ているのも尤もとみることができそうである。伊藤博氏は、中皇命を間人皇女に当てつつ、神の意志を聞き人の世の幸を予言する聖女としている(9)。折口信夫氏の所見に基づく理解であろうが、この歌に狩の予祝の意が込められていることは確実であるにしても、神の意志を聞く聖女というような解釈は、やや行き過ぎたそれとなろう。伊藤氏は中皇命なる語は個人名でなく、神と人との間をとりもつ職掌に関わる語とみているようである。

間人皇女と有馬皇子

万葉一〇～一二の三首は中皇命が紀伊温泉に出かけた時に詠んだ歌である。万葉九の中皇命が間人皇女であるのと同様に、ここも同皇女の作歌とみてよい。伊藤博氏のように中皇命を職掌の如きとすれば、複数の中皇命がいたことになろうが、矢張り田中卓氏に従い中大兄皇子に准ずるような固有名詞とみるのが適切であり、間人皇女とするのが相応しいのである。この時の間人皇女の紀伊温泉行は、斉明四年（六五八）十月の斉明天皇の出幸に随伴したものとされている。『日本書紀』には皇孫建王の死を追憶した歌が引かれており、万葉九の題詞に「幸二于紀温泉一之時、額田王作歌」とあり、額田王も随従していたことが記されている。この時の出幸中に孝徳天皇の子有間皇子が謀叛を企てたとされ、蘇我赤兄が皇子を捕え天皇の許へ護送する、という事件が起きている。有間皇子は中大兄皇子が自ら審問し、藤白坂で絞殺されている。これより斉明天皇に中大兄皇子が随行していたことが判明する。孝徳天皇を難波に置いて中大兄皇子が倭京へ戻る時には、斉明天皇・間人皇女母娘が同行しており、この三人が密接に結びついていたことが知られ、紀伊温泉行に際しても、母子三人が行を共にしていたのであろう。尤も田中卓氏は、額田王の随伴に関し万葉九の題詞で天皇が幸した時と言っているのに対し、間人皇女の歌の題詞では出幸への随伴を言わず、往した時とのみ言っていることに注目して、間人皇女は天皇に随行して紀伊へ下っているのではなく、護送された有間皇子と共に紀伊へやって来ている、と考えている(10)。氏は、謀叛事件の犯人有馬皇子の護送に当たっては、多くの官憲がつきそい証言者もいたはずで、その一行中に間人皇女が加わっていたという。有馬皇子の自傷歌万葉一四一「磐代の浜松が枝を引き結び真幸くあらばまた還り見む」はよく知られているが、田中氏によれば、先引間人皇女作歌万葉一〇と呼応し、有馬皇子と間人皇女が紀伊温泉へ行く道中の磐代の地で、共に命の長からんことを願い詠んだと解されるとし、同じ有馬皇子の自傷歌万葉一四二「家にあれば笥に盛る飯を草枕旅にしあれば椎の葉に盛る」の、旅の不自由から囚われの身の述懐を思わせる歌調は、先引間人皇女作歌万葉一一の旅中の慌しく仮廬を作っている状況に相応している、と論じている。椎の葉に盛る飯、葺草にこと欠く仮廬は有馬皇子の下向に相応しく、皇子と皇女の四首は、このような情景の下で秘かに取りかわされた歌とみることができるという。

四首の和歌の分析から得られた所見として、田中氏の解釈は真に興味深いが、私は、難波から倭京へ戻る時に斉明天皇・中大兄皇子・間人皇女が行動を共にし、病床の孝徳天皇の許へ来訪する時も三人が一緒であることをみると、斉明天皇四年の紀伊温泉行も斉明天皇と中大兄皇子が一緒なのであるから、これに間人皇女も加わっていたとみるのが自然なように考える。間人皇女の歌の題には往とあり幸に伴うとは言っていないが、往とあるので幸に伴うものではない、と言い切れるかどうか、疑問ではなかろうか。万葉一四一が、有馬皇子が自らの命の長らえることを祈っての歌であることが明瞭であるが、万葉一〇の歌意を有馬皇子に結びつけず間人皇女が君、斉明天皇と自らの幸運を祈り草根を結んだとして、十分に解釈可能である。万葉一一の仮廬の歌は、天皇一行の旅であっても慌しく、その慌しさを仮廬作りという詠題で表現している、とみることができるのではあるまいか。そもそもこの歌は「吾が背子」がとあり、間人皇女にとり夫ないし兄弟、恋人に当たる人物を詠みこんでいるのである。既に夫孝徳天皇は死去しているから、孝徳天皇ではあり得ず、まず浮揚してくるのは兄である中大兄皇子であろう。田中氏はこの「吾が背子」を有馬皇子とみているのであるが、間人皇女が有馬皇子をかく呼ぶことは、あり難いように思われる。有馬皇子と間人皇女は義理の母子関係となるが、間人皇女は晩年の孝徳天皇の許を去り、中大兄皇子と行動を共にしているのであるから、成行きによっては中大兄皇子のライバルになり兼ねない有馬皇子と親密な関係にあったとは思われず、寧ろ疎遠であったとみる方が理解しやすい。このような人物に皇女が「吾が背子」と呼びかけるようなことは、考え難いのである。当時有馬皇子は十九歳であり、間人皇女は三十一歳前後であったとみてよいから、両人の間に恋愛関係が全くなかったとは言い切れないが、斉明天皇・中大兄皇子・間人皇女母子の関係をみると、その可能性は皆無であろう。

間人皇女と中大兄皇子

寧ろ「吾が背子」の歌より読みとるべきは、間人皇女と中大兄皇子との関係である。このたびの斉明天皇の紀伊温泉行幸は大人数の編成となっており、道中仮廬を作る必要があり、そのような状況下で万葉一一は詠まれているのであろうが、小松の下の草を刈ったらよいでしょう、という勧めは、兄妹間の親密な情愛を示しているようであり、ここに中西進氏が推測した、皇子と皇女の間に恋愛関係があった、とみることが強ち不可能ではない(11)。万葉一二の歌意は、あなたに野島は見せて頂いたが、阿胡根の浦の珠を拾っていないのは残念です、となり、ここの間人皇女に野島を見せたのは中大兄皇子とみてよいだろう。好景地を案内してもらう、そして珠を拾えなかったのは残念だ、という言い様は、男女間の恋愛絡みとすると、解しやすいように思われるのである。先に引用した孝徳天皇が、去った間人皇女に送った歌では、「吾が飼ふ駒を人見つらむか」と詠んでいたのであるが、皇女と中大兄皇子との関係を含んでいる歌意と推測して、無理がないと言えば言えるようであり、先に触れた中西進氏の解釈を、強いて否定する必要はないように思われるのである。

間人皇后は天智天皇四年（六六五）二月に死去している。初七日には菩提を弔い三三〇人を出家させ、一年後に母である斉明天皇とともに小市岡上陵に合葬している。死後の扱いが丁重にとり行われていることが判るのであるが、天智天皇にとり大切な妹であったことを示している。

第三節　大海人皇子と額田王

大海人皇子と乙巳の変

後に天武天皇となる大海人皇子は晩年の天智天皇との間に隙ができるが、天智天皇には皇太子格で協力している人物である。尤も額田王を巡り、屢々確執の有無が議論されている。既述した如く、生年は享年を六十五歳とする『本朝皇胤紹運録』によれば、兄天智天皇より年長となり、信拠し難く、不明とせざるを得ないが、姉妹である間人皇女が天智天皇より二歳下、大海人皇子はこれより二歳程度年少とすれば無理がないようであり、舒明天皇二年（六三〇）前後の頃の出生らしい。名前からみて、大（凡）海氏により養育されたのであろう。乙巳の変はほぼ四歳程度年長の兄中大兄皇子が中臣鎌足と主導したクーデターであるが、当時大海人皇子は十六歳前後になっていたとみてよいだろうから、多大な関心をもったことと考えられるものの、関係を有したか否か史料がなく、不明である。但し乙巳の変とそれに続く改新政権は天智、天武天皇朝の起点であるから、大海人皇子が関与していたとするならば、その旨を伝える史料が伝存してよく、それを欠くのは大海人皇子は遂に乙巳の変に関わることはなかった、と見得るようである。鎌足と連携し少数精鋭でクーデター断行を謀った中大兄皇子は、弟大海人皇子を謀議にまきこむことをしなかったのであろう。かつて厩戸皇子が物部守屋討伐に加わったのは十五歳の時であるから、大海人皇子が参加していても不思議でないのであるが、中大兄皇子は弟を一味とすることを避けたのである。

大海人皇子と額田王の結婚

大海人皇子は額田王を最初の結婚相手とし、十市皇女が生まれ、この十市皇女は天智天皇の息子大友皇子と結婚して、葛野王を儲けている。額田王、十市皇女、葛野王それぞれの確実な出生年は分らないのであるが、葛野王は天智天皇四年（六六五）出生と推定され、直木孝次郎氏はこれより十市皇女の葛野王出生時の年齢を推測するなどして、額田王の出生を舒明天皇三年（六三一）の頃と推定し得るとし、更にそれに基づき十市皇女が大化四年（六四八）の頃、大海人皇子十八歳、額田王十九歳を両親として生まれたとみている[12]。直木氏による出生年の算定は、少なからざる仮定の上に推計されているので、十分な信拠性ありとは言えないが、さほど無理な推定と言う必要はなさそうである。乙巳の変から数年間となると、改新政治がつぎつぎに打出される時期である。大海人皇子は兄中大兄皇子を指導者として進められる改新政治をみつつ、額田王と婚姻関係に入り、十市皇女を得たことになろう。

額田王は天武天皇紀二年（六七三）条に「天皇初娶二鏡王女額田姫王一、生二十市皇女一」とあり鏡王の子であることが知られるものの、鏡王の素性が定かでなく、従って額田王のそれも確かなところは不明であるが、周知の如く『万葉集』を代表する女流歌人の一人である。斉明天皇の朝廷に出仕し、歌人として期待されて奉仕し、その過程で大海人皇子と交流するようになり、結婚に至ったようである。二～四世王を意味する姫王が、後宮の雑仕に従事する采女や氏女であったとは解し難く、額田王は歌詠に勝れた才気のある女王として斉明天皇の目にとまり、その近側に仕えるようになっていたのであろう。斉明天皇の歌の代作に当たっていた可能性もあるようである。十市皇女が生まれた大化四年（六四八）前後となれば、大海人皇子は十八歳前後であるから、漸次皇極前天皇と兄中大兄皇子の間で改新政治に協力するようになっていたとみてよい。白雉四年（六五三）に中大兄皇子が母・妹間人皇女と共に孝徳天皇の許を去り倭京へ戻ると、大海人皇子も一緒に還っている。この事実は、大海人皇子が兄の執政に協力していたことを示している。斉明天皇七年（六六一）に百済救援の軍興で天皇が中大兄皇子と共に西下すると、大海人皇子も妃大田皇女を伴い、征軍に参加している。大田皇女は天智天皇の娘であり、行軍途中の備前大伯海で大伯皇女を生んでいる。中大兄皇子が娘を大海人皇子に嫁しているのは、大海人皇子が自らの下で有力皇族として成長してきており、関係を深めておこうとの意図に出ていることは論を俟たない。大田皇女とは別に中大兄皇子は、後に持統天皇となる鸕野讃良皇女を大海人皇子の妃としている。大化から白雉にかけての改革政治にどのような形で参画していたかは不明であるが、大海人皇子が中大兄皇子に協力し、存在感を示すようになっていたことは確実である。

額田王と中大兄皇子

十市皇女を生んだ額田王が、大化から白雉にかけてどのような軌跡を辿っていたか不明であるが、斉明天皇朝に入る頃になると大海人皇子の許を去り、中大兄皇子の許に出仕するようになっていたらしい。斉明天皇が同天皇四年（六五八）に紀伊温泉に出幸すると、額田王は中大兄皇子と共に天皇に随伴し、

莫囂円隣之大相七兄爪湯気わが背子がい立たせりけむ厳橿が本（万葉九）

と詠んでいる。この出幸は、前章で触れている謀反人とされた有馬皇子を召喚し、中大兄皇子が自ら審問して刑死に至らしめたことで知られている。右引歌の「わが背子」は大海人皇子を指すとする説があるが、厳橿の下にすっくと立つ人物となると、一行を統率する中大兄皇子が相応しいようであり、これより斉明天皇四年の頃には額田王は中大兄皇子の近くにいたと考えるべきであろう。直木孝次郎氏も中大兄皇子を当てているが、首肯されてよい。斉明天皇の近側で宮廷詩人として目立つ活動をする額田王は、漸次宮廷内で実質的に第一人者として振舞っている中大兄皇子に近づくようになり、皇子を「わが背子」と呼ぶようになったのだろうと思われる。この間の事情は兄弟間の確執の原因になったとされることがあり、壬申の乱の遠因とされることがあるが、額田王は大海人皇子の子を生み、次いで中大兄皇子の許に出仕しているものの、確執の原因になる程の女性であったかは疑問なのではなかろうか。寧ろこの前後において中大兄皇子は、娘の大田・鸕野讃良皇女を大海人皇子に嫁しているのであるから、両者の関係は良好であったとみるべきであり、宮廷歌人として重用されていたにしても額田王が両皇子にとり、どの程度重みを有していたかは、検討の余地があるように思われる。因みに後述するように、額田王は天智・天武天皇の妃にはなっていないのである。直木孝次郎氏は額田王が勇壮な歌や春秋判別歌（万葉一六）のような明確な判断を下す歌を詠んでいることより、積極的な女性で恋愛では自らの思いのままに恋人を選んでいた人物と評している[13]が、勇壮な歌や春秋判別歌は宮廷歌人としてのそれであり、割引いてみる必要があるのではなかろうか。

香具・畝火・耳成三山の争い

中大兄皇子が斉明天皇七年（六六一）の百済救援のための西征過程で詠んだ三山歌、

　　香具山は畝火雄々しと耳梨と相あらそひき神代より斯くにあるらし　古昔も然にあれこそうつせみも嬬を争ふらしき（万葉一三）

は、男香具山と男耳成山が女畝傍山を争うという歌意とされることがあり、額田王を巡る中大兄・大海人皇子兄弟間の確執の思いがこめられていると解されることがある。因みに新日本古典文学大系本『万葉集』ではこの解釈を採用している。この解釈では原文「雲根火雄男志等」ウネビヲヲシトとある部分を「畝傍を惜（愛）しと」と解読していることになるが、原文「雄男志」を「を惜（愛）し」とするのは文字使いからみて不審があるようである。万葉仮名で格助詞をに雄字を当てるのは稀であり、「畝傍雄々し」とするのが適切なのである。当然この三山歌は実態としての香具・畝傍・耳成三山のあり様を踏まえた上で詠まれていると考えられるが、三山のうち畝傍山は標高一九九メートルで最も高く聳えたち、山容も山らしい山の形をしていて男性的である。かかる事実を考慮すると男香具山が女畝傍山を愛《いと》しんで耳成山と争うという解釈は成立せず、畝傍山を雄々しいとして歌意の把握がなされるべきように、思われるのである。

　沢潟久孝氏や直木孝次郎氏は女畝傍山説を批判して、原文の「雄男志」を「雄々し」と解し、畝傍山を男山としつつ、女香具山は雄壮な男畝傍山に思いを懸けるようになり、以前相愛関係にあった耳成山と争うようになった、の意だとしている[14]。沢潟・直木氏の「雄男志」の解釈については説得的であり、女香具山が男畝傍山に恋情を抱くようになった、との理解は納得できるが、女香具山がかつて懸想関係にあった男耳成山と争う、というのは不可解なように思われる。言うまでもなくこの歌は、後半部に「うつせみも嬬を争ふらしき」とある如く、つま争いを内容とするものである。女香具山が以前の恋人である男耳成山と争うでは、つま争いにならないだろう。猶、つまを原文では「嬬」としているが、つまなる語は夫、妻のいずれをも指し、万葉一五三「いさなとり近江の海を沖離けて漕ぎ来る船辺つきて漕ぎ来る船沖つ櫂いたくなはねそ辺つ櫂いたくなはねそ若草の嬬《つま》の念ふ鳥立つ」にみる如く、夫を嬬なる用字で表記することがあるので、嬬なる文字は夫、妻いずれにも使用されていたことが判る。因みに右引歌は天智天皇を追慕して倭姫皇后が詠んだもので「嬬」は天智天皇を指す。三山歌は夫、妻いずれかは兎も角、つま争いを主題にしているのである。かかる看点からすれば、沢潟・直木説より、妻争いとみる、先に紹介した香具山と耳成山を男とし畝傍山を女とする解釈の方が説得的と言い得る面があるのであるが、「雄男志」の解読や山容のあり方からみて従い難く、ここで私は、耳成山を女山とみ、ともに女山である香具山と耳成山が男畝傍山を巡り夫争《つま》いをした、とみればよいと考える。この説は既に折口信夫氏により説かれているのであるが、(15)万葉時代に二人の男が一人の女を巡り争う話柄はあっても、二人の女が一人の男を争う例が稀であることを根拠に、余り顧みられずに来ているらしい。しかし『住吉大社神代記』には、二柱の女神が男神を争う話柄があり、神代記の大国主神が須勢理比売と沼河比売に婚《よば》う物語も、一人の男を巡る二人の女の葛藤という要素を有しているとみることができ、二人の女の争いも珍しくないのである。山容をみても畝傍山は既述した如く標高一九九メートル、香具山一五二メートル、耳成山一三九メートルであるから、畝傍山を男山とし、香具・耳成山を女山とすると釣合がとれるのである。沢潟・直木説で畝傍を男山とし香具山を女山とするのはよいが、一番低い耳成を男山とすると、少なからずバランスが悪いように思われる。

三山歌の背景

女二人が男一人を争うとなると、屢々言われるところの、中大兄・大海人皇子による額田王を巡る争いなるものと関連づけることはできなくなるが、先述した如く私は、両皇子が額田王を巡り確執したということ自体を疑ってよい、と考えている。当時政権中枢を構成する皇親や重臣となると、絶えず政略婚の要素がちらつくのであるが、額田王の結婚にそのような要素はないようであり、寧ろ中大兄皇子が三山歌を詠んだ百済救援のための征西行には、大海人皇子が妃である中大兄皇子の娘大田皇女を帯同して加わり、額田王も参加していた。中大兄皇子と大海人皇子の間にわだかまりがあったならば、このような妃や女性を伴う征行は考え難く、況んや中大兄皇子が深刻な兄弟争いに関わるような妻争い歌を詠むようなことはあり難い、とみるのである。三山歌は副えられた反歌に、

香具山と耳梨山とあひし時立ちて見に来し印南国原（万葉一四）

とあり、征西途上の播磨国印南国原で詠んだことが判る。中大兄皇子は印南地域に伝えられていたらしい、大和三山の争いを仲裁するために出雲国の阿菩大神が出かけてきた伝承を耳にして、土地の神に征旅の平安を祈り作った、と考えられている。一人の女性を巡る深刻な兄弟間の争いを詠みこんでいたとするならば、土地神に平安を祈願する歌には相応しくないように考えられる。

後年天智天皇朝に入り天皇が蒲生野に遊猟した際、額田王が、

あかねさす紫野行き標野行き野守は見ずや君が袖振る（万葉二〇）

と詠み、大海人皇子が、

紫草のにほへる妹を憎くあらば人妻ゆゑにわれ恋ひめやも（万葉二一）

と応えている。この応答歌を遊猟に伴う宴席の場での座興とみる解釈が行われているが、必ずしもその様にとる必要はなく、かつて夫婦であった王と皇子が、文字通り禁野で袖を振り「われ恋ひめやも」と応えているとみて不都合はないように思う。配偶関係であっても政略婚の要素のあるようなしがらみのある関係でなく、別れてわだかまりのない間柄なので、天皇以下、廷臣が居合わせる場で、袖を振りあうようなことが極く自然に行われているのであろう。

額田王には天智天皇を慕う和歌、

君待つとわが恋ひをればわが屋戸のすだれ動かし秋の風吹く（万葉四八八）

がある。しかし天智天皇の后妃を列記した天智天皇紀七年（六六八）二月条に額田王の名前はみえず、天皇の配偶であったことを疑う必要はないが、既述した如く、さほどの重みを有するそれとは見做し難いのである。付言すると、天武天皇紀二年（六七三）二月条の天武天皇の皇妃を列記した記事中では額田王の名前はみえるものの、正規の后妃・夫人ではない。格別中大兄皇子が大海人皇子と争わなければならない程の女性でなく、宮廷歌人として自然の成行きで中大兄皇子と結びつくようになった、とみるのが穏当なところのように思う。

但し額田王の方からみると中大兄皇子、天智天皇は大切な思い人であり、他の女性とその寵を争うようなことがあったとみてよい。右引万葉四八八に続く四八九は鏡王女の作で、

風をだに恋ふるは羨し風をだに来むとし待たば何か嘆かむ

とある。鏡王女は『日本書紀』に列記する天智天皇后妃中に名前がみえないが、万葉九一に天智天皇が鏡王女に賜った歌として、

妹が家も継ぎて見ましを大和なる大島の嶺に家もあらましを

があるので、天智天皇の思い人になっていたとみてよい。万葉四八八と四八九は、一方の女が他を羨む応答歌であるが、一人の男子を巡る間柄となれば、夫争いの如き様相が出現したとしても、不思議でないように思う。私は、中大兄皇子を巡る女性たちの間における嫉妬、反目を念頭に三山歌は詠まれている可能性があると考える。更に想像を逞しくすれば、額田王と鏡王女の中大兄皇子を巡る相克が、三山歌の夫争いの具体相なのではなかろうか。鏡王女は鏡王の娘であるから、かつて本居宣長が考えた如く(16)、額田王の姉とみて不都合はない。姉妹が一人の男を夫としてもつようになれば、表面的には穏かに推移するにしても、時には深刻な対抗関係が生じようというものである。当時中大

兄皇子が大海人皇子との間で争うような状況は考え難く、前者が制度に依拠した后妃ではないが、それなりに寵姫である額田王とその姉との相克に頭を悩ますという事態は、十分に考えられるのである。同じ鏡王の娘ながら額田王は名が伝わり、姉の方のそれが伝わらないのは、前者が傑出した宮廷詩人であったことによるとみれば、納得できよう。額田王はその歌と共に名が伝わり、姉の方はそのような歌作者でなく名が伝わらなかったのである。猶、鏡王女は万葉九三・九四によれば、中臣鎌足が求婚したことが知られる。天智天皇と鎌足が近しい間柄であったことは周知のところであり、鎌足が戯れに求婚したらしい。鏡王女は承諾しなかったようである。

額田王の歌風と仮託説

猶、万葉四八八、四八九に関連して、前者の歌風が、例えば同じ額田王の作である万葉八「熟田津に船乗りせむと月待てば潮もかなひぬ今は漕ぎ出な」から窺知される勇壮な調子と異なることを理由に、後代の人が額田王に仮託して作ったもので、鏡王女なる人物も実在はせず額田王の別称とみる所説がある。最近では直木孝次郎氏がこの説を述べている。歌風よりの推論がそれなりに尊重されるべきは当然であるが、万葉八は西征の水軍に従っている額田王が宮廷歌人の立場で船出を号令する歌意であり、自ずと勇壮な歌調になっているのに対し、四八八は個人の私的な思いを述べる内容であるから、歌風が異なってくるのは当然であって、歌風の相異より万葉四八八の作者を万葉八の作者と異なるとするのは、当たらないように思う。万葉一六春秋判別歌は春秋の好悪を明確に判定している歌意で、万葉四八八の歌風と異なるとされるが、これも宮廷歌人の立場で額田王が作ったのであって、自ずと四八八とは異なる歌風になったのである。宮廷歌人としてよく知られている柿本人麻呂は、万葉四五で軽皇子（文武天皇）の安騎野出猟に随従して、「やすみししわご大王」で始まる皇子の勇姿を称える歌を作る一方で、万葉二二三では自分の死に臨み、孤独な気持ちを詠みこんだ歌を作っている。宮廷詩人の立場で詠んだ歌と個人の感懐を込めた歌とで同一人物であっても歌風が異なるのは当然であり、万葉八の歌風と万葉四八八との間の与える印象の相異をもって作者を別人とするのは当たらない。また万葉四八八と四八九は連続し、それぞれ作者を額田王、鏡王女と明記されている。この事実は両者が別人であることを明示している、とみるのが当然であり、両者を同一人物とする所説は成立しない。そもそも私見によれば、直木孝次郎氏が考えている応答歌を一人の人物が作るということが不可解であり、鏡王女は既述した如く、額田王の姉妹とみて何ら不都合はないのである。

鏡王女と鏡女王

鏡王女に類似した呼称をもつ女性に鏡女王がおり、鏡王女と混同して議論されることがあるようである。言うまでもないことであるが、鏡王女は鏡王の娘の意で、個人名ではない。因みに額田王も父が鏡王であるから、鏡王女と称することが可能である。それと異なり鏡女王は鏡を個人名とする女性王族の意である。『万葉集』に鏡女王はみえないが、『延喜式』諸陵寮に、

押坂墓（鏡女王、在大和国城上郡押坂陵域内東南、無守戸。）

とあり、舒明天皇陵域内に墓が営まれていたことが知られ、『興福寺縁起』に、

至㆓於天命開別天皇即位二年歳次己巳冬十月㆒、内大臣枕席不㆑安。嫡室鏡女王請曰、敬㆓造伽藍㆒安㆓置尊像㆒。大臣不㆑許。再三請、仍許。

とあり、中臣鎌足の嫡妻であったことが知られる。諸陵式の記載より鏡女王なる人物がいたことに疑いはなく、舒明天皇陵域内に造墓しているのをみると、舒明天皇とかなり近縁な女性のようである。諸陵式をみていくと、陵と関連

づけられている墓には、陵内とするものと陵域内とするものとがあり、前者は天皇の母であったり娘の場合で、後者は孫ないし血縁的にそれ以上の疎遠者の場合とされている。即ちこの理解によれば、鏡女王は、舒明天皇から二等親以上遠ざかった親族の可能性が高いことになる。舒明天皇は中大兄皇子の父親であるから、鏡女王は同皇子に血縁的に繋がっていた人物でもあった、とみることができそうである。中大兄皇子と鎌足が密接な関係にあったことは論ずるまでもないことであるから、この関係の中で鏡女王が鎌足嫡室になっていると考えられる。既述した如く鏡王女は天智天皇の思い人であり、鎌足が戯れに求婚の歌を送り、断られていた女性であった。この鏡王女とは別に中大兄皇子の近くに鏡女王がおり、この女性は鎌足と結婚したのである。女王は多数いたにも拘わらず、諸陵式で天皇の陵内、陵域内に造墓している例は極く僅かである。鏡女王が舒明天皇陵域内に造墓しているのは、鎌足という格別の重臣の嫡妻だったことによるのであろう。

尤も臣下である鎌足が女王を妻とすることはあり得ない、との看点から、鏡女王、鎌足嫡室説を否定し、『興福寺縁起』の伝える鎌足嫡妻説は、奈良時代後半に至り成立した伝説とする所見がある。(17)『公卿補任』や『尊卑分脈』に鎌足の妻として車持国子の娘与志古娘がみえるものの、鏡女王は記されていないことが根拠になっているが、車持与志古娘は藤原不比等の生母であることにより名が伝わったとみてよく、鏡女王は不比等のような重要人物の生母でないので、伝わらなかったのであろう。律令では女王を臣下が娶ることは禁止されているが、舎人親王の孫で三世王である加豆良女王が藤原仲麻呂の息訓儒麻呂と結婚している例があり、臣下と女王の結婚が全く無かったとは言えず、律令法を根拠に大化改新の功労者であった鎌足が女王を嫡室とすることがあり得ない、とするのは、当たらないように思われるのである。加豆良女王と訓儒麻呂の結婚について直木孝次郎氏は仲麻呂政権下の特異な例としているが、鎌足の功績を思えば、鎌足が女王を娶っていても不思議でない。鎌足が戯れにしろ鏡王女に求婚の歌を送っているのは確かであるから、それを基にして鎌足が鏡女王を嫡室にしたとする伝説が生じた、ということがあり得ないことではないだろうが、女王と王女はまったく別の概念であり、その蓋然性は低い。カガミなる古代地名が複数あるのと同様に、額田王の父である鏡王がいる一方でその王とは一応系譜が異なる鏡を名とする女王がいて、鎌足の妻となっていたのである。

以上万葉歌に拠りつつ中大兄皇子と大海人皇子・額田王との関係をみてきたが、結論として私は、額田王を巡り両皇子の間に確執があったとする所見は、採る必要はないと考える。

大海人皇子の長槍指貫事件

中大兄皇子は斉明天皇死後即位しないまま政治を執り、その六年（六六七）に近江大津京に遷都し、翌七年正月に天智天皇として即位している。二年（六六三）八月には朝鮮白村江で百済救援派遣軍が唐の水軍に大敗北を喫し、対唐・新羅の国防対策が急務となるが、権力的には安定していたらしい。但し大海人皇子と天智天皇との間に捫着が起きている。『藤氏家伝』上には、

> 七年正月、即㆓天皇位㆒。是為㆓天命開別天皇㆒、朝廷无㆑事。遊覧是好、人无㆓菜色㆒、家有㆓余蓄㆒、民咸称㆓太平之代㆒。帝召㆓群臣㆒、置㆓酒浜楼㆒、酒酣極㆑歓。於是太皇弟以㆓長槍㆒、刺㆓貫敷板㆒。帝驚大怒、以将㆓執害㆒。大臣固諫。帝即止之。太皇弟初忌㆓大臣所㆑遇之高㆒。自㆑茲以後、殊親重之。後値㆓壬申之乱㆒、従㆓芳野㆒向㆓東土㆒。歎曰、若使㆓大臣生存㆒、吾豈至㆓於此困㆒哉。人之所㆑思、略此類也。

とみえている。琵琶湖に面した浜辺の高楼での酒宴は、天智天皇紀七年（六六八）七月条の「於浜台之下、諸魚覆㆑水而至」に照応しているとみてよいのだろうが、酒酣の最中に大海人皇子が長槍で敷板を刺し貫く事件がおき、

怒った天智天皇が皇子を害そうとしたのを鎌足が諌め、事なきを得たという。『藤氏家伝』上は大海人皇子が何故に乱暴な行為に出たか語っていないが、何らかの不満を抱いていたことに由るとみてよく、天智天皇はそれを感知していたので、直ぐに害そうとしたのであろう。単に酔った上での粗暴な行為ならば、執害ということにはならなかったはずである。二カ月前の五月に天皇は大海人皇子や鎌足以下の群臣と蒲生野に遊猟しており、恐らく先に紹介した万葉二〇、二一の大海人皇子と額田王の応答歌はこの場で詠まれたらしい。この応答歌について私は、二人の間柄が別れてわだかまりが残るようなものでなく、現在は別れているかつての恋人同志の自然な振舞いと解釈したのであるが、この立場にたつと額田王を巡る格別の確執があったとは考え難く、この前後における朝廷内における大海人皇子の処遇が長槍刺貫事件の原因と見得るように思うのである。

大友皇子の成長

乙巳の変後中大兄皇子は、孝徳・斉明天皇朝において皇太子格で改新政治を推進し、斉明天皇死後は称制の立場で政治を執り、具体的なあり様は不明なものの、大海人皇子はそれに協力していたとみてよい。天智天皇が即位すると、大海人皇子は皇太子格で朝政に参画するようになったと考えられるが、この頃の天智天皇の皇子をみると、伊賀采女宅子娘の所生である大友皇子が二十一歳になっていた。他には大臣蘇我倉山田石川麻呂の娘である遠智娘に建皇子が生まれていたが夭逝し、忍海造小龍の娘である色夫古娘に川島皇子が生まれ、越の道君伊羅都売が施基皇子を生んでいたが、二人は年齢等からみて朝政に参画するような立場ではなかったらしい。ここで私は、既に成年に達していた大友皇子の存在が、皇太子格として朝政に臨む大海人皇子に重くのしかかってきている事態を想定し得るのではないか、と考えるのである。後論するが、大友皇子は偉丈夫で詩文に勝れ、天智天皇の寵児として成長していた。天智天皇が大友皇子を次の天皇として意識するようになってきているのは、自然の成行きであり、四歳前後年下で兄に協力してきた大海人皇子にとり、大友皇子がライバルとして立ちはだかってきている、との思いが芽生えてきていたことは確実なように思う。既に大海人皇子の娘十市皇女は大友皇子の妃となっており、後者は前者の女婿であるが、大友皇子が兄の後嗣として浮揚してきている状況は、大海人皇子に鬱屈した感情を惹起していたことと考えるのである。天智天皇七年紀では先引渚の魚が水を覆って至ったという文章に続けて、蝦夷への饗と舎人に命じて所々に宴を催したことを記述した後、「時人曰、天皇、天命将レ及乎」と記している。魚の至ったことや蝦夷への饗ないし所々の宴が天智天皇の王朝の交代に関わるとは考え難いだろうから、『日本書紀』では語っていない浜辺の高楼における大海人皇子の長槍刺貫事件を踏まえて、時人が王朝交代の前兆と言った、と解し得るように思われる。このように解釈してよいとすれば、この事件の背景に、時人が天智天皇の後嗣の問題が絡んでいたことを読みとっていたことになり、大友皇子の浮揚に不満を抱いた大海人皇子が乱暴な行為に出た、と判断することができることになるように思われる。天智天皇七年当時における王朝交代となれば、天智天皇の系統から弟大海人皇子の側に皇統が移ること以外に考えられまい。先引『藤氏家伝』上の記述によれば、天武天皇は壬申の乱で吉野から東国へ向う際に、鎌足が生きていればこのようなことにならなかったのに、と嘆いたという。壬申の乱は皇統を巡る争乱に他ならず、鎌足ならこのような争いごとでも仲裁してくれたはずということであり、天武天皇の慨嘆の背景に、皇統を巡る不満が介在していた長槍刺貫事件を事無く済ませた鎌足の手腕の記憶があった、とみることができそうである。中大兄皇子の下で協力し、天智天皇として即位すれば皇太子格となった大海人皇子にとり、その地位が怪しくなることは耐え難く、刺貫事件となったのである。繰返すことであるが、妃でもなかった額田王を巡る確執が原因となっているとする所見は、根拠を欠いた浮説以上でない。天智天皇即位前後は、天皇に協力してきた大海人皇子にとり失意の時代の始まる時期と言うことができる。

第四節　中大兄皇子と学問・思想

帰朝留学僧・生らの講説と蘇我入鹿・中臣鎌足

既に触れているが、推古天皇十六年（六〇八）に派遣された遣隋使の随行者に始まる少なからざる留学生・僧らが、推古天皇朝の末年頃から長期に渉る隋・唐留学生活を終えて帰国するようになっている。推古天皇三十一年に帰朝した恵日らは、唐へ留学した人たちは既に学業を終了しているので召喚すべきこと、そして大唐国は法式の備った国であり交流すべきである、と奏聞していた。留学生・僧らの帰国には、日本の外交路線を親唐・新羅に転換させようとの、唐の思惑があったことが疑いないが、学業を習得し帰国すべき時期にきていたことも確かなことであった。舒明天皇四年（六三二）には僧旻が帰国し、同十二年には南淵請安と高向玄理が帰朝している。これらの帰朝者は学堂を開設するなどして、隋・唐で学んだ学問・思想を講授していた。『藤氏家伝』上には、

嘗群公子咸集二于旻法師之堂一、講二周易一焉。大臣(中臣鎌足)後至、鞍作(蘇我入鹿)起立、抗礼倶坐。講訖将レ散、旻法師撃レ目留矣。因語二大臣一云、入二吾堂一者、无レ如二宗我太郎一。但公神識奇相、実勝二此人一、願深自愛。

とみえている。僧旻は講堂で『周易』の講義を行い、蘇我入鹿がそこで聴講しており、遅れて中臣鎌足が入堂したという。『周易』は卜筮の書であるが、陰陽を基にした中国人の世界観、人生観を説く書物であり、儒教の経典である五経（易経・詩経・書経・春秋・礼記）の頭首に置かれている。孔子が易を学び韋編三絶したとの伝承は、よく知られている。『易経』は儒教の根幹をなす教説を含み、隋・唐の国制に関わる政治哲学であった。旻法師は『周易』の

講義により中国の政治哲学を紹介する一方で、それを背景とする隋・唐の国制にも言い及んだことと思う。請安は周孔の教えを教授していた。周孔は勿論周公、孔子に他ならず、その教えとは儒教の教学に他ならない。舒明天皇朝から皇極天皇朝にかけて帰朝者らが盛んに講席を開設し、貴族子弟らに新来の学問、思想を広めていたのである。

先引『藤氏家伝』上によれば、僧旻の学堂で先に入堂していた蘇我入鹿が、後から入ってきた中臣鎌足に対し立って対等の挨拶をし、ともに坐したという。大臣蘇我家の嫡男入鹿が鎌足に対し立って挨拶したなどというのは、『藤氏家伝』上の文飾の可能性が大であるが、講演が終了したあと僧旻が鎌足を引き留めて、旻法師の学堂で一番秀でているのは蘇我入鹿であるが、後から入ってきた鎌足の方が入鹿より勝れた人物相をしている、と語ったあたりは、鎌足への評価を措くと、真実を伝えている、とみてよいようである。『藤氏家伝』上は鎌足を顕彰することを旨としている書物であるから、鎌足を神識奇相で入鹿より勝れているとするのは容易に理解されるところであるが、入鹿は後に乙巳の変で鎌足の関わるクーデターにより殺害される人物であるから、一番秀でているという評価は意外であり、この人物は学識、見識において卓越しており、僧旻の学堂では鎌足が入堂するまで最優秀受講生だったのであろう。

皇極天皇元年正月紀に、

大臣児入鹿更名鞍作、自執㆓国政㆒、威勝㆓於父㆒、由㆑是盗賊恐懾、路不㆑拾㆑遺。

とあり、入鹿が政治家として治績を上げたことを称讃している。これは旻法師の人物評と吻合しており、入鹿は積極的に隋・唐からの帰朝知識人から新来の学問、思想を学び、実践するところがあったのであろう。僧旻が入鹿より勝れているとした鎌足は既引『藤氏家伝』上に「幼年好㆑学、博渉㆓書伝㆒、毎読㆓太公六韜㆒、未㆓嘗反覆㆒誦之」とあり、幼い頃から学問に励み『六韜』を読習していたことが知られるが、新渡来の学問、思想への関心が昂まる中での勉学であったことは論を俟たないだろう。兵書『六韜』の習得が乙巳の変での策謀に関わることについては、先に触れている。『藤氏家伝』上にみる僧旻の学堂における入鹿と鎌足についての記述は、大臣の嫡男から始めて当時の貴族子弟らが新しい学問、思想へ進取的に取り組んでいる様子を示唆している、と言えよう。

僧旻の学堂で俊秀とされた入鹿と鎌足が、乙巳の変では殺す側と殺される側になるのは興味深いが、ともに新来の学問、思想を身につけ、入鹿は朝廷の中枢部に位置する有力指導者として皇極天皇元年正月紀において、人が「路ニ遺《お》チタルヲ拾ハズ」という成果を上げていたのである。ともに同じ学問、思想を学びながら対決するようになった来由は、蘇我本宗家という有力権門の出身である入鹿に自家の権勢を拡大しようとするところがあり、かつ威圧的な手法を用いる傾向などにより、中級貴族出身である鎌足とは相いれなくなったのであろう。「路不レ拾レ遺」は秩序が良好に保たれている状態を示すが、統制的な要素があることも否定できない。

中大兄皇子の素養

政治改革を志し、『六韜』を修得して僧旻の学堂に学ぶ鎌足は、結局若い中大兄皇子の雄略英徹を知り、打毬の場の皇子に近づき、ともに謀事を企てるようになるのであるが、鎌足と知りあう以前の中大兄皇子がどのように過ごしていたか史料を欠き不詳とはいえ、新来の学問、思想に対し進取的な態度で臨み学んでいたとみてよいだろう。鎌足が近づいたのも、それを知った上でのことと考えられる。皇子には中国渡来の文物に浸かり、渡来文化趣味という側面もあったようである。

皇極天皇四年紀によれば、乙巳の変の際に蘇我入鹿が殺されるのを眼前にした古人大兄皇子は自分の宮へ走入して、「韓人殺二鞍作臣一吾心痛矣」と言ったという。『日本書紀』では分注して、

謂下因二韓政一而誅上。

と記している。この部分の解釈について日本古典文学大系本『日本書紀』では、「通証（『日本書紀通証』）は三韓の貢調に託して殺したことを諱んで言ったものとし、標注（『日本紀標注』）は古人大兄が禍の身に及ぶことを恐れて、韓人を下手人としたのだとし、通釈（『日本書紀通釈』）は三韓貢調はもともと作為で、にせの韓人を作っていたが、それも立って共に殺害に与ったからかという。（中略）分注のあるのも、当初からその解釈が難かしかったからであろう」と述べている。しかし私見によれば、この日本古典文学大系本の注釈には晦渋な気味があり、古人大兄皇子の言葉は頗る簡明で韓人が入鹿を殺した、ということであり、この韓人は皇極天皇の御前で入鹿に切りつけた中大兄皇子以外にとりようがないように思われる。暗殺の現場に居合わせていた古人大兄皇子が、中大兄皇子を見間違えるようなことはまず考え難いだろう。『日本書紀』が敢えて右引分注を施しているのは、古人大兄皇子の言葉が発せられたままのそれとして記載されていることを示し、その一方で『日本書紀』の編纂者は韓人と中大兄皇子とを結びつけることができず、韓政による誅殺なので韓人が殺したの意だ、とする注文を付したのではなかろうか。私は、中大兄皇子が韓人という別称を有していたとは考え難いから、ここは中大兄皇子を外国文化に気触れた人物の意で、古人大兄皇子が韓人と言った、と解釈すればよいと考える。古人大兄皇子が事件を前にして突如韓人なる語を思いついたとは考え難いから、中大兄皇子は日頃から俗称として韓人、外国気触れと呼ばれていたのではなかろうか。『日本書紀』編纂時には中大兄皇子が韓人と俗称されていたことが伝わっておらず、「韓人殺二鞍作臣一」という単純な言葉ながら解釈に困しんだ編纂者が案出した解釈が分注なのであろう。猶、井上光貞監訳『日本書紀』では、「あるいは、異国の人の行なうようなやり方で誅殺された、の意であろうか」としている。この解釈は面白いが、中大兄皇子による殺害を目前にし慌てふためいた状態で自宮へ戻った古人大兄皇子の言葉とすると、少なからず冷静すぎるように思われ、当たらないだろう。日頃韓人と俗称されていた中大兄皇子が入鹿殺害に及んだので、「韓人殺二鞍作臣一」と言ったとするのが、無理のない解釈である。

乙巳の変の際における古人大兄皇子の言葉を右のように解釈し得るとすると、同変に先立つ時期の十歳代の中大兄皇子が新来の中国文化に浸っていた様子が窺知され、更に政治思想においても中国のそれを学び傾倒していたことが推測され、ここに鎌足が中大兄皇子に近づくことを求めた接点があったとみてよいと考えられるように思う。十歳代の中大兄皇子は帰朝留学僧・生らの学堂に出かける一方、大兄を称される天皇の嫡長子であることを考慮すれば、それらの僧・生らを身近に喚び教授を受けていたとみてよい。

中大兄皇子と詩文

中大兄皇子の中国文化への傾倒を示すものに、詩文の関心がある。『懐風藻』の序に、

及レ至二淡海先帝之受レ命也、恢二開帝業一、弘二闡皇猷一、道格二乾坤一、功光二宇宙一。既而以為、調レ風化レ俗、莫レ尚二於文一、潤レ徳光レ身、孰先二於学一。爰則建二庠序一、徴二茂才一、定二五礼一、興二百度一。憲章法則、規模弘遠、夐古以来、未二之有一也。於レ是三階平煥、四海殷昌、旒纊無為、巌廊多レ暇。旋招二文学之士一、時開二置醴之遊一、当二此之際一、宸翰垂レ文、賢臣献レ頌、雕章麗筆、非二唯百篇一。

とあり、天智天皇が漢詩文を興隆し、臣下と詩文の宴を催し、中国の伝統的な観念である文章経国の実現に努めていたことが知られる。国家・社会が隆昌すると君臣が共にそれを詩文にして唱し、不朽のものとして伝えるということであり、国家・社会の栄えと文章のそれとが不離であるとする理解である。前章でとりあげた天智天皇七年（六六八）に挙行された湖畔の酒宴では、大海人皇子による長槍刺貫事件という不祥事が出来してしまったが、右引『懐風藻』に「時開二置醴之遊一」とあり、時々に詩文を伴う酒宴が開催され、天智天皇自身が詩文を作り、臣下はそれを称

える詩文献上を行っていた。右引文によれば、天智天皇と臣下による詩文の御製・献頌は百篇を越えるということであり、天皇の詩文愛好の程が知られ、臣下もそれに追従していたのである。右引文は天皇在位中のこととして記述されているが、詩文の愛好は在位四年の間だけでなく、斉明天皇死後の称制時代、更にそれ以前から顕著であったとみてよい。先述した韓人という俗称も、かかるあり方を踏まえ出現していたのであろう。

詩文愛好の流れ

中大兄皇子、天智天皇の詩文は、壬申の乱の兵火に罹るなどして失われ、後世に伝わっていないが、子である大友皇子の詩二首が『懐風藻』に採られている。今、引用すると、次の通りである。

　五言、侍宴、一絶

皇明光㆓日月㆒
帝徳載㆓天地㆒
三才並泰昌
万国表㆓臣義㆒

　五言、述懐、一絶

道徳承㆓天訓㆒
塩梅寄㆓真宰㆒
羞無㆓監撫術㆒
安能臨㆓四海㆒

前者は「侍宴」とあることから、明らかに天智天皇の開催する宴席において作られたものであり、運よく壬申の兵火を免れた詩である。詩意は、天皇の威厳は日月と同様に輝き渡り、その徳は万物を覆い載せる天地と同じく広大で、天・地・人の三才はすべて安らかで栄え、すべての国々が臣下としての礼儀を表わし示している、ということであり、天皇の治政を謳歌する内容になっている。このような詩を作ることができるということは、現実の天皇の政治が素晴しいからに他ならず、正に文章経国の理想を表わしていることになるのである。良い詩文と和楽する世とは一体化しているということである。後者は、大友皇子が天の教えを受けて国家経営に当たり、天皇の委任に応え寄与しようと思っているが、天皇の補佐役としての能力を欠き、天下に臨むことができない、という内容で、天皇に仕える身としての自省する気持を述べている。「侍宴」が天皇の主催する詩宴での献頌だとすれば、「述懐」は臣下としての気持を述べ、これも天皇の開催する詩宴での作詩に相応しいと言ってよいだろう。大友皇子の二首の詩は、天智天皇の主催する詩宴の雰囲気の一端を示している。尤も後者の詩は大友皇子が皇太子となった段階のもので天智天皇の晩年の時期における作詩なので、詩宴とは直接的には関係しないようである。大友皇子の皇太子については後論する予定である。

　大友皇子の作詩から天智天皇の詩文愛好の程を推知できるが、大友皇子の長子葛野王について『懐風藻』の伝記に「少而好レ学、博渉二経史一、頗愛二属文一、兼能二書画一」とあり、詩文を好んだことが知られ、持統天皇称制前紀朱鳥元年（六八六）十月条の大津皇子の伝に「皇子大津、天渟中原瀛真人天皇（天武）第三子也。容止墻岸、音辞俊朗、為二天命開別天皇（天智）所レ愛。及レ長弁有二才学一、尤愛二文筆一。詩賦之興、自二大津一始也」とあり、大海人皇子の子ながら大津皇子が天智天皇に鍾愛されたことがみえている。天智天皇と大津皇子とは、後者の母が天智天皇娘大田皇女なので祖父と孫の間柄となり、大津皇子が幼にして才質を示し天智天皇の鍾愛するところとなった、と見得るようである。大友皇子や葛野王・大津皇子らの学問、詩文の愛好は、天智天皇の直接、間接の影響によると言ってよく、ここからも天智天皇、中大兄皇子が中国文化の粋たる詩文の嗜みを身につけ、広めていたことが推知されるのである。

遣唐使の派遣

ここでは舒明天皇二年（六三〇）八月に発遣された犬上君三田耜に続く遣唐使の派遣をみると、次の通りである。

白雉四年（六五三）五月　大使吉士長丹、大使高田根麻呂
白雉五年（六五四）二月　押使高向玄理、大使河辺麻呂
斉明五年（六五九）七月　坂合部石布、津守吉祥
天智四年（六六五）守大石
天智八年（六六九）河内鯨

平均すればほぼ五年に一度遣わされていることになり、頻繁な遣唐使の派遣は中大兄皇子、天智天皇が朝廷を領導していた時期を特徴づけており、天智天皇朝に続く天武・持統天皇朝の約二五年間に遣唐使が全く発遣されていないのと、大きく異なっている。天智天皇四年の遣使は、当時来日していたらしい唐使を送る遣使の可能性があるが、天智天皇二年八月の朝鮮白村江での戦いで唐軍に大敗北してさほど時間が経っていない段階での遣使であり、天智天皇の唐へ積極的に関わろうとする姿勢が窺知されるのである。

仏教と儒教

ところで『周易』を講じた僧旻は僧侶であり、周孔の教えを説いていた南淵請安も舒明天皇紀十二年（六四〇）十

月条に大唐学問僧とみえるので僧侶であった。尤も請安は皇極天皇紀三年（六四四）正月条には南淵先生としてみえ、僧侶が姓を有するのは不可解であるから、帰朝後還俗していた可能性がある。勿論南淵先生を俗称とみれば出家のままであったとみてもよいのであるが、それは措いて、仏教を学ぶため留学していた僧侶が外典である儒教の経典について講説しているのであって、隋・唐で学んだ留学僧・生らにとり仏教と儒教とは格別区別するものでなく、海外の新しい学問、思想として併せて修得され、帰国した日本では僧侶にして外典を講義するようになっていたのである。当時の日本では儒教と仏教とが調和的に学ばれ受容されていたということであり、儒教政治哲学への関心や詩文への趣向が昂まるのに並行して、仏教信仰も興隆するようになっていた。厩戸皇子が撰述した憲法十七条が儒教思想と仏教信仰を併せ含んでいたことは既述したが、舒明天皇朝から皇極天皇朝にかけて活躍し影響を与えていた帰国留学生・僧らの講席においても、同じような展開がみられていたのである。孝徳天皇即位前紀に天皇が「尊㆓仏法㆒、軽㆓神道㆒」じたとみえている。これは孝徳天皇の個性に関わる記述とみることができるが、時代の風潮でもあったと解すべきである。辻善之助氏は「孝徳天皇大化元年及二年の詔の中に神祇を崇敬せられた事は見えるが、之は只形式的に見えた文であって、之を仏法尊崇の事蹟に比すれば大なる徑庭がある。（中略）神祇は軽んぜられたといっても不可ないのである」[18]と指摘している。鎌足といえば乙巳の変以後の朝政に関わる最重要人物の一人であるが、その子定慧は僧となって入唐し、常に兜率上生を願い、病に臥し百済禅尼法明の維摩経誦読により癒えると感伏して更に転経を行い、斉明天皇四年（六五八）には元興寺福亮法師を屈請して維摩経を講演し、その後も継続して行うなど、仏教信仰に厚かったことが伝わっている。鎌足が儒教政治哲学に関心をもっていたことは疑いないところであるが、その一方で仏教を篤信していたのである。舒明天皇朝から七世紀の中葉にかけて神祇信仰の比重が軽くなる一方で、人々の関心は新来の儒教、仏教に向うようになっていたとみてよく、鎌足と密接な関係を結ぶようになっていた中大兄皇子、天智天皇も仏教信仰に向っていた。留学生・僧らが儒教と仏教を併せ習得していたように、中大兄皇子も儒教政治哲学を学ぶ一方で仏教を篤信していたのである。

中大兄皇子の仏教信仰

先に引用した「大安寺伽藍縁起并流記資財帳」によれば、死の床で斉明天皇が大安寺の造営を誰に委ねたらよいか聞くと、中大兄皇子が自ら大工道具を身に着け事に当たる、と申し出たとみえていた。中大兄皇子が具体的にどのようなことをしたか不明であるが、その仏教信仰の程の一端をみてよいだろう。近江に大津京を営むようになると、早速崇福寺の建立を開始し、地方においても造寺を進めている。筑紫観世音寺の造立を指示する『続日本紀』和銅二年（七〇九）二月戊子条詔には、

筑紫観世音寺、淡海大津宮御宇天皇奉㆓為後岡本宮御宇天皇㆒誓願所㆑基也。雖㆑累㆓年代㆒、迄㆑今未㆑了。宜㆘大宰商量充㆓駈使丁五十許人㆒、及逐㆓閑月㆒、差㆓発人夫㆒、専加㆓検校㆒、早令㆗営作㆖。

とあり、九州朝倉宮で死去した母天皇のために天智天皇が誓願して建立が始まったことを示している。発願して五十年近くたっても完成していないところをみると、作業が遅々として進まなかったようであるが、ここにも天智天皇の仏教信仰の程をみることができるのである。『東大寺要録』巻六には、

下野国薬師寺

右天智天皇治九年庚午建立。

とあり、下野国薬師寺が天智天皇九年（六七〇）に建立されたことがみえている。尤も『続日本後紀』嘉祥元年（八四八）十一月条には天武天皇の建立するところと記載されており、『東大寺要録』の記述と相異しているが、ここは

天智天皇の時に建立が開始され、天武天皇朝に至り竣工したと解されるようである。この寺は最初下毛野氏の関わる氏寺として築造が始まり、天平の頃に官寺化されたと説かれることが多いものの、当初から国家的意図の下で造寺が進められ、西の鎮守として観世音寺が建立されたのに対し、下野国薬師寺は東の鎮守の意を込めて建立されたらしい[19]。観世音寺と下野国薬師寺は天智天皇の律令国家整備過程の一環として築造されているとみられ、同天皇が仏教に期するところがあったことを示しているのである。

七世紀代の寺院の造立年代を推定する方法として、使用されている瓦の年代観があり、当代を代表するものに山田寺の瓦当文様と川原寺のそれとがある。山田寺は蘇我倉山田石川麻呂の誓願により建立され、『上宮聖徳法王帝説』裏書に、

辛丑年始平レ地、癸卯年立二金堂一之。戊申始僧住。

とあり、舒明天皇十三年（六四一）に建立が開始され、皇極天皇二年（六四三）には金堂が竣工していたことが知られる。川原寺の創建についてはいくつかの所伝があり、『扶桑略記』斉明天皇元年（六五五）条に「造二川原寺一」とあり、『東大寺要録』巻六に「行基菩薩之建立。斉明天皇治七年辛酉建立」とある一方で、白雉四年（六五三）六月紀には前月死去した僧旻を弔うために「命二画工狛竪部子麻呂・鯽魚戸直等一、多造二仏菩薩像一、安二置於川原寺一。或本云、在二山田寺一」したとみえている。天武天皇二年（六七三）三月紀には「是月、聚二書生一、始写二一切経於川原寺一」とあるので、これ以前に竣工していたとみてよく、この寺は斉明天皇の川原宮を寺としたので複数の所伝が生じているようであり、白雉四年説は信拠性を欠き、斉明天皇朝初頭の頃から天智天皇朝にかけての時期に築造されているらしい。これより山田寺の創建は六四〇年代、川原寺のそれは斉明・天智天皇朝となり、両寺の瓦の様式を踏襲する瓦を使用する寺は、ほぼその頃の創建と推定し得ることになる。山田寺式を踏襲する代表的地方寺院に下総龍角寺があ

り、川原寺式のそれに上野上植木廃寺がある。岡本東三氏によれば、両寺の様式による瓦を使用する寺院が七世紀第Ⅲ四半期に全国的に普及するようになっている、と指摘されている。先の筑紫観世音寺、下野薬師寺も川原寺式の瓦を踏襲していることが確認されている[20]。既述した如くこの両寺は天智天皇の意向により建立されたとみてよいのであるが、山田寺式、川原寺式による多くの地方寺院も、当時の最高指導者である中大兄皇子、天智天皇の仏教信仰と関わりつつ展開した、と見得るように思われるのである。

鎮護国家の仏教

七世紀代の日本の仏教は追善供養を旨としていたと説かれることが多く、筑紫観世音寺が母故斉明天皇のために建立されたとあることから、天智天皇の仏教信仰にもその要素があったことが確かであるが、国家・社会の安全を維持し安泰を期する看点から仏教信仰に向っていたことが考えられる。天智天皇が日本の東西に建立した筑紫観世音寺と下野薬師寺には、故斉明天皇のためという追善の要素とは別に、国家のための鎮護の意図があり、斉明天皇三年（六五七）に須弥山を作っているのは、国家の利益のためであったとみてよい。同六年五月に百の高座を設け、仁王般若会を執行している。仁王般若会は『仁王般若経』を講読して除災招福、鎮護国家を祈願する仏事に他ならない。この仏事は中国、陳の武帝の時に行われたのを嚆矢とし、唐代に盛んに行われたとされており、中国から帰朝した留学僧らが日本へ齎したとみてよいだろう。須弥山作製や仁王般若会の執行が斉明天皇朝のこととはいえ、まずは中大兄皇子の関与を考えてよい。中大兄皇子が国制への関心から始まって詩文等に至る中国の文物の移入に努めていたことは既述した如くであるが、仏教信仰もその一としてあり、積極的に導入に努めていたのである。中大兄皇子にとり仏教信仰も中国文物の一環というとらえ方がなされていたように思う。中大兄皇子、天智天皇と仏教ということになると、往々にして両者間に余り深い関係は認められず、天武天皇朝に至り仏教信仰は進展するという理解をすることが多いのであるが、海外文物への関心という看点から中大兄皇子、天智天皇は仏教にコミットしていたと見得るようであり、追善仏教に終らず、国家を守護し安寧を期するための仏力への信仰が認められるのである。

注

(1) 門脇禎二『「大化改新」史論』上巻第二章（思文閣出版、一九九一年）。
(2) 遠山美都男『古代王権と大化改新』第五章（雄山閣、一九九九年）。
(3) 中西進『天智伝』（中央公論社、一九七五年）。
(4) 喜田貞吉「中天皇考」（『万葉学論纂』明治書院、一九三一年）。
(5) 土屋文明『万葉集私注』第一巻（筑摩書房、一九六九年）。
(6) 折口信夫「女君中皇命」（『折口信夫全集』第一巻、中央公論社、一九六五年）。
(7) 田中卓「中天皇をめぐる諸問題」（『田中卓著作集』5、国書刊行会、一九八五年）。
(8) 前注（7）。
(9) 伊藤博『万葉集釈注』一（集英社、一九九五年）。
(10) 田中卓前注（7）著書「中皇命と有馬皇子」。
(11) 前注（3）。
(12) 直木孝次郎『額田王』（吉川弘文館、二〇〇七年）。
(13) 前注（12）。
(14) 沢潟久孝『万葉集注釈』巻一（中央公論社、一九五七年）、前注（12）。
(15) 折口信夫『口訳万葉集』（『折口信夫全集』第五巻、中央公論社、一九六六年）。

(16) 本居宣長『玉勝間』二の巻。
(17) 前注(12)。
(18) 辻善之助『日本仏教史』上世編(岩波書店、一九四四年)。
(19) 拙著『王朝政治と在地社会』「毛野と石城」(吉川弘文館、二〇〇五年)。
(20) 岡本東三『東国の古代寺院と瓦』(吉川弘文館、一九九六年)。

第三章　乙巳の変と大化改新

第一節　乙巳の変

乙巳の変の謀議

乙巳の変を伝える『日本書紀』皇極天皇四年（六四五）六月甲辰条は、

中大兄密謂㆓倉山田麻呂臣㆒曰、三韓進㆑調之日、必将使㆔卿読㆓唱其表㆒。遂陳㆘欲㆑斬㆓入鹿㆒之謀㆖。麻呂臣奉㆑許焉。

とあり、戊申条は、

天皇御㆓大極殿㆒。古人大兄侍焉。中臣鎌子連、知㆓蘇我入鹿臣、為㆑人多㆑疑、昼夜持㆑剣、而教㆓俳優㆒、方便令㆑解。入鹿臣、咲而解㆑剣、入侍㆓于座㆒。倉山田麻呂臣、進而読㆓唱三韓表文㆒。於是、中大兄、戒㆓衛門府㆒、一時倶鏁㆓十二通門㆒、勿㆑使㆓往来㆒。召㆓聚衛門府於一所㆒、将㆑給㆑禄。時中大兄、即自執㆓長槍㆒、隠㆓於殿側㆒。中臣鎌子連等、持㆓弓矢㆒而為助衛。使㆕海犬養連勝麻呂、授㆔箱中両剣於佐伯連子麻呂与㆓葛城稚犬養連網田㆒曰、努力努力、急須応㆑斬。子麻呂等、以㆑水送飯。恐而反吐。中臣鎌子連、嘖而使㆑励。倉山田麻呂臣、恐㆘唱㆓表文㆒将㆑尽、而子麻呂等不㆖㆑来、流汗浹㆑身、乱㆑声動㆑手。鞍作臣、怪而問曰、何故掉戦。山田麻呂対曰、恐㆑近㆓天皇㆒、不覚流レ汗。中大兄、見下子麻呂等、畏二入鹿威一、便旋不上レ進曰、咄嗟。即共二子麻呂等一、出二其不意一、以レ剣傷二割入鹿頭肩一。入鹿驚起。子麻呂、運レ手揮レ剣、傷二其一脚一。入鹿転就二御座一、叩頭曰、当レ居二嗣位一、天之子也。臣不レ知レ罪。乞垂二審察一。天皇大驚、詔二中大兄一曰、不レ知、所レ作、有二何事一耶。中大兄、伏レ地奏曰、鞍作尽二滅天宗一、将レ傾二日位一。豈以二天孫一代二鞍作一乎。蘇我臣入鹿、更名鞍作。天皇即起入二於殿中一。佐伯連子麻呂・稚犬養連網田斬二入鹿臣一。是日、雨下潦水溢レ庭。以二席障子一、覆二鞍作屍一。古人大兄、見走二入私宮一。

となっている。類似の文章は『藤氏家伝』上にもみえ、ともに中臣鎌足と中大兄が謀議して蘇我一門の蘇我倉山田麻呂と佐伯子麻呂・葛城稚犬養網田を誘い、皇極天皇の御前で蘇我入鹿を殺害する次第となっている。鎌足と中大兄皇子が近づくことになった法興寺の打毬については先に検討したが、謀事に蘇我倉山田麻呂を加える案は鎌足の発案に出、佐伯子麻呂・葛城稚犬養網田の起用も鎌足の工作によっていることが『日本書紀』『藤氏家伝』上にみえている。右引文で佐伯子麻呂と葛城稚犬養網田に箱中の剣を手渡す海犬養連勝麻呂は『藤氏家伝』上にはみえないが、この人物も鎌足が引き入れたとみてよいだろう。既に蘇我氏を除くことで計画を立て始めていた鎌足と中大兄皇子であるが、具体的な立案や謀議参加者の選定は鎌足が案を出して中大兄皇子がそれを受け容れる、という形で進められている。年長で策謀に富む鎌足と若く決断力のある中大兄皇子が結び、適切な与同者を組織して実行に及んでいると判断される。倉山田麻呂を引き込むことについて『日本書紀』には鎌足が中大兄皇子に「謀二大事一者、不レ如レ有レ輔」と語ったとあり、『藤氏家伝』上には「大臣欲レ求二勢門之佐一」した、とみえている。皇極天皇の嫡長子とはいえ二十歳に過ぎない中大兄皇子と中級貴族と言ってよい鎌足が、謀議を首尾よく実現しようとしたならば、権門貴族の支援を便宜とするのは当然であり、鎌足が当時蘇我入鹿と隙があった倉山田麻呂に呼びかけ、倉山田麻呂の娘と中大兄皇子との結婚の媒介をなし、倉山田麻呂を仲間とすることに成功したのであった。佐伯子麻呂・葛城稚犬養網田・海犬養勝麻呂は軍事氏族、宮門の守備につく門衛氏族の出であり、鎌足がどのようにしてこの三人に近づき呼びかけを行ったか不詳であるが、御前での殺害実行となれば、門衛氏族出身者の抱き込みが効果的なことは論ずる迄もない。宮城門は弘仁九年（八一八）四月に唐風に改称されるが、それまで藻壁門は佐伯門を称され、皇嘉門は若犬養門、安嘉門は海犬養門を呼称としていた。入鹿殺害の首謀者を中大兄皇子と鎌足の二人としてよいが、具体的な計画案作成となると、まずは後者の策謀に出ていたことが知られるのである。

右引『日本書紀』の文章によれば、入鹿殺害決行の日取りを三韓進調の日とし、蘇我倉山田麻呂が皇極天皇に上表文を読唱する場で斬りつけることにしたとあるが、『藤氏家伝』上では「中大兄詐㆓唱三韓上表㆒時人以為㆓信然㆒」と記されている。後者によれば、中大兄皇子が詐って三韓進調の上表の儀を称したと言い、人々を信じさせ、その儀場で殺害を行った、という次第になるが、私見によれば、皇極天皇の皇子とはいえ若い中大兄皇子が、全くありもしない三韓上表を言いだし、偽りの上表文を奏上するような儀式の執行を言いふらし、人々を信じこませたというようなことは、考え難いように思われる。ここの皇子による詐唱は、今回の読唱に名を借りて入鹿殺害を目的にしていることを言っているのではなかろうか。朝儀として正式の上表読唱が行われるのであるが、本来の目的である入鹿殺害を秘匿しているので、詐唱という語を使用しているとみるのである。三韓上表自体を詐唱したのでなく、三韓上表に関わり詐唱を行った、ということである。

三韓貢調

入鹿殺害から約一カ月後の大化元年（六四五）七月丙子に高麗・百済・新羅の三韓が調を貢進している。それを示す『日本書紀』の記事は、次の通りである。

高麗・百済・新羅、並遣レ使進レ調。百済調使、兼二領任那使一、進二任那調一。唯百済大使佐平縁福、遇病留二津館一、而不レ入レ京。巨勢徳太臣詔二於高麗使一曰、（中略）又詔二於百済使一曰、（下略）

この記事は丙子に懸けられているが、三韓による一連の貢調の次第を一つにまとめたもので、恐らく、高麗使と百済使に詔が下されたのが七月丙子で、三韓の使人はそれ以前に日本に来着していたとみてよく、貢調に関わる三韓国の上表文の読唱は七月丙子より前の六月戊申に行われたのである。貢調使が来朝すると、調物の検領が行われ、齎されてきた上表文が読唱され、その上で詔が授けられるなどして帰国するのが通例であるから、上表文奏上と詔の下附までにはかなりの日数を要したのである。中大兄皇子は当時来朝している三韓貢調使の上表読唱の日次や誰が読みあげるかが問題になっているなかで、天皇や大臣らに要望するなどして、入鹿殺害を匿したまま六月戊申に倉山田麻呂による読唱にもちこんだのであろう。既に倉山田麻呂は中大兄皇子の舅であるから、皇子が舅が読唱者になるよう天皇、大臣らに働きかけたとして、異とすることではないだろう。

上表読唱の儀

上表読唱の場について『日本書紀』では天皇が大極殿に出御したとし、『藤氏家伝』上では臨軒したと記しているが、当時大極殿なる施設があったとは考えられず、次頁の図の如く宮門を入った庁（朝堂）と朝庭およびそこより大門（閤門）を入った中庭と大殿からなっていたと推測される宮の構造を前提とすると、天皇は大門まで出御して朝庭に列立する群臣に向い、倉山田麻呂の読唱を受けていた、とみることができそうである。外交に関わる儀では、推古天皇十六年（六〇八）八月壬子に実施された唐使裴世清に対する推古天皇の接見がある。『日本書紀』の記述によれば、次の通りである。

召二唐客於朝庭一、令レ奏二使旨一。時阿倍鳥臣・物部依網連抱、二人為二客之導者一也。於是、大唐之国信物置二於庭中一。時使主裴世清、親持レ書、両度再拝、言二上使旨一而立之。其書曰、(中略)時阿倍臣出進、以受二其書一而進行。大伴囓連、迎出承二其書一、置二於大門前机上一而奏之。事畢而退焉。是時、皇子諸王諸臣、悉以二金髻花一着レ頭。亦衣服皆用二錦紫繡織及五色綾羅一。(注略)

裴世清という唐国使を接見するだけに、格別きらびやかな儀式となっているとみることができるが、三韓進調も朝廷にとり大事な事柄であるから相当な次第を伴っていたとみてよく、皇極天皇四年(六四五)の儀も天皇が大門まで出御し、倉山田麻呂が大夫以下を従えて読唱したと考えてよいと思うのである。三韓貢調には日本の三韓に対する優位性を明示する、という性格がある。実利は措いて、謂わば国家の威厳に関わる事項であり、それを天皇に伝える上表奏聞の儀は廷臣が参列する儀場での執行が相応しい。先引した『藤氏家伝』上の中大兄皇子が「詐二唱三韓上表一」したのを時人が信然としたとの文意からすれば、この儀執行は多くの人の知るところとなっており、正規の朝儀ということになろうから、多数の廷臣の出席するものだった、と推考されるのである。入鹿殺害の場に居合わせた人物として『日本書紀』と『藤氏家伝』上にみえるのは、殺害する側を除くと皇極天皇および天皇の側に侍る古人大兄皇子と入鹿のみである。三韓上表を奏上するに当たり古人大兄皇子と入鹿だけが陪席し、そこで倉山田麻呂が読唱するというような事態は、およそ考え難いように思う。『藤氏家伝』上によれば、入鹿は倉山田麻呂が読唱する段階に至って参上せず、舎人の頻喚により馳参したということであるが、入鹿のみが臨席を求められたとすれば、不可解である。ここは既に多くの廷臣が列立している中で、廷臣中の最重要人物

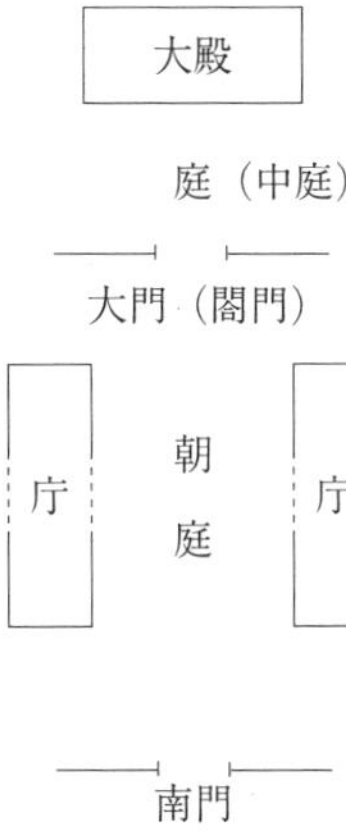

小墾田宮推測図

である入鹿が見参していないので、舎人が喚び出しにいき、入鹿の参入を待って表文読唱が始まった、と考えるべきであろう。『日本書紀』『藤氏家伝』上ともに入鹿は猜疑心が強く、身の安全確保に気を配っていたとある。入鹿は俳優に欺かれて剣を解き笑いながら儀場に入ったと記されているのであるが、多数の廷臣が列立する通常の様子なので、安心して入場したのである。

入鹿殺害の場を復元して遠山美都男氏は「入鹿が斬殺された空間には皇極女帝が出御した上で古人大兄皇子が同席、また、上表文を読みあげたという蘇我倉山田石川麻呂がいたことになっている。『日本書紀』や『家伝』上の叙述による限り、それ以外の人物がいたという形跡がなく、（中略）少人数であったことから推測すれば、入鹿が斬殺されたのは飛鳥板蓋宮の『大殿』内部だったのではないかと考えられる」と述べている。(1)私見と大きく異なるが、三韓上表奏上という儀式の重要性を考えれば、首肯し難い所見と言わざるを得ない。先引殺害の現場を描写する『日本書紀』の文中には、当日は雨が降り水が庭中に溢れ、席障子をもって入鹿の屍体を覆ったとあり、『藤氏家伝』上にも同様の文章がみえる。屍体を覆ったのは雨水を避けるためであろう。潦水、また死体を席障子で覆掩するなどといった文言は、入鹿殺害を伝える文章にとり必ずしも必要としない細部であるだけに、真実を伝えている可能性が大である。となると、入鹿殺害が行われたのが雨水に関わらない大殿内であったとは考えられず、水の溢れた庭中となり、多くの廷臣の参列する中で断行された、とみられる。敢えて推測すれば、朝庭で入鹿が殺害された後雨が降りだし、放置されている入鹿の屍体に席障子が掛けられたのかもしれない。『日本書紀』および『藤氏家伝』上に列立する官人について記載がないのは、殺害事件に直接関わらないので省かれている、とみればよいであろう。因みに先引『日本書紀』の推古天皇による唐使接見の儀についての記事も、唐使裴世清、導者である阿倍鳥・物部依網抱、および大伴囓の名前が出てくるだけで、最後に儀式を盛りたてたところの飾りたてた皇子・諸王・諸臣が参列していたという主旨の文章が置かれているという構造になっており、入鹿殺害の記事は、裴世清接見記事の皇子・諸王・諸臣に言及した箇所を省略した行文に相当するとみられるのである。

クーデター側による武力制圧

入鹿殺害後、中大兄皇子は法興寺に入りそこを軍事拠点として蘇我蝦夷らの反撃に備えるが、諸皇子・諸王・諸卿大夫・臣連・伴造・国造らのすべてが皇子の側について随伴し、蝦夷側では手兵とも言うべき漢直らが軍陣を設けようとしたものの、中大兄皇子の派遣した将軍巨勢徳太の説諭により、まず高向国押が皇子側と戦うことの無益を言って武装を解き、漢直らも散走して、翌己酉に蝦夷は自尽し、あっけなく蘇我氏本宗家の滅亡で終っている。諸皇子以下の廷臣らが皇子に随いて法興寺に入ったというのは、それらの人たちが三韓上表の儀場に列立していて、殺害とともに中大兄皇子と行動を共にするようになった状況を示唆するようである。クーデター断行者は鎌足、中大兄皇子以下少人数であったが、宮門守衛氏族を一味とし周到な計画により、入鹿斬殺という劇的な場面を作りだし、廷臣らに逡巡する暇を与えることなく、皇子側につくようにし向けたのであろう。中大兄皇子は遅れてやって来た入鹿が朝庭に入ると、すぐに衛門府に命じて十二通門を閉鎖したという。当時衛門府なる官司があったとは考えられないから、ここの衛門府は門衛氏族配下の後代の門部に当たる人たちとみてよいだろうが、これらの人たちは佐伯子麻呂・海犬養勝麻呂・稚犬養網田らの指示を受け、その一方で中大兄皇子の威権に服してその意に従うようになっていたはずであるから、入鹿殺害後廷臣らが入鹿の側に立つような言動をすれば、直ちに制圧に向ったことを考えてよい。入鹿に支援されていた古人大兄皇子のみは自宮へ走入し、既述した如く韓人が入鹿を殺したと言い、心痛すると嘆いていたのであるが、他の列席者はクーデター側の指示に従う門部担当の兵士に囲まれ、中大兄皇子の側に立つ以外の選択はなかった、という状況を考えてもよいだろう。

蘇我氏への反感

右の状況は武力的に中大兄皇子の側が諸皇子以下の廷臣の列立する朝庭を制圧していたことを示すが、それとともに当時の朝廷内外で権勢を振う蘇我本宗家に対する反感が昂っていたことを考えてよいように思う。蘇我氏への反感となると、皇極天皇紀元年（六四二）是歳条に、

蘇我大臣蝦夷、立二己祖廟於葛城高宮一、而為二八佾之儛一。又尽発二挙レ国之民、并百八十部曲一、預造二双墓於今来一。一曰二大陵一、為二大臣墓一、一曰二小陵一、為二入鹿臣墓一。

とあり、同三年紀十一月条に、

蘇我大臣蝦夷・児入鹿臣、双二起家於甘檮岡一。呼二大臣家一、曰二上宮門一。入鹿家、曰二谷宮門一。俗、此云二波佐間一。呼二男女一曰二王子一。家外作二城柵一、門傍作二兵庫一。毎レ門、置二盛レ水舟一、木鉤数十一、以備二火災一。（下略）

とある如く、蝦夷が天皇の特権とされる八佾の舞を行ったり、蝦夷・入鹿父子の墓を大小陵と呼び、屋敷を宮門と言い子を王子と呼ばせ城柵を設け武備を固めるなど、朝廷秩序を無視するような言動を行っていたことが一の原因となっていた。勿論これらは蝦夷・入鹿を悪し様に言いたてる『日本書紀』の編者による曲筆の可能性を排さないが、欽明天皇朝における馬子以来の皇室との密接な関係や大臣、執政官としての活躍をみると、あり得ないことではないようであり、大小陵や宮門、王子などといった俗称が行われていたのも事実だったのではなかろうか。後代のことであるが、長屋王が長屋親王を僭称されていたことが想起されてよい。但し大小陵・宮門・王子などの呼称が僭上であることは確かであり、廷臣らの反感を招いていたとみてよい。更に入鹿は帰朝留学僧・生らの学堂に学び新来の政治

制度や思想を修得していたものの、その手法に威圧的なところがあり、これも廷臣たちの反感を招く原因になっていたと考えられる。既述した如く、入鹿指導の朝政により「路不レ拾レ遺」となったのは成果であるが、ここには統制的、威圧的な要素が看取されるのである。

蘇我氏主導による政治改革

更に当時の朝政改革の大きな流れをとらえれば、朝鮮諸国においてみられ推古天皇朝においても確認される中央集権体制の整備、確立となろうが、蘇我氏、入鹿が目指した方策もこれに沿っていた、と言えば言えるように思われる。舒明天皇十一年（六三九）紀七月条に、

詔曰、今年、造二作大宮及大寺一。則以二百済川側一為二宮処一。是以、西民造レ宮、東民作レ寺。便以二書直県一為二大匠一。

とあり、舒明天皇の詔命により百済宮と百済大寺の造営を指示し、作業に当たる役民は日本の東西から差発することを言っている。ここの民の差発が如何なる民を如何にして動員しようとしていたか不詳であるが、地域を管掌する国造を介し、貴豪族らの部民を含めその領域内の民を広く動員することを意図していたのではなかろうか。ここでは、部民制の枠を越えて差発することを目指していたように思われるのである。造営、造寺という限られた目的のためであるにしても、右のように考えて可とすれば、朝廷による支配の強化をみてよいだろう。当時の大臣は蝦夷であったから、この詔に蝦夷が関与していたとみてよく、子の入鹿も無関係ではなかったのではないか。百済大寺の造営は皇極天皇朝にも継承され、更に同朝において飛鳥板蓋宮の建造も意図されて同天皇元年紀九月乙卯条には、

天皇詔二大臣（蝦夷）一曰、朕思三欲起二造大寺一。宜レ発二近江与レ越之丁一。百済大寺。復課二諸国一、使レ造二船舶一。

とあり、辛未条に、

天皇詔二大臣一曰、起二是月一限二十二月以来一、欲レ営二宮室一。可三於国々取二殿屋材一。然東限二遠江一、西限二安芸一、発二造レ宮丁一。

とみえている。ここでは百済大寺造営のための役丁を近江および越から動員させることとし、飛鳥板蓋宮造営のための用材貢納を諸国に命じ、役丁差発を東は遠江まで、西は安芸国に至るまでの地域に指令している。右引文にみえる国は、当時地方制度としての国は未成立であったから、地域を指していることになるが、朝廷が地方に支配権限を強めている様子が看取され、皇極天皇の詔ではあるが、ここに大臣蝦夷、その子入鹿の朝廷支配を強化しようとの意図を窺知してよいと考える。部民支配の枠を越えて朝廷支配を強化しようとする蝦夷・入鹿の路線は、時代の進むべき方向に合致していると解されるが、朝廷による役務差発が部民らにまで課されるようになったとすれば、部民らを支配する貴豪族層が不満を抱くようになることが考えられ、蝦夷・入鹿らへの反発を惹起したことが推測されるのである。先に引用した蝦夷の僭上を示す皇極天皇紀元年是歳条では親子の墓である大陵、小陵を築造するため、百八十部曲とともに「挙レ国之民」が動員されていた、と記述している。百八十部曲は多くの従属民の意であり、蘇我氏に従属する多数の部民と解されるが、挙国の民は蘇我氏の従属民に限らず広く一般の民を指すようであり、蝦夷は自らの造墓のために自らの従属民以外をも動員していたらしい。蝦夷が蘇我本宗家の事業のために広く役民差発をしていたとすれば、朝廷による宮や天皇誓願の寺の造営のための負課に比べ、一層の反発を惹起したことと思う。推古天皇朝以来の朝廷支配強化は革新政治の路線に適っているのであるが、従前の支配層に対しては不満を惹起する側面があったのである。

中級官人および権門の不満

門脇禎二氏は当時の社会構造に注目して、農業共同体の中に個別支配が成長し始め、従前の支配体制が動揺、変化し、再編成が求められていた時代ととらえ、それに由来する危機感が膨大な田庄・部曲・奴婢を所有する大氏族でなく、構造的基盤が狭少で弱体な中流官人に深刻に受けとめられ、そこに中流官人による変革を求める結合が形成され、当面の支配層たる蘇我本宗家に対抗する勢力となっていた、と論じている。[2] 七世紀において個別経営の成長が顕著だとする所見は真実をついていると言ってよく、それに対処するための方策として朝廷支配の強化や中央集権体制の確立が求められており、大臣蝦夷・入鹿もその路線で努力するのであるが、既述した如く、それが他の朝臣らの不満、反発を招いていたのである。

門脇氏は特に中流官人なる階層に注目して、鎌足や佐伯子麻呂・稚犬養網田らをその概念でとらえ得るとみ、乙巳の変を断行した中枢グループと位置づけたのであるが、蝦夷・入鹿の路線が隋・唐を模した改革政治に合致しても、新たな負担が課されたり、威圧的であったり自家の利益を図る部分があり、門脇氏が中流官人としてとらえた人たちのみならず、有力権門貴族にも不満・反発を惹き起していたとみるべきであろう。皇極天皇元年紀には上宮王家の部民たる壬生部を蝦夷・入鹿が使役したことについて、厩戸皇子の娘で山背大兄王の妻となっている舂米女王とみられる上宮大娘姫王が発憤して「蘇我臣、専擅㆓国政㆒、多行㆓無礼㆒。天無㆓二日㆒、国無㆓二王㆒。何由任㆑意悉役㆓封民㆒」と語ったとある。国政を専擅するということには、大臣としての蘇我氏が強力な支配を行うようになったという側面があり、朝廷支配の強化の要素が認められるのであるが、負担増ないし蘇我本宗家という一権門の利害絡みでもあることから、他の廷臣らの反発を招いており、舂米女王の発憤はその具体的なあり様を示しているのである。

クーデターと中流官人

猶、中流官人の結合を強調する門脇禎二氏は、鎌足が佐伯子麻呂・稚犬養網田を中大兄皇子に推挙したとする『日本書紀』『藤氏家伝』上の記述より、鎌足は日頃中流官人とふれあい、結びつきを深めていた、と推測している。氏は中流官人層にして乙巳の変後東国国司として赴任した人たちが戸毎に求索したり、貢納物の横奪、己利の追求のような犯罪行為をもって、これらの人たちが赴任以前において在地で行っていた行為とみてよいとし、彼らの日常における在地支配の危機を示すととらえ、そこに中流官人の不満とそれに由来する結合の根拠を想定しているが、東国国司の犯罪行為は律令時代の国司にも頻りにみられているものであり、七世紀代の中流官人に特有の脱法行為とは見做し難く、氏の所見には論理の飛躍が少なくないように思われる。寧ろ鎌足は蘇我本宗家排除のために権門の中では入鹿と対立する蘇我倉山田麻呂を引き込むことを便宜として、中大兄皇子との婚姻をもって働きかけ、中流官人如何とは別に宮門守衛に当たる氏族である佐伯氏や海犬養氏・稚犬養氏に注目し、その出身である子麻呂や勝麻呂・網田の抱きこみを図ったのである。ここは策謀家としての鎌足の策略をみるべきで、門脇氏の如く広く中流官人結合を強調し、それに鎌足が関わりクーデターにもっていったとみると、クーデター実行集団が不明確になり、入鹿謀殺計画が途中で漏洩する事態となるようなことも推測され、事の成就が困難になってしまうようなことが考えられるのではなかろうか。私は、権門を含め反蘇我意識を背景に秘密裡に中大兄皇子と鎌足が企謀し、蘇我倉山田麻呂と海犬養勝麻呂・佐伯子麻呂・稚犬養網田を仲間として入鹿を殺害し、その異常事態下で廷臣を反蘇我で一挙にまとめあげたのだと思う。反蘇我意識は中流、権門を問わず充溢しており、それを見据えて中大兄皇子と鎌足はクーデターを決行したのである。

乙巳の変と軽皇子

以上より私は、乙巳の変は広範な反蘇我本宗家意識を背景に、中大兄皇子と鎌足が首謀したクーデター事件とみるのであるが、特異な見解に軽皇子を首謀者とみる所見があるので、検討しておこうと思う。この所見は遠山美都男氏により説かれており、乙巳の変後退位した皇極天皇の後を襲い即位するのが軽皇子、孝徳天皇であることより、導かれているらしい[3]。氏によれば、皇極天皇二年（六四三）に山背大兄王が殺害された後有力皇位継承候補として並ぶのが、蘇我入鹿が支援する古人大兄皇子と皇極天皇の弟である軽皇子の二人で、後者の側が前者の側に仕掛けたのが乙巳の変だという。入鹿と軽皇子は山背大兄王襲撃事件では共謀者であったのであるから、王殺害後は謂わば仲間割れして、後者が前者の暗殺を謀ったということになり、入鹿殺害実行者らは軽皇子擁立を図る人たちであった、と考えていることになる。乙巳の変後の権力構成をみると、軽皇子が天皇になっているのであるから、この見解には成程と思わせるところがあるが、不審が少なくないように思う。

遠山氏は鎌足が隠棲した摂津、三島の地に注目し、そこが淀川中流域を抑える交通の要衝であることをいい、近隣に同族である中臣氏系諸氏族が居住し、他方軽皇子の関係者の所領・居宅が和泉国に分布し、皇子の宮も父茅渟王のそれを継承して同国和泉郡に所在した可能性が考えられるとし、地縁的近接性により軽皇子と鎌足の接触の機会が始まった、と論じている。鎌足は早くから皇極天皇の弟で有力皇位継承者の一人と目されていた軽皇子に注目し、和泉方面の配下の同族を通じて接近し、出仕、奉仕するようになった、と考えられるという。こうして始まった軽皇子と鎌足の結びつきは以後一貫して続き、『日本書紀』や『藤氏家伝』上において鎌足が軽皇子に満足せず、特に後者で器量不足を理由に同皇子を見限ったとする時点以降にも引き継がれていたと論じ、『続日本紀』慶雲四年（七〇七）四月壬午条の藤原不比等に対し五千戸の封戸下賜をいう文武天皇の宣命詔の中で「難波大宮御宇掛母畏支天皇命乃、汝父藤原大臣乃仕奉貫流、状乎婆、建内宿祢命乃仕奉貫流事止同」と言っていることより、鎌足と孝徳天皇との密接な関係を確認できる、と主張し、軽皇子の器量不足を言う『藤氏家伝』上の筆致は、中大兄皇子と鎌足との主従関係を強調して描こうとした結果であり、事実であったとは言えない、と述べている。私は、居所、根拠地が相互に接近しているところに鎌足と軽皇子の結びつきの契機を見出した遠山氏の論点に、無視し得ないものがあるとは思うが、摂津、三島と、氏が軽皇子の宮が所在したと推測する和泉国和泉郡とではかなり隔っており、周辺に同系氏族が居住していているにしても、地縁性を強調するのは当たらないのではなかろうか。そもそも氏の展開する軽皇子の宮が、父茅渟王の名前を根拠に和泉郡にあったとする推論に、不確かさがつきまとう。また不比等への封戸下賜をいう右引詔文中の文言は、鎌足が内臣として出仕していたのが孝徳天皇朝であることを考慮すれば、鎌足と孝徳天皇との格別の関係の有無に関わりなくあって不思議でない措辞であろう。私には鎌足が中大兄皇子と関係するようになった後も軽皇子との結びつきが続いていたとする所見に、信拠性があるとは思えないのである。白雉四年（六五三）に孝徳天皇の意思を無視して倭京へ還帰すると、公卿大夫、百官人らが皆随き従ったとあり、この公卿大夫の中には鎌足もいたはずであろうから、これより鎌足と軽皇子、孝徳天皇との間に密接な関係が一貫して続いていたとする所見は成立しない、と言わざるを得ない。鎌足は入鹿と軽皇子が企謀した山背大兄王襲撃に参加した形跡がなく、『藤氏家伝』上によれば、この事件を機に入鹿誅殺計画を立てるようになったのであるから、鎌足が中大兄皇子に近づくようになった後は軽皇子を見限るようになっていた、とみるのが素直な解釈であろう。

クーデター断行者と軽皇子との関係

遠山美都男氏は、乙巳の変後左大臣に任命された阿倍内麻呂・蘇我倉山田麻呂や変直後に将軍として蘇我蝦夷らの説諭に行く巨勢徳太や大伴長徳らも軽皇子と密接な関係があり、その上でクーデター派とみることができるという。入鹿殺害の実行者である佐伯子麻呂・海犬養勝麻呂・葛城稚犬養網田らも軽皇子有縁の人たちということで、クーデターに参加しているとされる。しかし遠山氏のあげるこれらの人たちと軽皇子との接点は摂津方面に一族が居住するなり繋りがあるといった程度でしかなく、それをもって軽皇子との格別の関係があるとするのは、どうみても無理である。阿倍内麻呂は娘小足姫を軽皇子妃とし、蘇我倉山田麻呂も乳娘を皇子妃としていたが、朝廷重臣が宝皇后、皇極天皇の弟に娘を妃として納れていたとして不思議でなく、それより軽皇子と密接な関係を有していたとみてよいとはいえ、その結びつきがクーデター企謀に関わっているとしたら、もう一つ説明が必要であろう。私は軽皇子がクーデターの首謀者であったとするならば、『日本書紀』なり『藤氏家伝』上にそれを示す何らかの痕跡があって然るべきではないかと思う。乙巳の変を正当視する立場にとり、孝徳天皇がそれに関わっていたとすれば、孝徳天皇を称揚して不都合はないところである。両書において孝徳天皇の関わりを黙しているのは、天皇が無関係だったからに他ならないとみるべきである。『日本書紀』に入鹿殺害後諸皇子が諸王、卿大夫以下とともに中大兄皇子に随いて法興寺に入ったとみえるが、軽皇子も中大兄皇子に随伴した諸皇子の一人だったのであろう。

孝徳天皇の即位

入鹿殺害二日後の皇極天皇四年（六四五）六月庚戌に天皇は中大兄皇子に皇位を譲るとの詔を出し、皇子が鎌足に相談すると、鎌足は兄の古人大兄皇子を差し措いての即位を不可とし舅《おじ》の軽皇子の即位を勧め、軽皇子が古人大兄皇子の即位を求めるという謂わば盥回しの後、軽皇子の即位で決着している。仮に軽皇子がクーデターを企てていたとすれば、三人の中では最年長で皇位に最も相応しい人物であったとみてよいから、盥回しのようなことをせず、この皇子がすんなりと皇位に即いたはずであろう。ここをみても、軽皇子を乙巳の変の首謀者とする所見は成立しない。クーデターは中大兄皇子と鎌足を中心とする少人数で決行され、入鹿の支援を受けている古人大兄皇子はこのことについて全く知らず、軽皇子も企謀の外にいたのである。鎌足が中大兄皇子に軽皇子の即位を奨めたのは、伝統的に朝廷では皇太子格の皇子が重要な政務執行に当たっていたのを考慮し、軽皇子、孝徳天皇の下で中大兄皇子が改革を推進するのが最善と考えたことによるのであろう。因みに中大兄皇子は孝徳天皇死後も皇位に即かず、皇極元天皇が斉明天皇として重祚し、斉明天皇死後も即位せず、称制として政治を執り、即位したのは称制七年（六六八）に至ってのことであった。中大兄皇子は皇位に即ける立場にあったとしても、皇極天皇退位後すぐに即位することを考えたとは思われない。『藤氏家伝』上では、孝徳天皇即位について以前鎌足が軽皇子を即位させたいと言っていたのを実現したとし、君子は食言しないものだという当時の識者の言葉を引いているが、鎌足の本心がこの通りであったかどうかは兎も角、軽皇子の政見は不明なものの鎌足らにとり御しやすい人物であり、即位させて改革推進に不都合はない、という予想があったのだろうと思う。

実権の有無は兎も角、孝徳天皇を頂点とする新政権は日本で最初の年号大化を定め、阿倍内麻呂を左大臣、蘇我倉山田麻呂を右大臣とし、中臣鎌足に大錦冠を授けて内臣とし、僧旻と高向玄理という帰朝留学僧・生を国博士に任じ、謂ゆる大化改新を進めることになる。内麻呂と倉山田麻呂は権門の出であり、両人を廷臣最上位の左右大臣としたのは政権の安定に資したことと思われる。倉山田麻呂は権門の助勢が必要であるとする鎌足の考えにより、クーデター派に抱きこまれていた人物であった。内臣、国博士の職掌は定かでないが、改革の具体案提出を任としていたのであろう。大化五年二月紀に、博士高向玄理と僧旻に詔して八省百官を置かせたとみえている。政権の上層に権門出身者を据え、中級貴族とはいえ新来の政治思想を学んでいる鎌足や帰国留学僧・生らが改革実務に当たる体制は、頗る理に適っていると言えそうである。

孝徳天皇と僧旻

猶、『日本書紀』白雉四年（六五三）五月条によれば、国博士僧旻が病に臥すと孝徳天皇が慰問し、分注に引用されている或本には、天皇は僧旻の手を執り「若法師今日亡者、朕従明日亡」と語った、と記されているという。これより旻法師と孝徳天皇とが親しい間柄であったことが知られる。旻法師は『周易』を講じ政治哲学に通じ、国博士として国政の改革に当たっていたが、僧侶であることが本領であることも確かであり、大化元年（六四五）八月癸卯には十師に任命されている。旻法師が死ねば自分も後を追って翌日死ぬであろうという孝徳天皇の言葉は、厩戸皇子が死去したのを聞いた高麗僧慧慈が来年の命日に自分も死んで浄土で遭い衆生を教化しようと語ったという説話を想起させ、当時の仏教の死生観に関わっているようであり、僧旻と天皇との親密な関係は仏教を介してのことらしい。先に少し触れたが、孝徳天皇即位前紀には、

天万豊日天皇、（中略）尊二仏法一、軽二神道一。斮二生国魂社樹一之類、是也。為レ人柔仁好レ儒。

とあり、仏教信仰に篤く、学者を好んだとある。孝徳天皇は仏教への関心から僧旻と交流があり、右引即位前紀の「好レ儒」とは具体的には僧旻との付き合いのことを言っているのであろう。

古人大兄皇子の謀反

孝徳天皇を頂く朝廷は次節で述べる如く大化改新、改新政治を打ちだしていくのであるが、それを善しとしない人たちもおり、紛糾事件が起きているので、次にそれについて触れておこうと思う。『日本書紀』大化元年九月戊辰条

に、

古人皇子、与二蘇我田口臣川堀・物部朴井連椎子・吉備笠臣垂・倭漢文直麻呂・朴市秦造田来津一、謀反。或本云、古人太子。或本云、古人大兄。此皇子、入二吉野山一。故或云二吉野太子一。垂、此云二之娜屢一。

とあり、丁丑条に、

吉備笠臣垂、自二首於中大兄一曰、吉野古人皇子、与二蘇我田口臣川堀等一謀反。臣預二其徒一。或本云、吉備笠臣垂、言三於阿倍大臣与二蘇我大臣一曰、臣預二於吉野皇子謀反之徒一。故今自首也。中大兄、即使下菟田朴室古・高麗宮知、将二兵若干一、討中古人大市皇子等上。或本云、十一月甲午卅日、中大兄使下阿倍渠曽倍臣・佐伯部子麻呂二人、将二兵卅人一、攻二古人大兄一、斬中古人大兄与上レ子。其妃妾自経死。或本云、十一月、吉野大兄王謀反。事覚伏誅也。

とみえている。古人大兄皇子は乙巳の変では支援者蘇我入鹿の斬殺を目前にし自宮へ走入し、皇位に即くことを求められると、直ちに出家して吉野へ入り、皇位への野心のないことを示している。乙巳の変のクーデター断行者らは入鹿だけでなく古人大兄皇子を殺すことをも意図していたとする所見がある[4]が、皇極天皇の後継として名前が挙がったことを考慮すると、古人大兄皇子が殺害計画の対象に入っていたとする理解は当たらないようである。しかし古人大兄皇子は新政権に不満をもったようで、蘇我田口川堀らと謀反を企て、吉備笠垂の自首により露見して討ちとられているのである。この事件は兵四十人を遣わすことにより処理されていることから、さほどの規模の謀反事件であったとは見做されず、論者によっては謀反に名を借りて新政権側が危険な存在になりかねない古人大兄皇子を謀反人に仕立てた事件とみているが、首謀者と覚しき蘇我田口川堀は蘇我本宗家の滅亡に不満を懐く人物と見得るので、古人大兄皇子側の企謀に出るか政権側の策謀に出るかは不明なものの、新政権に対する不満が底流となって起きた事件であることは疑いない。自首者吉備笠垂は天平宝字元年（七五七）十二月に吉野大兄の密事を告発した功による功田二十町を中功扱いとされている。吉野大兄とは古人大兄皇子に他ならない。謀反の一味である物部朴井椎子は斉明天皇四年（六五八）十一月に起きた有馬皇子による謀反の際、造宮丁を率いて皇子の家を包囲している人物であり、倭漢文直麻呂は白雉五年二月に高向玄理の率いる遣唐使の判官として渡唐し、朴市秦田来津は天智天皇即位前紀に百済救援に遣わされたことがみえ、同天皇元年紀十二月条に百済王豊璋らと軍議を行っている記事がある。即ち謀議参加者が後に中大兄皇子、天智天皇に仕えているのをみると政権側の策謀による可能性を排さないのであるが、ここで重要なのは、自首者垂が中大兄皇子に申し出、同皇子が菟田朴室古・高麗宮知ら、ないし阿倍渠曽倍臣・佐伯子麻呂らを遣わして古人大兄皇子を討ちとっていることである。告密を受け兵士を遣わしての誅殺が中大兄皇子により行われている事実は、新政権内において中大兄皇子が確実に重要な地位を占めていたことを示すように思われるのである。或本の異説によれば、告密を受けたのは大臣阿倍内麻呂と蘇我倉山田麻呂の二人となるが、誅殺に当たったのは或本でも中大兄皇子であるから、同皇子の積極的な姿勢が推知され、政権内における皇子の重みを感じさせるのである。政権側の策謀に出るという理解に立てば、中大兄皇子が垂をして内麻呂と倉山田麻呂の許に自首させた、という次第を考えることができるかもしれない。考えようによっては、内麻呂と倉山田麻呂に実権があり、その下で中大兄皇子は動いていたと見得る余地があるが、ここは軍権を握っていたらしい中大兄皇子の優越性をみるべきである。或本に中大兄皇子が誅殺のために遣わしたとみえる佐伯子麻呂は、乙巳の変の時に稚犬養網田とともに入鹿を斬殺した人物であり、皇子と密接した武官的存在と言ってよい。入鹿殺害という武力事件を経ている新政権は軍事や武力に関心を抱いていたとみてよく、それを掌握している様子が窺える中大兄皇子は政権の要の位置にいたのである。勿論皇子の背後に策略家中臣鎌足がいたことは言うまでもないであろう。

古人大兄皇子の謀反事件についての門脇禎二説

猶、古人大兄皇子の謀反事件を検討した門脇禎二氏は『日本書紀』本文が事件の発覚、処理を九月戊辰、丁丑条につけ、或本が十一月甲午に古人大兄皇子が斬殺されたとしているのに注目して、事件は発覚から誅殺まで三カ月かかっており、最初菟田朴室古・高麗宮知が派遣されたが鎮圧できず、次に阿倍渠曽倍臣・佐伯子麻呂が差し向けられ誅殺したと考えている。(5)門脇氏は『日本書紀』本文と或本の所伝とを相異なる異伝とみず補いあう一連の記述と解しているのであるが、本文と或本の関係をみると、垂の自首先を本文は中大兄皇子、或本は大臣内麻呂と倉山田麻呂としていて、自首先という同一事象について背反する所伝を伝えているのであるから、中大兄皇子による兵士派遣も本文と或本の記事を一連のものとみるのは当たらず、相互に異伝とみるのが相応しいように思われるのである。本文を素直に読めば中大兄皇子が菟田朴室古・高麗宮知をして古人大兄皇子を討たせたということで完了しており、或本の方も阿倍渠曽倍臣・佐伯子麻呂をして斬殺せしめたということで完了している。そもそも或本の所伝が本文と一体化した一連のものとして読解されるべきものであるならば、『日本書紀』の編者は或本の所伝を本文に組み込んで記事を作成したことと思う。

政権内の政論分裂説

二度の追手を想定した門脇禎二氏は、始めのそれを融和的な説得を旨としたとみ、二度めのそれが断固たる斬殺に出たととらえ、改新政治に不満をもつ人たちへ対処するに当たり新政権内に硬軟二様の路線があり、対立していたと推論している。氏は二度めの誅殺隊を指揮した阿倍渠曽倍臣が大臣阿倍内麻呂に繋り、蘇我倉山田麻呂が謀反側の蘇我田口川堀に通じるとみて、硬派に内麻呂、軟派に倉山田麻呂を当て得ると論じ、並立する大臣間の政論の分岐を指摘できるとしている。門脇氏の言う新政権内における政論の分裂が事実ならば真に興味深いが、私は氏の立論の前提である古人大兄皇子謀反事件に関わる『日本書紀』の本文と或本の記述とを一連の記事とする解釈が失当であると考えるので、氏説は成立しないと断ぜざるを得ない。乙巳の変直後から大化にかけての時期の『日本書紀』を読んでいくと、大臣が活躍することを示す記事を欠き、出てくるのは皇太子と天皇である。勿論皇太子とは皇太子格の中大兄皇子のことであり、この皇子の指導性が発揮されていたことが知られるのである。孝徳天皇の詔にしても、多分に中大兄皇子の関与の下に布告されていた、とみることができそうである。廷臣らの前で入鹿を斬殺した中大兄皇子と鎌足は朝廷の政局を一挙に大きく転換し、この段階で実権を手中にしていたとみるべきで、古人大兄皇子謀反事件への対処、処理も中大兄皇子の指導で行われたのである。特に重要なのは、同皇子が軍事面での指揮、発動を行っていたことである。

大化三年（六四七）十二月晦日に中大兄皇子の宮に火災が発生している。『日本書紀』では「時人、大驚怪」と記している。『日本書紀』の簡単な記事に格別の意義づけをするのは正しくないが、政治的に不満をもつ人による放火の可能性がないとはいえず、仮にそうだとすれば中大兄皇子が政治の実権を握っていたことを示唆する事件と解することができる。現状に不満をもつ者による火付けだとすれば、実権をもたない皇子の宮に放火するようなことは考え難いからである。時人が驚き怪しんだという背景には、皇子の宮の出火が唯のそれではないことを思わせるようである。

蘇我倉山田麻呂の変

大化五年（六四九）三月辛酉に大臣阿倍内麻呂が死去し、戊辰に蘇我日向が大臣倉山田麻呂を讒言して、中大兄皇子を海浜で襲撃しようとしている、と皇子に訴え出る事件が出来した。中大兄皇子はそれを真に受け、天皇が倉山田麻呂の許へ使人を遣わして虚実を問うと、倉山田麻呂は天皇に直接申し上げたいといい、それを繰返し、結局天皇は軍を興して攻め、攻められた倉山田麻呂は山田寺へ逃入し、妻子らと自経して死去している。最終的にこの事件に連坐して田口臣筑紫ら十四人が殺され、絞死九人、流刑十五人の処分者を出している。事件後倉山田麻呂の資財を没収すると、好書、重宝には皇太子書、皇太子物という題字があり、中大兄皇子は倉山田麻呂の潔白を知り、悔い恥じ哀歎し、讒言者日向を筑紫大宰帥に隠流に処したとある。讒言にしろ倉山田麻呂が襲撃しようとした対象が中大兄皇子であることは、同皇子が権力の中枢にいたことを示している。軍を興し倉山田麻呂を攻めたのを『日本書紀』では孝徳天皇としているが、日向の隠流は哀歎する中大兄皇子の決定したところのようであり、事件の起点から始めて皇子が関わり、一貫して皇子がことの処理に当たったとみられるのである。

日向が倉山田麻呂を讒言したのは、乙巳の変の前に、鎌足が工作して倉山田麻呂の長女を中大兄皇子の妃にしようとしたところ、日向が長女を偸むという事件が発生しており、それ以来両者間に敵意が介在していたことを考えてよいが、大化五年三月という時点における讒言となると、より直接的な契機が考えられねばならないだろう。私は乙巳の変による蘇我本宗家滅亡後、その遺産等を一門である倉山田麻呂が継承したことを考えてよいように思うのであるが、その結果倉山田麻呂は一大権門となり、その存在自体が危険視されるようになった事態が考えられる。この一大権門ももう一人の大臣阿倍内麻呂と拮抗して朝堂に並立していれば疑われることが少なかったのだろうが、内麻呂が死去すると唯一人の大臣として廷臣中の第一人者となり、倉山田麻呂は疑いをかけられやすい状態になっていたのではなかろうか。これより私は、一族の日向としたら長女を偸んで以来の敵対感があり、倉山田麻呂が蝦夷・入鹿の本宗家にとって替って威勢をましていることも面白くなく、内麻呂死後という時期を選んで讒言に出た、とみるのである。入鹿を排除した中大兄皇子からみると、権門となっている倉山田麻呂は乙巳の変の実行者、そして舅であるにしても危険性を感じるところがあり、日向の讒言をたやすく真に受けるようになったのであろう。倉山田麻呂の存在自体が危険性を帯びるということになると、潔白なることを証明するのは頗る困難なことが予想され、そのため倉山田麻呂は繰返し天皇の前での申し開きを求めたのであろうと思われる。殺害・絞死・流刑者が三十八人にものぼったのは事件の根が深かったことを示し、有力権門をどう処遇するかという課題と関わり、乙巳の変の後遺症という性格があったとみることができる。猶、倉山田麻呂への攻撃側は既に死んでいる大臣の首を切る行為に出ている。異常ともいうべき行為であるが、根が深いことに関わるのであろう。首を切るのは日向らに指示された物部二田造塩であるが、物部は元来行刑執行人であり、『日本書紀』のこの讒言事件関係の記事の最後にみえる、倉山田麻呂の女で中大兄皇子の妃である造媛の悲嘆して死に至る悲話と対をなすかたちで、異常な首切断が記述されているのである。

第二節　東国国司

東国国司および倭六県へ使人派遣

乙巳の変後成立した新政府は早速東国を八道に分けて国司を派遣し、大和の六県に使人を遣わして、改新政治の実施にとりかかっている。東国国司に下された大化元年八月庚子詔は、

随㆓天神之所㆑奉㆑寄、方今始将㆑修㆓万国㆒。凡国家所有公民、大小所領人衆、汝等之任、皆作㆓戸籍㆒、及校㆓田畝㆒。其薗池水陸之利、与㆓百姓㆒倶。又国司等、在㆑国不㆑得㆑判㆑罪。不㆑得㆘取㆓他貨賂㆒、令㆖㆑致㆓民於貧苦㆒。上㆑京之時、不㆑得㆔多従㆓百姓於己㆒。唯得㆑使㆑従㆓国造・郡領㆒。但以㆓公事㆒往来之時、得㆑騎㆓部内之馬㆒、得㆑飡㆓部内之飯㆒。（中

略）若有二求レ名之人一、元非二国造・伴造・県稲置一、而輙詐訴言、（中略）汝等国司、不レ得三随レ詐便牒二於朝一。審得二実状一而後可レ申。又於二閑曠之所一、起二造兵庫一、収二聚国郡刀甲弓一、辺国近与二蝦夷一接レ境処者、可下尽数二集其兵一、而猶仮中授本主上。

とあり、最初に全国をこれから新しく治めることを言い、改革政治の実施を宣言している。これは新政府の抱負を示していると言ってよく、従前の政治と異なることを明言していると解され、クーデターを断行した人たちの革新への意気込みを表明している。最初に㊀造籍と校田を行うべきことを言い、次に㊁山川薮沢の利を公私が共有すべきとする原則を示し、㊂部内での裁判や百姓の徴発を認めず、㊃官職を詐称する者についての実情調査と報告、㊄武器の収公と武器庫の建造、但し蝦夷に近い辺境では武器を本人に仮授すること、を指示している。大和六県へ向う使人には、右述した五項目のうちの㊀の指示のみを行っている。㊀に関し部分的な人口調査や校田は屯倉等において既に行われてきているが、今回の詔では東国と大和六県という限定はあるものの、本格的な調査を行い、朝廷による革新政治実施の前提としての土地、人民の把握を意図していると解される。土地、人民の正確な把握を欠いて革新政治の実施はあり得ない。東国と大和六県へ国司、使人が派遣されたのは、前者には壬生部が多数設置されていて、多少とも朝廷直轄領地の様相があり、後者は朝廷膝下の直轄地であったことによろう。朝廷は最初に東国と大和六県の人口、土地の調査を行い、次いで全国に及ぼすことを計画していたとみられるのである。㊁の山川薮沢の利の公私共用は後の律令法の原則であるが、土地調査に関連して、耕地については公私の所有を認め確認する一方で、未開地についてはそれを認めない、ということを言っていると解される。㊂は国司と東国の人民との関係を規定し、今回の国司には百姓を直接的に支配し徴発するような権限は認めず、国司が百姓の動員を必要とすることがあっても国造・郡領を介して行うべきことを指示している。㊃は在地における国造等の官職詐称者の摘発に関わっており、朝廷が地方支配を適切に行うとなれば国造等に委任する必要が多々あったはずであるから、必須の任務であったとみられる。㊄の武器収公は従前朝廷の支配外にあった武力の掌握を意味し、中央集権の立場に立てば不可欠のことであったであろう。全国的な土地、人口の調査を予定した上での東国、大和六県での調査や山川薮沢の利の公私共用の原則の提示、また武器の収公は従前の朝廷政治にみられない革新の様相を示していると解される。

造籍・校田の先例

大化元年における造籍・校田となると、少なからず唐突の感がするが、本章第五節で述べる如く、欽明天皇十六年（五五五）七月に吉備五郡で白猪屯倉が設定され、そこでは耕作農民である田部の丁籍の検定がなされており、敏達天皇三年（五七四）十月には大臣蘇我馬子が派遣されて屯倉の拡大と田部の増員が図られ、その名籍が作られていた。ここでは土地、耕作者の把握が行われていると言ってよく、馬子はこのために敏達天皇三年十月に下向し、翌四年二月に復命している。馬子の白猪屯倉調査は東国国司による土地、人口調査の縮小版といった様相があり、後者は大化元年当時において必ずしも唐突とは言えないのである。既に触れているが、履中天皇朝において車持君が九州方面において車持部の調査を行っていた。広く全国的調査を視野にいれて東国、大和六県で人口、土地調査をするとなると、従前の規模を大きく越えることになるが、質的には連続しているとみることができるのである。屯倉や部民の調査に比べ飛躍があるが、このような飛躍はクーデターを断行した改革派にして始めて可能な事業であるともみられ、新政権に相応しいように思われる。新政権では隋・唐の国制を十分に理解している中臣鎌足が内臣となり、僧旻と高向玄理が国博士として参加していた。中大兄皇子は改革派の理解者であり、内臣、国博士を中心にして東国国司、大和六県使人の派遣が決定されたのだと思う。この国司は、名称は令制国司と同じとはいえ、半年後には帰任するという短期間の任務遂行で終始し、部内の百姓に裁判権から始めて支配権を及ぼし得ず、臨時に派遣された宰司、ミコトモチを称する人たちだったらしい。

東国国司の任務遂行についての評定

国司らは帰任すると大化二年（六四六）三月甲子に孝徳天皇の講評を受け、八道へ遣わされた長官のうち六人は法を守って任務を果し、二人は法に反したとされ、処罰されることになった。但し十七日後の辛巳に孝徳天皇は東国朝集使らに、

集侍群卿大夫及国造伴造、并諸百姓等、咸可レ聴之。以二去年八月一、朕親誨曰、莫下因二官勢一、取中公私物上。可レ喫二部内之食一、可レ騎二部内之馬一。（中略）詔既若レ斯、今問二朝集使及諸国造等一、国司至レ任、奉レ所レ誨不。於是朝集使等、倶陳二其状一。（下略）

という詔を下し、国造および朝集使らに国司の行状を陳述させ、国司らへの判定を更めている。長官である穂積咋は百姓中の毎戸求索を行い返還することになっても全額を返さず、巨勢徳祢は毎戸求索して全額の返還をしないとともに田部の馬を取り、紀麻利耆拕は朝倉君・井上君のところの馬を牽来させ、朝倉君に刀を作らせ弓布を取り、国造が送る兵代の物をとって返還せず、刀を盗まれるという不祥事を犯し、阿曇連某は病患の人に官物を送らせ、更に湯部の馬をとり、大市連某は裁判を行うという犯罪を犯し、他の二人の長官は所犯がなく、一人は審問が未了であるという。長官の下の次官、主典についても所犯の有無が判定されている。甲子と辛巳の詔の国司への判定は相互に大分異なるが、帰任早々の十分な審査を経ない段階での講評が甲子詔であり、その後丁寧な評定が行われたのであろう。

帰任する国司に国造が同道し参内して国司の行為について所見を述べ、朝集使も意見を開陳し、それに基づいて辛

巳の詔が出されているのであるが、ここの朝集使を従前の研究では東国国司と解すことが多い[6]が、評価される側に所犯の有無を問糺するのは少なからず不可解であり、依拠を欠くように思われる。律令法の下での朝集使は国司の中から任用されているから、大化の朝集使を国司の別称とする理解の成立する余地が皆無とは思わないが、右引大化二年三月辛巳詔では朝集使に国司の行状を問うとあり朝集使と国司とは相互に異なる役として綴文されていると解されるので、両者は別とみるべきであろう。門脇禎二氏は大化二年三月甲子詔が出された直後に朝集使が任命されたと考えている[7]が、最初に東国国司が任命された前後の頃監察官の性格をもつ朝集使が任命され、東国における国司の任務遂行の程を監察していた可能性を考えるのも一案だと思う。門脇氏は、甲子詔を宣詔する場に立ち会っていた国造らが国司らの不法行為を訴え、それを耳にした天皇が朝集使を任命し、国司らの審問に当たった、と推考しているのであるが、大化の朝集使に律令時代の朝集使像が多少とも投影されていれば、全く地方に出かけず参内してきている国造らに当たって調査を進める役人を朝集使と称すことをしただろうか、という疑問があり、門脇説が成立する蓋然性は余りないように思う。朝集使とは諸国に在任する国司の中から上京して政務報告を行う役名なのである。臨時の任務遂行のために下向する東国国司に監察役を随行させるだろうか、ということも考慮されねばならないが、現実に赴任した国司らは毎戸求索の如き不法行為に出ている者がいるのであるから、予め立案者がその必要性を感じ、監察官である朝集使を任用した可能性は少なくなかったのではなかろうか。

隋・唐制を学んでいる内臣鎌足や国博士僧旻・玄理らは監察官制度の重要性について認識を有しており、朝廷を離れた遠隔地で重要な任務遂行に当たる国司に朝集使監察官を置いたように思われる。このような制度は在来の朝廷のあり方の中では考え難く、革新派の鎌足や僧旻・玄理らの案出によるとみると、理解しやすいように思われる。私は、東国国司派遣や朝集使任命に鎌足・僧旻・玄理ら革新派の関与をみ、鎌足と結び革新派を率いているとみてよい中大兄皇子の指導を想定してよいと考えるのである。付言すれば、大化元年八月庚子詔も二年三月甲子・辛巳詔もかなりな長文となっていて、内容的にも特異である。後代律令時代の国司は部内に裁判権を始めとする権限を有し百姓を差発できる官人であるが、東国国司はそのような権限をもたず、半年で任務が終了している臨時官である。このような制度を後代の人が案出して『日本書紀』大化年間の記事として作文するような事態は考え難く、文飾はあるにしても㊀〜㊄の任務を帯びた国司や㊀を任とする大和六県使人が遣わされたことは誤りないであろう。新政府による改革政治は、これらの国司、使人の派遣により開始されたのである。

東国国司の任務についての門脇禎二説

尤も門脇禎二氏は大化二年三月甲子詔で指摘している東国国司らが犯した違法行為が、裁判をしたことや毎戸の求索、馬・食物の徴発などに限られていることから、造籍・校田は職務としていなかった、と論じている(8)。国司の違法行為から国司の任務を考えるという方法によっており、氏はこれより東国国司への下命は裁判の禁止と武器の収公程度で、造籍・校田は後世史料による合成述作・修飾とみるべきだとしている。大化の国司が造籍・校田を任としていなかったとすると、改新政府の最初の施策は改革政治として余り評価できないことになるが、私は、毎戸求索は造籍・校田過程で国司が犯したとみて不都合はないと考えるので、門脇説に従う必要はないように思う。求索とは物品等を強要することであるが、国司が造籍・校田のため部内に入り、その間戸毎に強要するような事態は間々出来していたのではないか。後代のことであるが、永祚元年（九八九）「尾張国郡司百姓等解」(9)によれば、検田作業のため入部していた尾張守藤原元命の子弟郎等らは慣例として定められている供給の他に黒米・白米を徴収したとして指弾されている。かかるあり方を念頭におけば、東国国司らが造籍・校田過程で毎戸求索を行っていたとしても不思議でなく、毎戸求索を東国国司の造籍・校田と関係がないとする門脇説は根拠を欠く。門脇氏は東国国司に言い渡された事項は裁判の禁止と武器収公程度で、造籍・校田は後代の合成述作・修飾とみるのであるが、そのように考えるとすれば、何故に大化元年東国国司の任務として造籍・校田が詔により宣示される必要があったか、説明を要するように思われる。

大化二年三月甲子に帰任した東国国司八人のうち二人が違法を犯したとし、十七日後の同月辛巳に更めて国造・朝集使に問い吟味し直した結果として多数の国司に所犯ありと認定して問責しているのは、朝政のあり方としてみるならば円滑に進められている状況とは言い難いだろう。甲子に宣布された天皇の詔が辛巳に改められているのは、不手際と言わざるを得ない。仮に大化元年八月、同二年三月の東国国司詔に『日本書紀』編者の手による大幅な修飾が加えられているとするならば、かかる不手際な構成を行うようなことは避けたように思う。一度出された詔を十数日後に改めるような構成をとらず、一度の詔の処分で済ませたのではなかろうか。私は不手際を感じさせる詔の配列構成より、東国国司関係の詔に疑点はなく、内容的にも疑いをかける必要はないと考える。寧ろ不手際を感じさせるところに、発足した早々の新政権の革新策とそれを遂行するに当たっての不慣れな状況を思わせ、真実を伝えているとみるのである。

東国国司に起用されたのは良家の大夫を称される人たちであったが、家門の良卑が選任するに当たっての基準になったとともに、選任されたのは帰朝留学僧・生らの開設する学堂に学び、新しい政治路線を理解している人たちだったとみてよいだろう。国司派遣を立案したであろう内臣鎌足や国博士僧旻・玄理らにより、新しい政治を理解し任務を遂行し得ると認定された人たちである。帰朝留学僧・生らの学堂には舒明・皇極天皇の子である中大兄皇子や蘇我本宗家の入鹿のような有力皇親・権門の子弟が学んでいたのであるから、それに倣い良家を称される家柄の子弟も多数入堂していたとみてよく、それらの人たちが選任されたとみるのである。改革を目指しクーデターを断行した中大兄皇子・鎌足が主導したとみてよい政権であるから、この二人の意向が大きく作用していたことは誤りない。但し一応新しい政治思潮を学んでいるにしても、多数の東国国司が違法行為を犯したとして問責されているのは、政治の現場に立つと旧来の手法に囚われ、毎戸求索を行ったり不法収取物の返還を怠り、馬の違法な徴発を行ってしまったのである。政治改革が進められる中で否定されるべき旧来の手法が行われているような事態は、間々みられることであろう。東国国司の所犯中の毎戸求索についていえば、従前部民の管理過程で供応を得ていた人たちが東国国司となり造籍・校田に当たったとすれば、その任務遂行過程で求索行為に出ることは十分考えられることである。

猶、門脇禎二氏は求索と戸毎求索とは異なるとし、前者は不法とされていなかったと論じているが、求索とは強要の意であり、それ自体が違法行為というべきであろう。戸毎でなければ村里、場合によっては国造の領域単位の求索となろうが、この場合は許されるというのも奇妙である。毎戸求索と求索とを区別すべきだとする門脇氏の理解は当たらない。それは兎も角、毎戸求索とは、従前の収取方式に馴染んでいる人にとり陥りやすい行為だった。

武器収公

東国国司の任務の一は兵器収公と兵器庫を作りそこへ収納することであるが、大化元年九月丙寅条には、

遣二使者於諸国一、治レ兵。或本云、従二六月一至二于九月一、遣二使者於四方国一、集二種々兵器一。

とあり、東国国司を派遣した一カ月後に諸国へ使者を遣わし、兵器の収公を行ったことがみえる。武力を用いたクーデターにより新政権を樹立した中大兄皇子と鎌足だけに軍事には関心が深く、東国のみならず全国の武器収公も意図したのである。分注の或本によれば、六月から九月にかけて兵器収公のために使者を出していたことになり、六月と

は乙巳の変直後の意のことだろうから、乙巳の変が成功すると、新政府は直ちに全国の兵器収公にとりかかったことになる。文字通りの変の熱気の冷めやらぬ段階での発遣である。分注が依拠し得るとなれば、中大兄皇子と鎌足は反クーデター派の蜂起の可能性を視野にいれて、戒厳令の意を込めて武器収公にとりかかったと見得るようである。東国国司に指示された武器収公も九月丙寅の武器収公のための使者派遣の一環をなしていたと解される。東国国司派遣は武器収公のみを目的としていたならば、九月丙寅条の記事中に解消され、八月庚子の記事が立てられることはなかったのだろうが、東国に関しては造籍・校田という重要任務を帯びていたので、特別に長文の詔を引く記事が綴文されているのである。付言すれば、東国国司に関わり違法行為を指弾する詳細な詔が宣布されているが、他の諸国へ派遣され武器収公に当たった人たちについては、そのようなことが為されていない。この事実は、東国国司の行為は主として造籍・校田に関わり犯されたとみることができそうである。兵器の収公、そして兵器庫への収納が国造や在地有力者を対象にしているので、問題となる求索行為がさほど出来せず、一般百姓を対象にする造籍・校田となると求索が起こりやすかったのではなかろうか。

官人の分裂

東国国司について従前の研究では、官人間の分裂を指摘することがある。門脇禎二氏は当時大臣となっていた阿内麻呂と蘇我倉山田麻呂との対立が尖鋭化しており、中大兄皇子は前者についていたとされる(10)。氏によれば、この対立関係が大化二年三月甲子と辛巳の様相を異にする国司らへの判定に関わり、前者の判定は内麻呂と中大兄皇子の主導で進められ、それに不満をもった倉山田麻呂やそれと結ぶ蘇我氏系の官人の反発を受け、なされたのが後者の所犯認定だという。この門脇氏の視角は遠山美都男氏に継承され、国司に任命された人たちと孝徳天皇、内麻呂ないし倉山田麻呂との関連を推測できる、と論じている[11]。門脇氏の内麻呂と倉山田麻呂が対立していたという根拠は、古人大兄皇子謀反事件の時蘇我氏に連なる蘇我田口臣川堀が皇子の与党となり、他方鎮圧隊の指揮者に阿倍氏に連なる阿倍渠曽倍臣がいたことから、阿倍内麻呂と蘇我倉山田麻呂の対立が導けるというのであるが、川堀と倉山田麻呂が結びついていた徴憑はなく、川堀が古人大兄皇子を擁立していた蘇我入鹿に近かったとすれば、川堀と入鹿殺しに加担していた倉山田麻呂が結びつくことはまずあり難く、阿倍内麻呂と阿倍渠曽倍臣の関係にしても後者が阿倍氏系の複姓氏族出身以上でなく、両者の間に関連があったという徴候を見出し難く、内麻呂と倉山田麻呂の対立を言うのは、困難と言わざるを得ないように思う。遠山氏は蘇我氏、倉山田麻呂系の東国国司が多い中で、それを処断しようとする孝徳天皇と倉山田麻呂の間に意思の不疎通が生じ、倉山田麻呂が政権に離反し自経に追い込まれる事態になった、と論じている。氏が蘇我氏系と推測する東国国司についても、推論方法を検討すると、所属氏族が居処を近接しているケースのあることや同系の氏族に属すといった程度でしかなく、信拠性ありとするのは困難なように思う。更に重要なのは、氏が蘇我氏系とする国司はもとより然らざる国司の中にも所犯ありとされる者がいることで、氏が蘇我倉山田麻呂系とする紀臣麻利耆拕もそれに非ずとする穂積咋も所犯ありとして問責されているのであって、遠山氏の所説は方法的に不確かである上に、対抗する官人群の抉出にも失敗しているのである[12]。

私は東国国司については官人群の分裂を言うより、大化二年三月甲子の詔で国司派遣の時に定めた処断法により科断すると言いつつ、辛巳の詔では具体的に所犯内容を挙示しながら、最終的には難波新宮に宮居し神に奉幣することになったことと、三月という農耕開始時期に民を使役することを理由に大赦を施し、国司らの所犯も不問にしたことに注目すべきだと考える。甲子に八人の国司のうち二人のみが法令違犯をしたと断じ、辛巳に多数の国司に所犯ありとするのは新政権の不慣れ、不手際を思わせるのであるが、期待して発遣した国司らの不正の背景には、新しい政治思潮を理解しつつも旧来の手法に馴染んでいる人たちの限界という実状があり、それを認識している政界の表には出ない内臣、国博士らが大赦で対応し、国司らの自新、勉励を求めた、ということなのであろう。

第三節　大化改新詔㈠

大化改新詔第一条の布告

改新政府は大化元年（六四五）八月に東国国司および倭六県へ使者を派遣し、改新政治にとりかかり、同二年正月一日に四条からなる改新詔を布告している。正月一日に重要な詔勅を布告する例が余りないことから、この日の布告を疑問視する所見があるが、[13] 既に東国国司を派遣するなどの事業にとりかかり、その一方で古人大兄皇子の謀反を鎮圧するなどして安定してきている新政府が、本格的な国策提示の日時として年初正月一日を選んだのは尤もとみることができそうであり、強いて疑う必要はないであろう。本節では改新詔第一条を検討していくが、それを示すと、次の通りである。

其一曰、罷㆓昔在天皇等所㆑立子代之民・処々屯倉、及別臣連伴造国造村首所有部曲之民、処々田荘㆒。仍賜㆓食封大夫以上㆒、各有㆑差。降以㆓布帛㆒、賜㆓官人百姓㆒、有㆑差。又曰、大夫所㆑使治㆑民也、能尽㆓其治㆒、則民頼之。故、重㆓其禄㆒、所㆓以為㆑民也。

以前の天皇らが立てた子代の民と屯倉および臣連伴造国造村首らが所有する部曲と田荘を廃止し、替りに食封ないし布帛の禄を賜うという内容であり、通常公地公民制を宣言する詔として知られている。この第一条は、大規模な変革が突如打ち出されているという面があり、そこに不自然さがあるとみて、この条文の信憑性に疑いを掛けることがあるが、新政府が樹立半年後の正月一日を期して、練りあげてきた改革路線を宣言しているとみれば、これを疑う必要はないだろう。「又曰」以下は子代・屯倉、部曲・田荘の廃止を言う主文に対し副文と解されている。この部分は『漢書』恵帝紀元年五月条と全く同文であることから、『日本書紀』編者による舞文の可能性が説かれており、元来の詔文には無かったのではないかとされることがあるが、内容的に子代・屯倉、部曲・田荘の廃止への代替措置であるから、論理的にかかる内容の副文があるのは納得できることであり、詔文は長年中国に在留して研鑽を積んできている国博士僧旻や高向玄理らが立案に関わっていたとみてよいだろうから、恵帝紀の文章を引くようなことがあって不思議でないように思われる。僧旻・玄理らが三史を称される『史記』『漢書』『後漢書』を読修していないはずはなく、封禄支給を言う恵帝紀の文章を知っていたとみて、まず誤りないだろう。次節以下でとりあげる第二条以下の副文は後代の作物である大宝令文を引いているので、編者の作為に出ていることが確実であるが、第一条の副文は『漢書』を引くという異質な綴文であり、国博士らの案に出、元来の詔に付されていたとみて不自然でないように思われる。第二条以下に倣い『日本書紀』編者が第一条の副文を令文に求めれば、禄令の給季禄条「凡在京文武職事、及大宰・壱岐・対馬皆依㆓官位㆒給㆑禄（下略）」や食封条「凡食封者、一品八百戸（中略）、正四位絁十疋、綿十屯、布五十端、庸布三百六十常（下略）」を引くことができたはずであるところを、恵帝紀の文章が引かれているのは、詔文案成者の手によっていることを示しているのであろう。

子代と名代

廃止されることになった子代の民については、従前多くの研究者が論及してきているが、『日本書紀』において子代なる語が出てくるのは改新詔第一条と後述する大化二年三月壬午紀の謂ゆる皇太子奏だけということがあり、かつ

『古事記』に二例みえるものの性格を解明するに十分な史料とは言えず、研究が定まっているとは言い難い、というのが現状である。『古事記』の二例とは、垂仁天皇段の、

次伊登志和気王者因レ無レ子而、為二子代一定二伊登部一。

および武烈天皇段の、

小長谷若雀命、坐二長谷之列木宮一、治二天下一捌歳也。此天皇、无二太子一。故、為二御子代一、定二小長谷部一也。

であり、子供のない伊登志和気王が子供の代りとして伊登志部を置き、太子をもたない武烈天皇が小長谷部を置いたとしている。言うまでもなく伊登志部、小長谷部の名称は伊登志和気王、武烈天皇の名号に由来する。子代に関連してとりあげられるものに名代があり、『日本書紀』には全くみえない語ながら『古事記』には実例とされるものが記載されていて、その例を仁徳天皇段にとると、次の通りである。

此天皇之御世、為二大后石之日売命之御名代一、定二葛城部一、亦為二太子伊邪本和気命之御名代一、定二壬生部一、亦為二水歯別命之御名代一、定二蝮部一、亦為二大日下王之御名代一、定二大日下部一、為二若日下部王之御名代一、定二若日下部一。

また清寧天皇段には、

此天皇、無二皇后一、亦無二御子一。故、御名代定二白髪部一。

とあり、名代の語はみえないが、『日本書紀』清寧天皇二年（四八二）二月条に、

天皇恨レ無レ子、乃遣二大伴室屋大連於諸国一、置二白髪部舎人・白髪部膳夫・白髪部靫負一。冀垂二遺跡一、令レ観二於後一。

とみえている。葛城部は石之比売が葛城襲津彦の娘であることに由来する呼称とみられ、蝮部、大日下部、若日下部、白髪部は名号を採った呼称である。伊邪本和気命の壬生部は皇太子の部なので壬生部であるという後代の観念に基づく呼称で、本来は履中天皇紀三年（四〇二）十一月条にみえる磐余稚桜宮に由来する稚桜部を呼称としていたと

考えられる。これは宮号に基づく名称となる。他の知られる名代も、皆名号なり宮号を採ることを旨としており、名号に由来する呼称を採っている子代と共通していることになる。

子代

ところで史料にみえる子代・名代なる語に関し、後者には例外なく御名代とあり、尊敬を意味する接頭語である御が付されている。天皇・皇族の名号・宮号となれば御が付されるのは当然であるが、子代の方は御が付されているケースがある一方で、それを欠いている場合がある。改新詔第一条では「子代之民」といい、御を付していない。後にとりあげる皇太子奏にみえるのも「子代入部」である。子代の子が天皇ないし皇族の子となれば皇子、王子となるから、敬語の御を付さないのは不可解であり、結局『古事記』の子の代りに子代を置いたとする解釈は付会の説で、子代の子を皇子、王子とするのは当たらないと言わざるを得ない。関晃氏は天皇や貴人が身近に仕える者を子と呼んだり子に擬えているあり方を参考にして、子代を「身近の雑用をはたす奉仕者を供給するためにおかれた民」の意と解されるとし(14)、山尾幸久氏は伴造（トモノミヤツコ）、国造（クニノミヤツコ）のコが子代の子に当たるとみている(15)。関氏は子と呼ばれている例として、枕子、久米之子、女孺、子部などを挙げており、この限りで説得的である。山尾説に立つと子は臣下の意となり、子代の民は臣下料の民となり、食封相当のものと解されることになるようである。角林文雄氏は山尾氏の子を臣下とみる説によりつつ、子代の代を領《し》るの名詞形とみ、「臣下の領有するもの」の意に解されるとしている(16)。

関、山尾、角林三氏ともに子代の子を皇子・王子とみる『古事記』の解釈によることなく、天皇・貴人の奉仕者、臣下の意としているのであるが、関説が子代を天皇、皇族に関わるものとみているのに対し、山尾・角林両氏は臣下に下賜ないし領有されている民と解しており、両説の間の相異は大きい。通説的には子代は天皇や皇族に奉仕、供給するものとされており、関氏の理解をとっていると言ってよく、私もこれに従ってよいと思う。山尾・角林両氏のような理解をすると、臣下に下賜される食封様の民ないし領民様の集団の名称に何故伊登志部や小長谷部の如き天皇、皇族の名号を付すのか、説明が困難になるのではなかろうか。また子代の民が臣下の封民、領民様となれば、改新詔の後半で廃止することを言っている豪族の部曲と異ならないことになってしまうように思われるのである。

名代・子代同一説

ここで『古事記』おいて確実に子代とされている伊登志部と小長谷部に注目してみると、名号に由来する呼称を付された集団であって、この点で名代と全く同じである。更に『古事記』では伊登志部と小長谷部の設定について子がいないことに由ると記し、『古事記』より名代であることが判る白髪部の設置理由について『日本書紀』では、天皇が子無きを恨んでのこととしていて、子代と名代の間で相異がない。子代が真実、『古事記』の言うように子の代りに置かれたか否かは別として、これより子代と名代の類似性をみてよく、私は、名代と子代は同一実態の異称と考えてみるのが一案だと思う。子代は名号、宮号に由来する呼称を付されているので、名代の称を得、その名は敬語を付されるべきものであるから、史料上においては総て御名代と表記されているのであろう。記述した如く『日本書紀』に子代なる語は二例みえるものの、名代なる語は一例もない。この事実は名代と子代が同一物とみて、首尾よく説明できるように思われる。より公的編纂物の性格が強い『日本書紀』では子代なる語で統一し、それと異なる『古事記』では名代、子代の間で用語の統一を行わなかったのであろう。即ち名代と子代が同一実態の異称で、奉仕、供給に当たる民に着目して子代を称し、名号・宮号による呼称より名代を称され、それが敬意を表すべき語なので御を付し、御名代と言われていたのである。

井上光貞説と関晃説

名代と子代を格別に区別しない所見は井上光貞氏により説かれていたが、名代、子代を単に某部とあるもの（A）と某舎人部・某膳夫部・某靫負部などとあるもの（B）とに区分し、A型を貢納型ととらえ農民部に当たると解釈し、B型を上番型として宮に上番勤務する舎人・膳夫・靫負などの類であるトモの資養に当たると論じている。[17]氏は名称が由来する本主が死亡すると同系の皇族らの間で相続されるなどして、大化まで至ったと考えている。関晃氏は名代と子代を区別し、名代について井上説でいうA型、貢納型なるものは存在しないとし、名号、宮号を付された集団はB型のトモを資養したと論じている。[18]清寧天皇に関わる部である白髪部は、井上説に立てば清寧天皇の宮に供給する農民部ということになるが、関説では清寧天皇の宮に出仕する白髪部舎人・白髪部膳夫・白髪部靫負などのトモを資養する集団ということになる。関氏は、井上氏が単に某部とした集団の資養を受けて出仕するトモは、それぞれのトモに関わる伴造に率いられて奉仕し、某部の方は、トモに関わる伴造に非ざる某部造の如きを称する伴造に管掌されて資養の任に当たったと考えている。白髪部靫負の場合だと、靫負を率いる大伴連の配下となって清寧天皇の宮に出仕して警護の任に当たるなどし、資養の方は白髪部造に管掌される白髪部の所出に依ったという。白髪部舎人・白髪部膳夫・白髪部靫負を言い、白髪舎人部・白髪膳夫部・白髪靫負部を言わないのはかかるあり方によるとされる。名号、宮号の本主が死去すると、トモがその宮へ出仕する必要はなくなるが、その後もトモを率いる伴造の管掌下で存続し、資養物を貢納していた部民らも管掌していた伴造の配下で維持されていた、とされる。井上説では名代、子代は遺族らの間での相続を考えていたのであるが、関説では名代の伴造による管理を説いていることになり、名号、宮号の本主と名代との直接的関係はなかったことになる。関説に従えば、名代は専らトモに関わり、職業部である品部絡みということになろう。関氏はこの品部である名代と異なるものとして子代を想定し、田部のような屯倉の耕作に当たる朝廷直属民が当たると考えている。

関説を頗る論理的と評してよいが、私は関氏が述べる、井上説で言うA型某部がすべてトモ、品部絡みだとする理解には従い難いように思う。関氏は、トモである白髪部舎人・白髪部膳夫・白髪部靫負は白髪部造に管掌される白髪部の資養を受けたと考えているのであるが、それぞれのトモが資養に当たる部民を配下に有して任務を果し、それとは別にA型某部の存在を想定し得るように思うのである。安閑天皇紀二年（五三五）四月条に、

置二勾舎人部・勾靫部一。

とみえている。勾舎人、勾靫は安閑天皇の勾宮に出仕する舎人・靫負であるが、右記事はそれぞれを資養する部が置かれていることを示していると解される。ここでは勾部舎人、勾部靫と言っていない。『古事記』開化天皇段には、

小俣王当麻勾君之祖。

とあるから、勾君が伴造として管掌した勾部の存在が推知され、トモを資養する勾舎人部、勾靫部とは別にA型農民部たる勾部も存在していたのである。宣化天皇の檜前宮に関わり、檜前部とそれを管掌する檜前君が置かれていた一方で、檜前舎人が置かれ、檜前舎人部、檜前舎人直、檜前舎人造、檜前舎人連がいたことが判明する。檜前舎人部は檜前宮に出仕する檜前舎人の資養に当たり、檜前舎人直は恐らく在地で檜前舎人部の管掌や檜前舎人の選任、纏め役となり、檜前舎人造は上番してきた檜前舎人を管理する伴造とみてよい。檜前舎人連は天武天皇十二年（六八三）九月に檜前舎人造が改姓したものである。かかる檜前舎人関係とは別に檜前部が置かれ、伴造である檜前君を介し檜前宮への貢納に従事していたのである。私はこの事実より、同一名号・宮号に関わり、井上光貞氏の言うA型農民部と

B型トモ資養部との並存を考えるべきだと思う。白髪部舎人・白髪部膳夫・白髪部靫負についてはそれぞれを資養する各別の部の存在は知られていないので、関氏のように白髪部造に管掌される白髪部が供給に当たったとみることができるとすれば、某部が舎人・膳夫・靫負等のトモの資養に当たるあり方から、トモごとに部が置かれるあり方への展開を考えることができそうである。

関氏はA型農民部はすべてトモの資養に当たるための集団としたのであるが、伴造に管掌されてトモへの貢納を行う一方で名号・宮号の本主に貢納することを行っていた、と想定することが可能なように思う。白髪部舎人・白髪部膳夫・白髪部靫負は白髪部の供給を受けていたのであるが、白髪部は本主にも貢納していたのではないか、ということである。関氏は白髪部舎人・白髪部膳夫・白髪部靫負を称するトモが白髪部の供給を受けていることを論じても、白髪部が名号の本主に貢納していなかった、ということまでは証明していない。私はまず某部が設定され、それが本主への貢納の一環としてトモへの供給に当たり、次いで各トモに関わりそれぞれの部が設定されるようになった、という展開を考えるのである。舎人を例にとれば、白髪部舎人というあり方から檜前舎人というタイプへの展開である。各トモがそれぞれの供給に当たる部を設定した方が、安定した供給確保になることは言うまでもないだろう。檜前部に関して言えば、A型農民部たる檜前部とは別にB型檜前舎人部が設定されたとみてよいが、前者から後者が分出されたとみることもできる。隣接する地域ながら檜前部が上毛野に見出される一方で、檜前舎人は武蔵に見出される。上毛野の檜前部とは別に武蔵に檜前舎人が置かれたようである。

名代・子代の管理・伝領

次に名代・子代の管理についてみると、既述した如く井上光貞氏は遺族や関係者によるその伝領、相続を考え、関晃氏は名号・宮号の本主と名代との直接的関係を否定し、伴造による一貫した管理を論じている。関氏は論拠として名代が本主の関係者により伝領、相続されている確実な例がないことを挙げ、逆に敏達天皇十二年紀是歳条に、

　於㆓檜隈宮御宇天皇之世㆒、我君大伴金村大連、奉㆓為国家㆒、使㆓於海表㆒。火葦北国造刑部靫部阿利斯登之子、臣達率日羅、聞㆓天皇召㆒、恐畏来朝。

とあり、刑部靫部阿利斯登の子日羅が大伴連金村を我君と呼んでいることより、火葦北国造が靫部を統率する大伴連と世襲的な従属関係にあった、と解されると論じている。しかし名代の関係者による伝領の有無については、後論する大化二年（六四六）三月壬午紀の皇太子奏に、中大兄皇子が献上を言上しているものの中に「皇祖大兄御名入部」があり、これは彦人大兄皇子の所有する名代である押坂部のことと考えられるので、名代が彦人大兄皇子→田村皇子（舒明天皇）→中大兄皇子と伝領されていたことが判り、関係者による伝領を考えてよく、関氏の主張に従う必要はないであろう。恐らく『新撰姓氏録』にみえる忍坂連が伴造として管理し、彦人大兄皇子、田村皇子、中大兄皇子らに奉仕、供給していたと考えられる。この名代は允恭天皇の皇妃忍坂大中姫のために設定されたと考えられる部で、かつて皇太子格であった彦人大兄皇子が伝領し、舒明天皇や中大兄皇子が継承していたとなれば管理は行届いていたとみてよいだろうが、古い時代に設定された名代となると、伝領過程できちんとした引き継ぎが行われず、実を失っているケースがあったかもしれない。また名代を管理する伴造と在地の伴造ないし部民との間で円滑な貢納が果されず、実質的に消滅に至っているようなことがあったかもしれないが、原則として名代、子代は本主が死ぬと関係者の間で伝領されていたとみてよいと考える。平安時代に入るが、『続日本後紀』承和三年五月甲子条によれば、左大臣藤原良房が封戸千戸を施薬・勧学院料として納れたが、良房の生前はその権威が預かり円滑に収納していたものの、死後は現地の人に督促しても収納を確保できなくなってしまったとある。名代、子代についても同様に設置当初は貢

納がスムーズに行われても、時代が降ると貢納が滞るような事態になっていることが考えられる。穴穂部（孔王部）は安康天皇の名代で、養老五年下総国葛飾郡戸籍よりかつてのあり方が推知されるが、設定時からかなり経っている大化直前の頃、伴造穴穂部造がどの程度実を伴う管理・貢納確保を行っていたかは疑問である。

伴造によるトモの統率

井上光貞氏の説くB型名代の番上するトモに関し、関氏の説いたトモに関係する伴造に率いられて世襲されるという所見については、白髪部靫負が清寧天皇が死去した後も白髪部靫負を称して大伴連に所属し、清寧天皇の宮に非ざる宮に出仕するような事態は考え難いように思う。清寧天皇の宮に出仕しているから白髪部靫負なのではなかろうか。関説に従えば、安閑天皇の勾宮に出仕した勾舎人が次の宣化天皇の檜前宮にも出仕することになりかねないことになるが、宣化天皇は檜前舎人を設定しているのだから、勾舎人の更めての出仕の必要性はなかったと言わざるを得ない。関氏がトモと関係伴造との世襲的主従関係を示すとされる、敏達天皇十二年紀の阿利斯登の子日羅が大伴金村を我君と呼んでいるのは、靫部に関わってのことでなく、朝鮮との交渉過程において火葦北国造が大伴金村の下で事に当たっていたので我君と称した可能性が考えられるように思う。そもそも日羅は父阿利斯登が大伴金村に随従して朝鮮半島に渡った時に儲けた子で百済育ちであるから、靫負絡みで我君を称したとは考え難いのではなかろうか。日羅は百済の官人でもあり、靫負として金村に引率されたことがあったとは考え難い。『令集解』職員令左衛士府条に引かれている弘仁二年十一月二十八日官符所引大伴宿祢真木麻呂・佐伯宿祢金山らの解に、

己等之祖、室屋大連公領二靫負三千人一、左右分衛。

とあり、大伴氏が多数の靫負を率い門衛に当たっていたことが知られるが、『日本書紀』景行天皇四十年条にみえる

日本武尊が酒折宮で大伴連の遠祖武日に賜った靫部の如き直属のそれを主とし、宮号を冠する靫負は宮に出仕している時は門衛の伴造である大伴連に率いられても、宮が解消した後は大伴連の差配とは一応別だったのではなかろうか。清寧天皇紀二年（四八二）二月条には大伴連室屋が白髪部靫負を置いたとあるが、室屋は白髪部靫負のみならず白髪部舎人・白髪部膳夫をも設置しているのであって、靫負の統率者としてでなく大連としての任務遂行に当たっていると解され、大伴連と白髪部靫負とが統率・被統率関係にあったとは必ずしも言えないのである。白髪部靫負は清寧天皇の宮に出仕する限りは門衛の大連である大伴連の指揮下に入っても、清寧天皇が死去すれば清寧天皇の宮から退下し大伴連に差配されることはなくなるのではないか。既述した如く白髪部靫負に直結する部民がいなかったとすれば、出仕していた靫負らは郷里に帰り、白髪部の伴造である白髪部造の管掌下に入ったことを考えてよいだろう。先の火葦北国造刑部靫部阿利斯登も、刑部靫部が允恭天皇の皇后忍坂大中姫のための名代だったとすれば、大中姫死去後は出仕していた姫の宮から郷里へ戻り、刑部靫部を称しつつ刑部の一員として大中姫の係累に奉仕、供給を行っていたとみることができるように思うのである。刑部靫部の靫部を根拠に大伴連と世襲的主従関係に入っていたと考える必要はなく、寧ろ刑部として大中姫との関わりをみるべきだと考える。

以上名代、子代について輻湊する所説の中で、私は、名代と子代は同一実態の異称で、それが関わる名号・宮号の本主の許に出仕、供給する組織と解し、本主死後は係累、関係者の間で伝領されていた、と結論できると思う。この状態で大化まで来て、改新詔の子代の民を止めるという方針により廃止されるに至ったのである。即ち天皇や皇族にあてられ貢納、供給に当たる子代＝名代を称す部を廃止することであり、これが人的な天皇・皇族の私有財産だとすれば、天皇・皇族に所有される土地が屯倉であり、改新詔第一条では子代の民の廃止につづけて屯倉の廃止を言い、天皇・皇族の所有に関わる人間、土地双方の廃止を定めたことになる。まずは天皇、皇族関係の人的財産と土地の廃止を言い、公地公民の原則が天皇・皇族関係に行われることを宣言しているのである。

皇太子奏

尤も大化二年三月壬午紀には、謂ゆる皇太子奏が採られていて、

皇太子使レ使奏請曰、昔在天皇等世、混二斉天下一而治。及二逮于今一、分離失レ業。謂二国業一也。属下天皇我皇、可レ牧二万民一之運上、天人合レ応、厥政惟新。是故、慶之尊之、頂戴伏奏。現為明神御八嶋国天皇、問二於臣一曰、其群臣連及伴造国造所有、昔在天皇日所置子代入部、皇子等私有御名入部、皇祖大兄御名入部、謂二彦人大兄一也。及其屯倉猶如二古代一、而置以不。臣即恭承レ所レ詔、奉答而曰、天無二双日一。国無二二王一。是故、兼并二天下一、可レ使二万民一、唯天皇耳。別以二入部及所封民一、簡二充仕丁一、従二前処分一。自余以外、恐二私駈役一。故献二入部五百廿四口・屯倉一百八十一所一。

とあり、子代入部、御名入部、また屯倉の返上如何を問題にしている。改新詔が子代、屯倉の廃止を決めているとなると、ここで子代や屯倉の返上如何を議論するのは不可解ということになりかねない。しかし右引文で問題にされている対象には、いずれも入部なる語が付されており、入部なる属性により改新詔で廃止を言う子代、屯倉の範囲外に置かれていた、と解し得るように思われる。法には一般的規定の形をとる一方で、例外規定を設けていることが珍しくない。改新詔では天皇・皇族に関わり子代＝名代および屯倉の全廃という原則を宣言しつつ、入部という属性を有する子代、屯倉については廃止の対象外としており、それを問題にしているのが右引皇太子奏とみるのである。

入部についての諸説

ここで入部の語義についてみると、先学説に関し坂本太郎氏が適確な整理をしている(19)ので、それにより示してみる

と、本居宣長は、

此は此記（『古事記』）に為御子代定某部、また為御名代定某部、と云こと多き、その御子代御名代として定め置れたる某部某部と云ものを入部とは云ふなり、然云意は彼御子代御名代は其御名を後世まで遺さむために定め置る、、其は其人を愛しみ偲び坐ての事なる故に入とは云なるべし、(20)

飯田武郷は、

なほ本の訓に拠てイルへと読へきか、そは下文に、神名王名云々、入他奴婢穢汚清名、と云ることあり、其文に拠るに入部は皇子等の御名を人民に入れて、部曲を立るを以、入部とも云るにやとおほゆ、(21)

栗田寛氏は、

入部は乳部とも書て壬生と云るものなり、入部とよむは非ず、書紀皇極巻に乳部此云美文、古事記仁徳段に壬生部あり、御産部にて皇子生坐る時の御産殿に仕奉る諸部を云ふ、（中略）後に其皇子の御産部と名を負せて、民戸を定め置るゝをも云り、此なる子代入部、御名入部は御子代の為に置ると御名を後に伝へむとし置る御産部なり、皇后皇子等の湯沐之地なり、(22)

津田左右吉氏は、

もし試に臆説を述べることを許されるならば、それは租税を徴収する意ではあるまいか。孝徳紀大化二年の条に見える「イラシのいね」（貸稲）のイラシがやはり「入」の義であつて、利息を納れさせることから呼びならはされた名称らしいことも参考せられよう。さすれば「入」の字は部の上についた語であり、御名の入部、子代の入部といふやうに訓まれたものであらう。(23)

と述べている。坂本太郎氏は、これらの中で本居宣長説を是とする論旨展開を行っている。宣長説について言えば、本主の名を愛しみ偲んで入という文字を付しているということになると、入部は子代を荘重に言おうとしているに過ぎず、子代と子代入部の間に実質的差異はないことになる。飯田武郷説は、皇子らの名を入れているので入部と言うというのであるが、子代＝名代は元来名号・宮号を付すものであるから、武郷の言う意味であるならば、入部なる語を付する必要はないことになろう。津田氏の租税を徴収する意で入という語が使われているという説も、子代＝名代は供給、貢納のために設置されているものであるから敢えて付す必要のない文字である。本居宣長、飯田武郷、津田左右吉等の諸氏の説では子代と子代入部とは実質的に同義となり、既に改新詔で廃止が宣告されているものを三月壬午に至り再度問題にするという矛盾に陥ることになるように思われるのである。

入部、壬生説

結局入部に関する先学説の中で残るのは栗田寛氏の入部＝壬生説のみとなり、私はこの説に従い皇子らの資養に当たる部民と解すのが適切ではないかと考える。日本語のmとnは交替しやすく、壬生部（ミブベ）が入部（ニフベ）となって不思議でない。子代入部とは子代・名代にして壬生部の任に当たっているものの意で、子代一般は改新詔で廃止となったが、入部という現に皇子らの資養に当たっている子代の民は改新詔による廃止の対象外とされ、それが皇太子奏で問題になっている、とみるのである。入部なる語は皇太子奏を別にすると、『新撰姓氏録』左京神別中大伴宿祢の項の、

天押日命・大来目部立二於御前一、降二乎日向高千穂峯一。然後以二大来目部一、為二天靫部一。靫負之号起二於此一也。雄略天皇御世、以二入部靫負一賜二大連公一。

とある文中にみえている。ここの入部も壬生とすると解しやすく、ここは雄略天皇の時代に壬生にして皇子に奉仕す

る靫負が大伴連に下賜された、という意味なのであろう。関晃氏は入部を名代と解しているが[24]、かく解すと、「子代入部」はこれまでの考察に従えば子代と名代が同義なのであるから、同義反復という奇妙なことになってしまい、従い難い所見である。猶、この史料によれば、入部靫負は大伴連に下賜されるまでは大伴連の所有するところとなっていなかったことが判る。靫負、即大伴連の支配所有するものではないのであり、先述した靫負部が必ずしも大伴連の配下にあるとは限らないとした私見を証していることになろう。

子代入部

入部を壬生部とすると、皇太子奏の「群臣連及伴造国造所有、昔在天皇日所置子代入部」は、現在は有力豪族である臣連・伴造国造らの所有するところとなっている、往時の天皇が設置した子代にして、現に壬生部として機能しているもの、と解すことができる。かつて名号、宮号の本主への供給に当たっていた子代の中には、その死後の伝領過程で有力豪族の所有に帰したものがあり、そのようなものにして当代の皇子らの資養に供せられているケースということになる。ここでは皇子を資養する母方の豪族を考えればよい。かかる豪族にしてかつての天皇の時代に設置された子代＝名代を所有しているケースは、十分に考えられるだろう。本来豪族の所有に至っている子代は改新詔により廃止されるべきなのであるが、皇子らへの資養に供されているので、改新詔では廃止の対象外としたのである。

御名入部

「皇子等私有御名入部」とは、当時の皇子らの名前の付された名代＝子代のことで、「御名入部」とは皇子の名の付された壬生部の意であろう。「皇祖大兄御名入部」とは押坂彦人大兄皇子の名を冠する壬生部の意で、結局中大兄皇子が継承していた押坂部を指すと考えられる。皇子らの所有する名代＝子代や中大兄皇子が伝領した押坂部は、皇子の資養に当たっているという特殊性により改新詔の子代廃止の対象外だったのである。即ち私は、皇太子奏にみえる入部は、古い時代に設置されたものを含め当時の皇子らの資養に当たっていたので、廃止の対象外とされていたと考える。

屯倉も改新詔により廃止されることになったが、皇子ら、また中大兄皇子が伝領している分については、現に資養に供されているというその特殊性を考慮して廃止の対象外にしていたのである。

皇太子奏にみる献上する入部・屯倉

改新詔布告後の右のような状況を踏まえた上で出されているのが中大兄皇子の答申であり、入部五二四口、屯倉一八一所の献上を申し出ているのである。皇太子の答申中の入部および所封民とは、彦人大兄皇子から引き継いでいる皇祖大兄御名入部を始めとする中大兄皇子が所有、管理する入部と改新詔で与えられることになった食封の民を指す。詔では大夫以上に食封を与えると定めており、中大兄皇子には食封が支給されていたのである。この入部・所封の民より中大兄皇子は仕丁を差発することになっていたことが知られ、献上する仕丁と屯倉が対になっていることより、ここで言う仕丁は宮の雑務に当たったかもしれないが、主として屯倉の耕作に従事することを任としていたらしい。前処分は通常後節で触れる改新詔第四条で言っている仕丁の点定率のことと考えられているが、改新詔第四条で定めている仕丁の差点率五十戸につき一人の割合を返上する入部五二四口に適用すると二六二〇〇戸という膨大な数となり、信拠性に疑問があるようである。私は食封からの仕丁差点は改新詔で定める五十戸につき一人であるにしても、入部からの差点率はこれより高かったと見得るように思う。元来入部が屯倉の耕作に当たっていたとすれば、五十戸から一人の役夫のみを出していたというようなことは考え難く、入部の戸の差役可能な者は総て就役していたケースもあったであろう。私は返還する入部は五二四人とみ、その背景に五十戸につき一人という差点率を適用して得られる戸数を想定する必要はないと考えるのである。入部五二四人に対し返還する屯倉が一八一所では一屯倉につき約三人となり、人数が少なすぎるということになりかねないが、小規模な屯倉、極端な場合は倉庫のみからなるようなケースもあったろうし、入部に耕作させるのでなく、役夫を雇傭して耕作しているようなケースを考えれば、必ずしも無理とは言えない数字である。薗田香融氏は食封も入部も同一の差点率で仕丁を出したと考えている[25]が、両者の間には違いがあったとみるべきであろう。先に少し触れた皇太子奏の中の「従二前処分一自余以外、恐二私駈使一」にみえる前処分は先述した如く仕丁の差点率を決めている改新詔第四条を指すと考えられており、私もそのように理解してよいと思うが、五十戸一人の差点率は食封分にのみ関わると解すべきであり、更に続けて「自余以外」の仕丁の駈使が憚られる事態になっていたらしいことが推測される。私は、前処分を仕丁の差点率と解すとともに、この処分は差点できる仕丁の員数に制限を設けることを行っていたと考える。この制限枠を越えた分が「自余以外」であり、制限枠がどのように設定されていたか不詳と言わざるを得ないが、入部五二四口は枠を越えており、中大兄皇子はそれについて返還を申し出ているのであろう。中大兄皇子に与えられた食封がどれ程であったか不明であるが、天智天皇朝において大友皇子が太政大臣になっているのを参考にして令制太政大臣並とすれば、三千戸の封を支給されていたことになり、これより確保できる仕丁は六〇人であり、廝丁をいれても一二〇人である。これに入部から上番する一定数の仕丁を加えた員数が中大兄皇子に定められた仕丁員数であり、それを越えた分が入部五二四口なのであろう。甚だ推測に傾いたが、改新詔第一条で子代の廃止を言いつつ皇子らの入部として機能している子代・名代については廃止せず、その一方で差発できる仕丁枠に上限があり、皇太子奏ではそれを越えた分の献上を申し出ているのである。

部曲・田荘の廃止

子代、入部が天皇・皇族絡みだとすれば、部曲、処々田荘は豪族の所有する土地と人民であり、部曲は大伴連や物部連・中臣連に所属する大伴部・物部・中臣部、蘇我臣に所属する蘇我部の如き貴豪族所有の部民が当たり、村首クラスの部曲となると村部などが該当するようである。豪族らは部曲を支配下に置き、それにより豪族としての態勢を維持し、朝廷、また地方政治に参画していたのである。部曲らは豪族に対し貢納等の奉仕を行い、豪族の私地である田荘の耕作に当たったのであろう。勿論田荘の耕営には部曲による、謂わば直営形態と異なる賃租による経営を考えてもよいだろう。

品部廃止詔

ところで大化二年八月癸酉紀詔では、

原夫天地陰陽、不レ使二四時相乱一。惟此天地、生二乎万物一。万物之内、人是最霊。最霊之間、聖為二人主一。是以、聖主天皇、則レ天御寓、思二人獲一レ所、暫不レ廃レ胸。而始二王之名々一、臣連伴造国造、分二其品部一、別二彼名々一。復、以二其民品部一、交雑使レ居二国県一。遂使二父子易一レ姓、兄弟異レ宗、夫婦更互殊一レ名。一家五分六割。由レ是、争競之訟、盈レ国充レ朝。終不レ見レ治、相乱弥盛。粤以、始二於今之御寓天皇一、及二臣連等一、所有品部、宜三悉皆罷、為二国家民一。其仮二借王名一為二伴造一、其襲二拠祖名一為二臣連一。斯等、深不レ悟レ情、忽聞二若是所一レ宣、当思、祖名所レ借名滅。由レ是、預宣、使レ聴二知朕所一レ懐。王者之児、相続御寓、信知下時帝与二祖皇名一、不上レ可レ見レ忘二於世一。而以二王名一、軽掛二川野一、呼二名百姓一、誠可畏焉。凡王者之号、将随二日月一遠流、祖子之名、可下共二天地一長往上。如レ是思故宣之。始二於祖子一、奉仕卿大夫臣連伴造氏々等人、（或本云、名々王民。）咸可二聴聞一。今以二汝等一、使仕状者、改二去旧職一、新設二百官一、及著二位階一、以二官位一叙。

と指示している。これは通常職業部である品部の廃止を宣布していると解されている。「始二王之名々一、臣連伴造国造、分二其品部一、別二彼名々一」とは、臣連・伴造・国造らが天皇や皇族の宮へ提供している品部に王名等を付けて区別している状況を指していると考えられる。「王ノ名々ヨリ始メテ」とあることからすれば、王名を付すケースだけでなく、職業名を付しているような場合も含んでいるのであろう。「ソノ品部ヲ分カツ」とは、臣連・伴造・国造が天皇・皇族らの宮へ提供するその品部を分出するの意であり、「ソノ」は臣連・伴造・国造を指す指示代名詞である。

ここの品部について職業部に限定されない部一般の称と見做す説があるが、部一般は、改新詔により天皇・皇族関係の名代廃止や豪族の部曲の廃止により廃止されているので、更めて大化二年八月癸酉に至り廃止を言う必要はないはずで、従い難い所見である。品部を部一般の総称とみるのを妥当とする遠山美都男氏は、通常品部としてあげられる山部、海部、土師部、服部、泥部、馬飼部、舎人部、靫負部などについて「大王宮に貢納・奉仕する部のなかの一部のものが特定の職務に奉仕する側面をとらえて、その具体的な職務内容を冠して呼称されたものにすぎない」と論じている[26]が、職務内容が固定し特定の集団に世襲的に継承されているのは事実であり、それを部一般のうちに解消せず、それぞれを独自の職業集団として把握し、それを品部と称していたとみて、不都合はないと考える。遠山氏の理解によれば、名代である穴穂部も品部の範疇に入ることになるが、穴穂部は安康天皇の宮へ貢納することを意図して設定された農民部で、既述した井上光貞氏の整理に従えばA型ということになる[27]。これと特殊な物品の貢納を行ったり必要な業務遂行のため宮へ出仕するトモの資養に当たる職業部、品部が相異しているのは明らかで、品部を部一般に解消するのは当たらないのである。八世紀律令制下における品部は官司内で身分的に固定されて特定の役務に従事する特殊技能者を指している。部民制下の品部を律令制下の品部の前身とみてよく、この看点からも品部は部一般でなく職業部とみるのが適当なのである。

私は改新詔の子代廃止により子代、名代は廃止されることになったにも拘わらず、現実の皇子らの資養に当たっている入部は例外として存続を認められ、大化二年三月の皇太子奏がその返上を申し出ているとみたのであるが、改新詔により臣連以下の所有する部曲を廃止すると、その中には宮へ出仕するトモを資養するなり特殊な貢納を行う品部も含まれることになるので、宮への奉仕、供給が途絶する事態になることが考えられるように思う。車持部が廃止されれば、宮で使用する輿輦にこと欠くようになることは、容易に想像される。私はこのような事態になることを防ぐため、改新詔では部曲の全面的廃止を言いつつ、宮、朝廷の運営に必要な品部は例外的に存続を認め、大化二年八月の右引詔によりその廃止を打ち出した、と解し得るように思うのである。子代、部曲の廃止に対しては食封支給を代償措置とすることができるが、宮、朝廷に必要な奉仕や特定の貢納を行っている品部は食封支給のような代替措置で済ますことができず、存続せざるを得ず、結局、詔文末尾の「今汝等ヲ以テ、使仕フベキ状ハ、旧ノ職ヲ改去テテ、新ニ百官ヲ設ケ、位階ヲ著シテ、官位ヲ以テ叙ケタマハム」という形で品部制を官司制に組替えることにより品部の廃止を実現することにしたのである。品部である靫負部や大伴部・佐伯部を支配下に置いて朝廷の軍事・警察の任についていた大伴氏、佐伯氏は品部が廃止されるとその任務遂行に不都合が出来するのは当然であり、そのため大化改新詔の段階では品部の存続を図ったのであるが、品部廃止詔では官司、官人組織により任務遂行を期すことにしたのである。この詔で廃止することにした品部が部一般でないことは、廃止に替わる措置として官司制を打ち出していることからも確認することができるのである。

部民の雑居

ところで、品部が置かれている例を上野についてみると、出土墨書土器銘や国分寺瓦の刻銘より車持部が設置されていたことが知られ、群馬郡、群馬郷の地名も車に由来するとされ、上野の国造家である上毛野公の一族の者が車持部を管掌していたとみてよい。上野地域の各種の部民を当地で管掌する伴造は上毛野公氏から分出し公（君）姓を得ているると考えられるので、車持部の管掌者は車持（部）公（君）を称していたであろう。上野国分寺跡出土瓦の刻書に勾舎人と記されたものがあり、上野地域に安閑天皇の勾宮に出仕した勾舎人が置かれていたことが知られ、勾舎人部の設置を推測してよい。勾舎人には国造家上毛野公一族の子弟があてられ、勾舎人部が資養に当たったと考えられる。即ち車持部も勾舎人部も職業部、品部であり、出仕するトモたる舎人や部民の管掌者は国造上毛野公の子弟の中から起用され、その部民には上毛野公の支配する民が割き当てられていたとなると、相互に交雑している状況が考えられることになる。当然のことながら部民である車持部・勾舎人部ないしトモやそれを管掌する地方伴造のみならず、上野地域には物部公（君）—物部、檜前公（君）—檜前部、他田部公（君）—他田部その他多数の部が設置されていたから、それらと相互に雑居していたことも確実である。右引詔文で「ソノ民ト品部トヲ以テ、交雑リテ国県ニ居ラシム。遂ニ父子姓ヲ易へ、兄弟宗ヲ異ニシ、夫婦更互ニ名殊ナラシム。一家五ツニ分レ六ツニ割ク」と指摘しているのは、右のような状況を言っているのである。国造一族の者が異なった部民の管掌者になれば、父子、兄弟間で姓を異にすることが考えられ、夫婦でも所属する部を異にすれば、呼称が異なることになる。詔では訴訟が頻発しているると指摘しているが、父親がある部に属し母が別な部となると、その間に生まれてくる子がどちらに属すか問題になるような事態は珍しくなかったはずである。詔ではかかる状態への対策として、品部を全廃して国家の民、公民とすると言っているのであるが、豪族らが品部を分出することにより、右述したような混乱が出来していたことが確かであるから、官司制、官人制の導入により、かかる事態の克服を意図したことも考えられるのである。

王名を付することへの制限

この詔では「其仮借二王名一為二伴造一」以下で、今回の品部廃止により品部に付けられた天皇や祖先の名前が消失してしまうのではないか、との危惧に対し、皇位がつぎつぎに継承されていくので、そのようなことにはならないと宣示し、逆に尊貴な天皇の名号を軽々しく川野に掛けている現状を批判している。事実として、品部廃止詔によって品部制は廃止されても、その名称は存続させられているので、品部の名称の消失は杞憂であったが、ここで天皇の名前が川野に掛けられているのを批判しているのは、天皇の尊貴性を強調しようとの意図に出ているようであり、改新政府の志向の一端を示していると解される。

品部制から官人制への切替

品部廃止詔が出された八カ月後の大化三年四月丁巳に、次の詔が布告されている。

惟神惟神者、謂レ随二神道一。亦謂三自有二神道一也。我子応治故寄。是以、与二天地之初一、君臨之国也。自二始治国皇祖之時一、天下大同、都無二彼此一者也。既而頃者、始二於神名・天皇名々一、或別為二臣連之氏一。或別為二造等之色一。由レ是、率土民心、固執二彼此一、深生二我汝一、各守二名名一。又拙弱臣連伴造国造、以二彼為レ姓神名王名一、逐二自心之所一レ帰、妄付二前々処々一。前々、猶謂二人々一也。爰以二神名王名一、為二人賂物一之故、入二他奴婢一、穢二汚清名一。遂即民心不レ整、国政難レ治。是故、今者、随二在レ天神一、属下可二治平一之運上、使レ悟二斯等一、而将二治レ国治一レ民、是先是後、今日明日、次而続詔。然素頼二天皇聖化一而習二旧俗一之民、未レ詔之間、必当レ難レ待。故始二於皇子群臣一、及二諸百姓一、将賜二庸調一。

ここでも臣連・伴造国造らが尊貴な神名・王名を姓名《うじな》とし、その名前が部民や川野などに付され、結果として神名・王名が汚されるような事態が出来して、国政にとり不都合であると指摘している。品部廃止詔中にみえる天皇の尊貴性を強調しようとの意図が窺見され、新政権が姓名の管理に意を砕いていたことが知られるのである。即ち右引大化三年（六四七）四月詔が品部廃止詔の路線を受けついでいることが知られるのであるが、末尾の「皇子・群臣ヨリ始メテ、諸ノ百姓ニ及ルマデニ、将ニ庸調賜ハム」は、品部廃止詔が品部を廃止し官司制、官人制に切替えることを打ち出したのに続けて、出仕する官人にその出仕に応じて庸調を禄として支給する、ということを述べている。令制でいえば季禄に当たる禄物である。季禄の財源が調庸であることは言うまでもない。「天皇ノ聖化ニ頼ミテ、旧俗ニ習ヘル民、未ダ詔ラザル間ニ、必ズ当ニ待チ難カルベシ」は、品部制が廃止されて官人制に切替えたものの、官人給与法が定められていない状況下で、宮、朝廷に出仕して事に当たる人たちが禄、給与を求め待ちかねている様子を描写している、と解される。部民制下では王名、神名を姓名に付していることがあり、その廃止に関連して新政権は尊貴な姓名の管理に気を配り、王名、神名の濫用を戒めているのであるが、品部に関わる制度的な変更となると、廃止詔で官司制、官人制への切替えを言い、大化三年四月詔で官人への、後の季禄に相当する禄の支給を宣示しているのである。品部廃止詔において布告されている品部の廃止が官司制、官人制への切替えを言い、季禄相当の禄支給を宣示しているのは、廃止される品部が部一般でなく、宮、朝廷に出仕したり特定の貢納を行う職業部である品部であることを明示していると解される。

第四節　大化改新詔㈡

改新詔第二条

本節では改新詔第二条を検討する。詔文を引用すると、次の通りである。

> 其二曰、初修㆓京師㆒、置㆓畿内・国司・郡司・関塞・斥候・防人・駅馬・伝馬㆒、及造㆓鈴契㆒、定㆓山河㆒。凡京毎㆑坊置㆓長一人㆒。四坊置㆓令一人㆒。掌㆘按㆓検戸口㆒、督㆗察姧非㆖。其坊令、取㆘坊内明廉強直、堪㆓時務㆒者㆖充。里坊長、並取㆓里坊百姓清正強幹者㆒充。若当里坊無㆑人、聴㆓於比里坊簡用㆒。凡畿内、東自㆓名墾横河㆒以来、南自㆓紀伊兄山㆒以来、兄、此云㆑制。西自㆓赤石櫛淵㆒以来、北自㆓近江狭々波合坂山㆒以来、為㆓畿内国㆒。凡郡以㆓四十里㆒為㆓大郡㆒。三十里以下四里以上為㆓中郡㆒、三里為㆓小郡㆒。其郡司、並取㆘国造性識清廉、堪㆓時務㆒者㆖、為㆓大領・少領㆒、強幹聡敏、工㆓書算㆒者、為㆓主政・主帳㆒。凡給㆓駅馬・伝馬㆒、皆依㆓鈴伝符剋数㆒。凡諸国及関、給㆓鈴契㆒。並長官執。無次官執。

「初修㆓京師㆒」から「定㆓山河㆒」までが主文に当たり、「凡京毎㆑坊置㆓長一人㆒」以下が副文になる。地方制度を定めていると言ってよく、副文の方は凡なる語で始まり、令条を引くなりそれを模していることが容易に推察される。

京師を定める

最初の京師を定めるとする主文に対応する副文では、京に坊長、坊令を置くことと、その職掌および任用方法につ

いて定めている。一見して大化を降る後代の令条に依っていることが窺われ、関連する養老令文を引用すると、

凡京毎㆑坊置㆓長一人㆒、四坊置㆓令一人㆒。掌㆘検㆓校戸口㆒、督㆓察奸非㆒、催㆗駈賦徭㆖。（戸令置坊長条）

凡坊令取㆘正八位以下明廉強直、堪㆓時務㆒者㆖充。里長・坊長、並取㆓白丁清正、強幹者㆒充。若当里当坊無㆑人、聴㆘於㆓比里比坊㆒簡用㆖。（戸令取坊令条）

の如くであり、詔の副文は右引令文とほぼ同文である。置坊長条について言えば、改新詔では令文の注文形式となっている職掌規定を本文とし、かつ「催㆓駈賦徭㆒」を省き、取坊令条に関しては、令文の「正八位以下」を「坊内」に替え、「里長・坊長」を「里坊長」と約め、「白丁」を「里坊百姓」に替えていることが判る。置坊長条と詔との間では、類似しているとはいえ職掌規定に関わり前者の「検校」が後者では「按検」に代っている。『令集解』引載の古記から大宝令置坊長条では「検校」でなく「按検」なる語を使用していたことが判明しているので、詔の置坊長条相当文は養老令文でなく大宝令文に依っていると考えられている。大宝令は「大略以㆓浄御原朝廷㆒為㆓准正㆒」とされている[28]ので、大宝令文でなく先行する浄御原令文である可能性を排さないが、令文の引用となれば『日本書紀』編者の手によるとみてよいだろうから、当時の現行法が相応しく、大宝令を引載していることが確実である。詔の坊長・坊令の任用規定に関わる令文取坊令条については、養老令文なのかそれ以外か判別する手掛りを欠くが、ここも『日本書紀』編纂当時の現行法に依っているとみるのがよく、大宝令文であろう。井上光貞氏は、詔文では坊令、坊長の任用規定ながら「里坊長」「里坊百姓」を言い、不要と言うべき里長の任用に触れていることに注目し、令文の方ではまず為里条で里長を規定し、その後に置坊長条、置坊令条が続いているので里長・坊長の任用規定が並び挙げられて不自然でないが、詔の方では令の方の為里条→置坊長条→置坊令条という構成に顧慮することなく為里条を無視して引載したので、かかる不手際となったと考え、『日本書紀』の編者は令を傍に置き綴文したと推測できる、と述べて

いる。(29) 井上氏のこの推論は、蓋し卓見と言うべきであろう。

ところで孝徳天皇朝において宮は造営されても京の建造はなされておらず、天智天皇の大津宮においても条坊を伴った京師が構想されていたとは考えられず、京師制は持統天皇の藤原京に始まるとみられている。因みに持統天皇紀五年（六九一）十二月条に「詔曰、賜㆓右大臣㆒宅地四町、直広弐以上二町、大参以下一町。勤以下至㆓無位㆒、随㆓其戸口㆒、其上戸一町、中戸半町、下戸四分之一。王等亦准㆑此」とあり、京内における宅地班給の基準を定め、六年紀一月条に「天皇観㆓新益京路㆒」とあり道路整備のすすめられていたことが知られ、七年紀二月条に造京司衣縫王らが京城予定地での屍体掘収を行っている。即ち大化の段階において京師が現実の建設課題になっていたかは疑わしいのであるが、改新詔の立案者であったであろう国博士高向玄理や僧旻らは隋・唐に長期間留学してその京城に住み、京城についての知見を有していたはずであるから、地方制度のうちで最初に手掛けるべきものとして天皇の宮の膝下となる京師を構想したことは、十分に推察されるように思われる。彼らが構想した京師に関わる副文は大宝令文の転載であり、これが改新詔の本来の副文であったとは見做せないが、留学僧・生らの齎していた京城に関する知見が反映されて、詔の作文がなされていたとみてよい。玄理と僧旻は推古天皇十六年（六〇八）に中国に渡り前者は舒明天皇十二年（六四〇）、後者は同四年に帰朝しており、「大唐国ハ、法式備リ定レル珍ノ国ナリ」と言われた唐の法制を学んでいたことは確実であり、武徳七年（六二四）に制定された武徳令ないし貞観十一年（六三七）に編まれた貞観令を読んでいたと考えられる。日本令の置坊長条、取坊令条に相当する令条が武徳令、貞観令にあったことは考えてよく、改新詔起草者が唐の都城の坊制度についての知見を基に、「修㆓京師㆒」に関わる副文を作文していた可能性は十分にあり、『日本書紀』の編者がそれを大宝戸令文により修定したのであろう。大宝戸令置坊長条に相当する唐開元三年（七一五）令文は、

諸両京城及州県郭下、坊別置二正一人一、掌下坊門管鑰、督中察非違上、

と復元されていて養老戸令置坊長条の「催二駈賦徭一」に当たる任を欠いている。この条に相当する武徳令文や貞観令文は復元されておらず、坊正の職掌が如何に規定されていたか確かなところは不明なものの、右引開元三年令文に近似したあり方であった可能性を排さず、それを読んでいた詔文起草者が坊長の任として「催二駈賦徭一」相当語句を欠いた原副文を作り、『日本書紀』編者はそれを大宝令文により修定した、とみることができそうである。

畿内・国司・郡司

詔文では京師の次に「畿内・国司・郡司」を挙げ、畿内制度を定め、国司、郡司を置くことを宣布している。尤もこの部分に関し、通説的に畿内、国司、郡司の三者を並列的に読んで、それぞれについて定めることを行っている、と解されてきていたが、関晃氏が、

㋑「畿内と国司と郡司」と三者並列に読む。

㋺「畿内の国司と郡司」と読んで、畿外を除外する。

㋩「畿内国の司と郡司」と読んで、畿内国を一つの国とみる。

という三様の読み方が可能であると指摘し、㋑について文章の形式からいうと最も自然なものの、意味からいうと畿内と国司以下のものを並列させるのは不自然であり、且つ畿内と郡司の副文がありながら国司に関わる副文がないのは、並列的に読ませることを意図していなかったと解されると論じ、㋺については専ら畿内の国司のみを問題として畿外の国に言及していないのは不自然であり、且つ当時国司に相応する国が未成立である状況を考慮すると従い難く、結局畿内を全体として一つのまとまった地域とみ、それと全国の郡司を対象とする意の㋩が最も適当な読み方で

あると主張[30]して以来、この読み方が多くの論者のとるところとなっているようである。『日本書紀』読解の上で基準の位置を占める日本古典文学大系本も、関説を採用して注釈を行っている。但し関説に対する批判もあり、長山泰孝氏は当時畿内国が置かれたにしてもそこを管轄する畿内国司が置かれたとは考え難いと論じ、㋑の畿内・国司・郡司を並列的に読む所見に従うべきだと述べている[31]。氏によれば、律令的な地方行政制度は大化の政治改革により形成されたという『日本書紀』編者の意識により、京師―畿内―国司―郡司と順次下降的に配列されているのだという。私は『日本書紀』編者の意識に注目すべきだとする長山氏の所見に一理ありと思うが、当時東国国司のような役職があったのだから、『日本書紀』編者の意識を措いても詔文中に国司のことがみえていて不思議でないと考える。尤も後述するように、ここの国司なる語には『日本書紀』編者による作為がある。国司に関わる副文がないのは、主文に国司が定められていなかったとする関説の説得的な論拠であるが、主文で示されている関塞、斥候、防人については副文がないのであるから、副文の欠如をもって直ぐに主文に規定なし、とするのは不当であろう。私は関説以前の通説的読み方に従い、「畿内、国司、郡司」と並列的に読んで差支えないと考えるのである。

畿内に関し副文では、東西南北の境界地点を示すことにより範囲を示している。律令制下の畿内は五畿七道などの語から判る如く、大和・山城・河内・摂津・和泉の五国からなっていた。大化の段階では国が未成立だったので国で示すことができず、境界地点で範囲を示す方法が一の依り得る手立てであったことが確かである。尤も中国の畿内制にも、日本の五畿内制のように地方行政区画の上に立って設定されているケースと境界により示すあり方との二様があり、改新詔の畿内制は後者を模して起案されているらしい。北魏の平城を中心とする畿内域の表示は、

東至二上谷軍都関一、西至レ河、南至二中山隘門塞一、北至二五原一、地方千里以為二甸服一。

とあり、畿内に関わる副文の方式と同じである。詔文起草者は国という地方行政区画を欠く状況下で、境界により示

す知見に依拠して作文したのであろう。

畿内制

畿内についての副文は凡で始まりながら令文に依拠を有する文章ではなく、内容的に後代、律令時代の五畿内制を知っている『日本書紀』編者の作為が加わっているとはみられず、原詔文の副文の内容を伝えていると推定されている。井上光貞氏は凡で始まる副文に令文を引用しているものと令文に似せて作文している場合とがあることを指摘している(32)が、ここは令文に似せて作っているケースとなる。凡で始まる文章に整えたのは『日本書紀』編者の手による文飾の可能性が大であるが、副文の内容は大化のものとみられるのである。

井上光貞氏は関説に依り畿内国司説をとり、『隋書』高句麗伝に、

復有㆓内評・外評、五部褥薩㆒。

『梁書』新羅伝に、

其俗呼㆑城曰㆓健牟羅㆒、其邑在㆑内曰㆓啄評㆒、在㆑外曰㆓邑勒㆒。亦言㆓中国之郡県㆒也。国有㆓六啄評・五二邑勒㆒。

『隋書』百済伝に、

畿内為㆓五部㆒、部有㆓五巷㆒、士人居焉。五方各有㆓方領一人㆒、方佐弐之。方有㆓十部㆒。

とあるのに注目して、朝鮮諸国の畿内制の先例を参考にして畿内制を設け、そこに畿内国司を置いたと考えている。畿内では凡河内直や倭直のような国造の上に、それらを管轄する国司を置いたというのであるが、畿内を対象にしたそのような役職が設けられた様子はなく、井上氏の想定には従い難いようである。隋・唐から帰朝した留学僧・生らの多くは新羅経由で戻っており、朝鮮半島の畿内制について見聞してきている可能性を考えてよいが、ここは中国に

おける畿内制の二様のあり方が参考にされていたとみるべきである。起草者とみてよい国博士高向玄理や僧旻が長期に渉り、中国で研鑽生活を送っていたことが顧みられてよい。

国司

詔文主文で畿内の次に置かれている国司には副文がなく、詔文起草者が国司という語でどのようなものを構想していたか定かでないが、当時国司なる語があったとは思われず、『日本書紀』において国司と表記されている役職が本詔で言う国司になるように思われる。ともに『日本書紀』中にみえるのであるから、詔文中の国司と他の記事中のそれとが同一とみて差支えないだろう。『日本書紀』にみえる国司となると、雄略天皇紀七年（四六三）条に任那国司吉備上道臣田狭がみえ、同二十三年（四七九）八月条に「国司・郡司、随レ時朝集」とあるが、時代がかなり遡るので措くと、推古天皇紀十二年（六〇四）四月の十七条憲法中に「国司・国造、勿レ歛二百姓一」とあり、皇極天皇紀二年（六四三）十月己酉条に、

饗二賜群臣伴造於朝堂庭一、而議二授レ位之事一。遂詔二国司一、如二前所レ勅、更無二改換一。宜之二厥任一、慎二爾所レ治。

とみえている。前者は通常『日本書紀』編者の文飾に出るとされ、原文にクニノミコトモチとあったのを国司と表記したとみられ、後者は文意からみて任所へ赴き事に当たる役職のようであり、これもクニノミコトモチと呼称されていたようである。当時地方で領域を管掌する立場の者となると国造がおり、皇極天皇紀の国司は朝廷から差遣されて朝廷の方針を国造らに告げ、また監督することを任としていたらしい。律令制下の国司に近似する職務を有していたと言えば言えるようであり、律令制下国司も訓読みすればクニノミコトモチである。但し皇極天皇紀の国司は多分に臨時官で、それぞれの国司が対象とする地域も律令国司とは異なっていたらしい。大化の頃の国司は、この皇極天皇

紀にみえる国司の系譜を引く役職と見得るようであり、既に触れている東国国司が該当すると考えられる。東国国司は東海道と東山道方面を八道に分けて派遣されたとする説と、北陸道方面を含め八道に分けて遣わされたとする見解とがあり定まっていないが、いずれにしても一道の国司の管轄範囲は律令国司のそれと異なり、かなり広かったことが知られるのである。この国司の職掌としては、東国国司へ下された詔より、

㋑造籍・校田を行う。

㋺国造を指揮、指導する。

㋩兵器を収公し管理する。

を掌っていたことが確認され、民政、軍政に渉り権限を有していた。尤も㋺に関わり、国司は管轄区域の民に対し裁判権を行使することを禁じられているので、直接的に民に対峙して差発するようなことは制限されていたようで、国造を指導、監督することにより間接的な支配権を及ぼしていたらしい。臨時官が赴任して直ちに民に支配権を行使するようなことをすれば、さまざまな軋轢が出来するであろうことは容易に想像され、裁判権の行使を制限し間接的支配に留めようとしたのは、理に適っていると言えよう。造籍・校田にしても臨時官が自ら執行するようなことは考え難く、ここは国造を介しての実施であろう。

クニノミコトモチの表記

この国司が天皇の命を承けて赴任してことに当たる役の意であるクニノミコトモチを称されていたことはよいとして、問題になるのはどのように表記されていたかである。通説として、大化の東国国司は『常陸国風土記』に出てくる総領に当たるとされてきているが、私もこの説に従ってよいように思う。総領についても、八世紀段階の『常陸国

風土記』編者による文飾表記で大化の頃の文字使いではない、という理解が全くあり得ないとは思わないが、『常陸国風土記』では朝廷から差遣されてきている官人の役職名について、時代により総領、国宰、国司と明確に書き分けている事実があるので、総領は本来の表記とみてよく、大化の東国国司は総領と書記され、クニノミコトモチと訓まれていたとみて、まず誤りない。付言すれば、皇極天皇紀の国司、また十七条憲法中の国司の元来の表記も総領だったのではあるまいか。後者では「国司・国造」とあり、国司が国造の上官であったような書き方であり、皇極天皇紀の国司も国造を介さずして事に当たれたかは疑問であり、国造を総《す》べおさめ支配するという意味で総領なる表記は相応しいように思われる。猶、『常陸国風土記』の総領をスベヲサなどと訓むことがある(33)が、失当であろう。クニノミコトモチと訓むべきである。

私は大化の頃の国司とされる役職については以上のように考えるので、改新詔第二条の国司は総領が本来の表記であったとみる。『日本書紀』の編者は原詔文にあった総領を国司に書き換えることを行っていたのである。『日本書紀』白雉元年（六五〇）二月戊寅条に穴戸国司草壁連醜経が、国造首の同族贄が捕えた白雉を献上したことがみえている。醜経は国造を配下に置いているようであり、穴戸、長門方面を管轄下に置いていた総領だったのであろう。斉明天皇紀の著名な記事として越国守阿倍引田臣比羅夫による粛慎国の征討と道奥国司阿倍某による蝦夷国の征討がある。阿倍某は蝦夷国を服属させると郡領を置いて戻ったとある。ここの国守、国司は大化の総領に当たるとみてよく、郡領は次述する評造に当たり、これは国造の後身であるから、陸奥方面の総領であった阿倍某は服属地で国造――評造の任免を行っていたことになる。新服属地という特異性によるのかもしれないが、総領が国造を介し在地支配を行っていたことの例証と見做し得るようである。

総領

ここで総領について検討してみたいが、総領関係の史料に次のようなものがある。

A儲用鉄一万斤、送二於周芳物領所一。是日、筑紫大宰、請二儲用物、絁一百匹・糸一百斤・布三百端・庸布四百常・鉄一万斤・箭竹二千連一、送二下於筑紫一。（『日本書紀』天武十四年（六八五）十一月甲辰条）

B詔二伊予総領田中朝臣法麻呂等一曰、讃吉国御城郡所レ獲白鵄、宜二放養一焉。（『日本書紀』持統三年（六八九）八月辛丑条）

C薩末比売、久米、波豆、衣評督衣君県、助督衣君弖自美、又肝衝難波、従二肥人等一持レ兵剽却二覓レ国使刑部真木等一。於是勅二竺紫惣領一、准レ犯決罰。（『続日本紀』文武四年（七〇〇）六月庚辰条）

D以直大壱石上朝臣麻呂為二筑紫総領一、直広参小野朝臣毛野為二大弐一、直広参波多朝臣牟後為二周防総領一、直広参毛野朝臣小足為二吉備総領一、直広参百済王遠宝為二常陸守一。（『続日本紀』文武四年（七〇〇）十月己未条）

E常陸国司解申二古老相伝旧聞一事。問二国郡旧事一、古老答曰、古者自二相模国足柄岳坂以東一諸県、惣称二我姫国一。是当時不レ言二常陸一、唯称二新治、筑波、茨城、那賀、久慈、多珂国一各遣二造別一令二検校一。其後至二難波長柄豊前大宮臨軒天皇之世一遣二高向臣、中臣幡織田連等一、惣二領自レ坂東之国一。于時我姫之道、分為二八国一。常陸国居二其一一矣。（『常陸国風土記』総記）

F古老曰、難波長柄豊前宮御宇天皇之御世癸丑年小山上物部河内、大乙上物部会津等請二総領高向大夫等一、分二筑波・茨城郡七百戸一置二信太郡一。此地本日高見国云々。（『常陸国風土記』逸文、信太郡条）

G古老曰、難波長柄豊前大宮馭宇天皇之世癸丑年茨城国造小乙下壬生連麻呂、那珂国造大建壬生直夫子等、請二惣領高向大夫、中臣幡織田大夫等一、割二茨城地八里、那珂地七里、合七百余戸一、別置二郡家一。（『常陸国風土記』行方

郡条）

H古老曰、難波長柄豊前大朝馭宇天皇之世己酉年大乙上中臣□子、大乙下中臣部兎子等請二惣領高向大夫一、割二下総国海上国造部内軽野以南一里、那賀国造部内寒田以北五里一、別置二神郡一。（『常陸国風土記』香島郡条）

I古老曰（中略）其後至難波長柄豊前大宮臨軒天皇之世癸丑年、多珂国造石城直美夜部、石城評造部志許赤等、請二申物領高向大夫一、以二所部遠隔往来不一レ便、分二置多珂・石城二郡一。石城郡、今存二陸奥国堺一。（『常陸国風土記』多珂郡条）

J石川王為二総領一時、改為二広山里一。（『播磨国風土記』広山里条）

右引史料は『日本書紀』ないし『続日本紀』からなる国史によるものと『風土記』によるものとに大別され、E〜Iは『常陸国風土記』にみえるもので『日本書紀』孝徳天皇朝の記事にみえる東国国司に相当し、いずれも評の建立に関わっている。先述した如く斉明天皇紀の記事によれば、同天皇の頃陸奥国司であった阿倍臣某が服属地において評造を任用していたが『風土記』にみえる総領が評の建立に当たり評造を置いているのに吻合し、『日本書紀』において国司と書記されている総領の任務として、建評、評造の任用を挙げることができる。Jも『風土記』の記事で総領が里の改変に当たっており、部内の地域区割の改変を任としていたらしい。Jについては何時のことか明記されておらず、総領石川王を大化の東国国司と同じ頃播磨方面へ派遣された総領とみる所説がある一方で、天武天皇八年（六七九）紀三月己丑条に「吉備大宰石川王病之、薨二於吉備一。天皇聞之大哀、則降二大恩一云々。贈二諸王二位一」とあるのを根拠に天武天皇朝の頃総領に任じていた、とする所説がある。両説いずれを是とし得るか史料が不十分なため断案を下すのは困難であるが、国司―総領が評・里の建立、改変に当たっていたことを読みとることができるのである。

総領と国宰

Ａ～Ｄは天武・持統・文武天皇朝に関わり、Ｂ～Ｄは明らかに浄御原令制に関わっている。浄御原令制下では、大宝令制以降の国司を国宰と称し、Ｄによれば国宰と総領とが並在していたことが知られる。総領のうち筑紫総領は後の大宰府の長官に当たり、大宝令制でいえば大宰帥に相当するとみてよい。大宰府は九国三島を管掌したが、九州地方では総領の下に国が置かれ、謂わば二重構造となっていたとみてよく、後述する如く、律令制的な国が設置されるようになるのは天智天皇朝の頃と思われるので、その頃から総領―国宰という二重構造が出現していたらしい。大化の国司＝総領が管轄していた律令制の国を越えたかなり広い地域内に天智天皇朝の頃国が置かれるようになり、惣領―国宰の二重構造が出現したようである。尤も天武天皇朝以降において史料的に確認できる総領は筑紫・周防・伊予・吉備のそれのみであり、天智天皇二年（六六三）八月の朝鮮、白村江での敗北後国防強化が図られた九州から瀬戸内地域に限られている。かつて建評や里の改変に当たり、造籍・校田、国造・評造の指揮、また兵器の収公・管理のため各地に遣わされた総領は、天智天皇朝以降になると廃止され、西日本にのみ限定的に新設されるようになった国宰の上に置かれるようになっていたようである。Ａにみえる筑紫大宰に送られている箭竹は明らかに武器の材料であり、周防総領所へ送られている鉄ないし筑紫大宰に送られている鉄・繊維製品等も軍需物資と見得るようであり、西日本の総領が軍事に関わっていたことを推測することができる。Ｂに注目すると、伊予総領は御城＝屋島城のある讃岐方面で燕を捕えたということであり、捕鳥が狩猟行為によることを考慮すると、屋島城の近くで一種の軍事調練に従っていた、と解すことが可能になろう。私はＢより伊予総領が御城＝屋島城を管掌し、軍事訓練に関わっていたらしいことを導けると思うのである。即ち天武天皇朝以降に確認される総領は九州から瀬戸内に限られ、かつ多分に軍事官としての要素を有していたらしい。

尤もCによれば、筑紫総領は管内の評造の後である評督・助督らを決罰しており、大化の頃の国司＝総領に准じ、管内の国造↓評造らに指揮、指導する権限を有していたらしい。大宝令制下の大宝二年三月丁酉紀に、

聴㆔大宰府専銓㆓擬所部国掾已下及郡司等㆒。

とあり、大宰府が管内郡司らの任免権を得ていたことが知られる。これはかつて総領が有していた国造―評造らの選任権を復活していると見得るようであり、かつての総領の権限を確かめることができる。浄御原令ないし大宝令制下に至っても、かつての総領の権限が筑紫総領、大宰府に引きつがれているのである。猶、浄御原令制下の国宰はクニノミコトモチと称されていたと考えられており、となると総領の訓と同じになってしまうことになる。大宰帥の訓がオホミコトモチノカミであることを考慮すると、国宰の上に置かれた総領はオホミコトモチであったかもしれない。Aでは筑紫総領を筑紫大宰と称しているが、大宰は総領の異称であるとともに、総領の詰める官衙を指す意味合があったようである。

以上総領について考証を行ってきたが、改新詔第二条主文の国司は総領を本来の語とし、恐らく原詔に副文が付されていたのだろうが、律令制下の国宰、国司とは性格が異なるなどしていることから、『日本書紀』の編者が敢えて付すことを避けたのではないかと考えられる。総領なる語は国司に言い換えられるにしても、律令国司とはかなり異なっており、令文に適切な法文を見出すことができなかったこともあったであろう。前後の畿内、郡司に副文がありながら国司にないのは、右のような事情に由るとして理解可能なようである。

郡司

改新詔の郡司は、大宝令制に至るまで郡は評を称されていたので、評造を称されていたと考えられる。訓読みすれ

ば郡司も評造もともにコホリノミヤツコであり、大宝令制大領の訓も同じである。副文は郡の規模を示す規定と郡司の任用に関する定めとからなっている。前者は養老戸令定郡条、

凡郡以二廿里以下、十六里以上一、為二大郡一、十二里以上為二上郡一、八里以上為二中郡一、四里以上為二下郡一、二里以上為二小郡一。

に近似した法文となっている。大宝戸令の定郡条がどうであったか確かなところは不明であるが、『令集解』戸令定郡司条の令釈は、郡は千戸を過ぎることがないとし、最大規模の郡を二十里としており、この令釈と古記とが同文であったことが令釈に付された注文より判るので、古記が注釈を施した大宝令定郡司条も「郡以廿里以下……」という文言を有していたことが推測され、大宝令定郡条と養老令のそれとの間に相違はなかったと考えてよい。かく推測すると、詔文副文の郡の規模規定と大宝令のそれとではかなり違っていたことになる。詔では大・中・小の三等としているのに対し、令文では大・上・中・下・小の五等とし、大郡について言えば、令では二〇里以下、一六里以上としているのであるから、詔の方は令規の二倍である。改新詔を『日本書紀』に採録している編者は、大宝令制を知っているにも拘わらず、それと異なる規模規定を書記しているのであるから、詔文の規模規定は元来のものであったとみてよいようであり、凡で始まる体裁をとっていたか否かは不明なものの、原詔では大評四〇～三一里、中評三〇～四里、小評三里以下という内容となっていたのであろう。

郡司の任用

郡司の任用に関する養老選叙令郡司条は、

凡郡司、取下性識清廉堪二時務一者上、為二大領少領一。強幹聡敏工二書計一者、為二主政主帳一。其大領外従八位上、少領

外従八位下叙之。其大領少領才用同者、先取㆓国造㆒。

とあり、『令集解』古記より大宝令文にも「堪㆓時務㆒」「工㆓書計㆒」という文言があったことが判り、古記が「問、国造才用劣者若為処分、答、未㆑定㆓国造㆒、依㆓才能㆒任㆓他人㆒、已訖後定㆓国造㆒。若有㆑所㆑闕者、才能雖㆑劣、先用㆓国造㆒也。一云、不㆑合、若才用劣者、猶在㆓国造㆒耳」という問答をしていることから、大宝令にも才用が同じ大少領候補者がいるならば国造を優先するという規定があったようであり、大宝令郡司条と養老令のそれとの間に差異はなかったらしい。詔文副文の方にも「堪㆓時務㆒」「工㆓書算㆒」なる語があり、内容的に副文と令規の間で、大少領と評造および主政・主帳の任用に際し、求められる才質に違いがなかったと見得るようであるが、令規の方では大少領任用に当たり国造と然らざる者とが候補になっている場合に前者を優先するとしているのに対し、詔文副文では国造のうちの性識清廉にして時務に堪える者を選任するとしており、国造であることを評造任用の条件とするという顕著な相違が認められる。令規の方では国造以外の者を大少領に任用し得るが、詔文副文では国造であることを任用条件と明記しているのである。大宝令を側に置いていたとみてよい『日本書紀』編者が評造、大少領の任用に関し大宝令規と異なる撰文をしているのは、原詔文が評造は国造から任用するということを言っていたからなのであろう。私は副文の評造の任用についての規定が後の令規のそれと異なっていることから、副文の評造任用規定は内容的に原詔を受けているとみてよいと考える。主政・主帳に関する規定は令規・詔文副文ともにほぼ同文であるが、既に確かめられていることとして、浄御原令に至るまでの官制は大宝・養老令制の四等官制でなく長官・次官・主典という三等官制であった[34]から、副文の主政・主帳制は歴史事実に反していると言わざるを得ない。因みに『日本書紀』にみえる大化の東国国司も長官・次官・主典という編成であった。即ち副文の「主政・主帳」は明らかに舞文であり、副文に評造の下僚職についての規定があったとすれば典のような職名をあげ、「工㆓書算㆒」のような任用条件を定めていたはずである。ここは『日本書紀』の編者が大宝令を側におき、郡司条の主政・主帳についての規定を転載したとみるのが相応しいようである。

結局評造に関する副文は、まず後の令規定郡条に似たかたちで評の等級規模について規定し、次いで郡司条に関連する内容の評造、典の如き職の任用に関し定めていたのであろう。但し内容的に令規と相違する箇処があり、『日本書紀』の詔文は原詔を受けているとみてよいが、主政・主帳について大宝令文を転載していることから、原詔を受けている箇処に関しても、令規により文句や配列を整えるような改作が行われているかもしれない。

評の設置

大化の評については、先引した『常陸国風土記』の総領関係史料中にみえ、総領の管掌下で国造の領域が分割、附合されるなどして評が設置され、二員の評造が置かれていったことが知られる。いずれも己酉（大化五）ないし癸丑（白雉四）のこととされているから、改新詔が実施に移されてから数年後のことである。Gによれば、茨城国造壬生麻呂と那珂国造壬生夫子がそれぞれの領域から八里、七里を割りだし七百戸をもって行方評を建て、評造に就任したことが知られる。二員の評造は後代の郡司、大少領を念頭におくと、コホリノミヤツコとスケノミヤツコになろうかと思われるが、或いは評造、コホリノミヤツコとして同格だったかもしれない。これが後には評督・助督となることは周知のところである。評督・助督は『皇太神宮儀式帳』以下の史料にみえ、コホリノミヤツコ、スケノミヤツコを訓とし、文字使いは異なるものの大少領と同じである。『和気氏系図』にみえる和気氏の人たちの肩書をみると、次頁の右上のようになっていて、評造制から評督・助督制、大領・少領制への展開をよく示している。F、Hによれば、信太郡を建てたのは物部河内と物部会津、神郡である香島郡の建立者は中臣□子と中臣部兎子でともに評造に就

『和気氏系図』にみえる和気氏の人たちの肩書

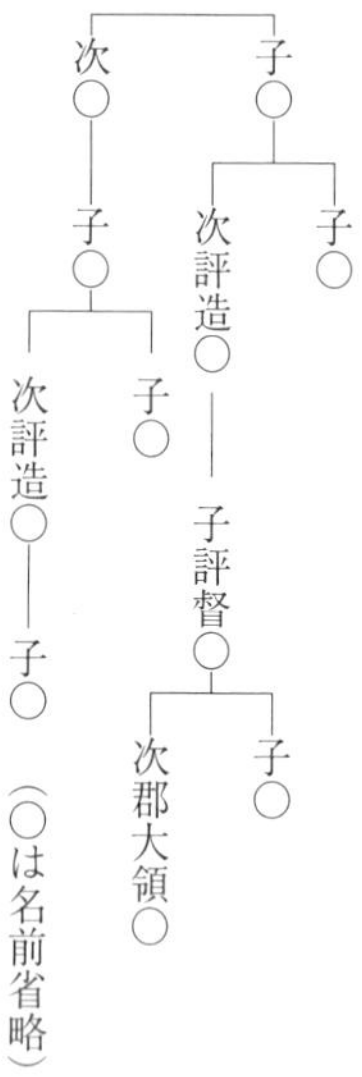

任したと思われるが、国造という肩書を欠いており、国造ではなかったらしい。改新詔の副文によれば、評造任用の資格に国造であることが明記されていたが、国造が得られない場合は国造でなくてもよかったようである。

Ｉによれば、多珂国造石城直美夜部と石城評造部志許赤が総領に申請して、従前の多珂国を多珂、石城二評に分割したようであり、二評に分かれる以前の多珂地域には多珂国造と石城評造が並置されていたらしい。この地域では従前の多珂国が大化の評制施行とともに石城評に改められ、次いでそれを多珂・石城二評に分割したのであろう。多珂国が多珂評にならず石城評になったのは、多珂国造が石城直を姓とし、多珂国内石城方面を本拠にしていたことに由るのだろうか。図式化すれば、

という変化であり、多珂国が石城評になった段階でこの地域には国造とは別に石城評造がおかれることになり、政治的な実権は新設の評造の方に移行していったのであろう。何分評造は性識清廉、時務に堪えるという行政能力のある者であり、改新政府は評造の方に実権が移るように図っていたはずである。Ｈは従前の国造管下の国《くに》が評に組み換えられ、評造を置くようになったことを適確に示していると解される。評造には改新詔により国造が任命されるのが原則であるが、多珂国が石城評になった段階では多珂国造石城直美夜部が評造にならず、部志許赤なる人物が評造になっていた。国が評になるとともに国造が評造となるとは限らず、才用等が考慮されたのかもしれない。勿論国造が

評造になるのを選択せず、別人を充てることにしたというような事態を考えることもできる。

国造の政治的権限

『日本書紀』において国造が政治・行政の場面で活躍しているのは、ほぼ大化年間に限られている。大化の東国国司は国造に指揮権を行使し所期の目的を果そうとしたようであり、この国司の査定は朝集使とともに国造の陳状によっている。尤も東国国司を査定する大化二年三月辛巳詔では国造のことに触れる一方で、国司らの罪を赦し、

自レ今以後、国司・郡司、勉之勗之。勿レ為二放逸一。

と指示している。ここの郡司は評造のこととみてよい。大化年間は謂わば国造制から評造制への移行期で、国造から評造になった者が活躍する一方で、国造と評造が並存するようなこともあったのである。但し全体としての流れは、国造から評造への権力移行だった。国造と評造ないし評督・助督との関係を示す史料に那須国造碑がある。

永昌元年己丑四月、飛鳥浄御原大宮、那須国造追大壱那須直韋提、評督被賜、歳次庚子年正月二壬子日辰節殄。故意斯麻呂等立レ碑、銘偲云、爾仰惟殞公広氏尊胤国家棟梁、一世之中、重被二弐照一、一命之期、連見二再甦一。砕骨挑髄、豈報二前恩一。是以曽子之家无レ有二嬌子一、仲尼之門无レ有二罵者一。行孝之子、不レ改二其語一、銘夏尭心澄神照乾、六月童子意香助坤。作徒之大合言喩字。故無レ翼長飛、无レ根更固。

これによれば既に那須国造を帯びている那須直韋提が永昌元年（持統三、六八九）に評督に任用されたということであり、韋提が那須国造に就任したのが何時のことか不明なものの、韋提が評督になる以前に別人が評造ないし評督になっていたとみてよいだろうから、那須国造の管轄地域において国造と評造ないし評督の並存が考えられるのである。国造が地方政治の場で活躍したのは大化年間に限られ、その後はかつての国造の権限は評造ないし評督・助督に

移っているから、韋提の那須国造は多分に名目化していた可能性が考えられるが、それは措いて、那須国造碑より国造と評造ないし評督・助督との並存を確認することができるように思う。過渡期の現実としてこのようなことがあっても不思議ではない。猶、碑文中の「再甦」について議論されることがあるが、韋提が生前国造補任と評督任用という二度の栄誉を受けた上に、死後も朝廷から褒賞のごとき栄誉を受けたことを言うようである。子意斯麻呂が碑を建立した理由は、父が朝廷からうけた恩に孝子として報いることを意図してのことであった。

実権を失っていく国造は地域の精神的指導者の様相の強い律令国造と化していくが、律令国制が天智朝初の頃に始まるので、その頃から謂ゆる一国一国造制が行われるようになったらしい。

関塞以下の設置

改新詔第二条では主文で郡司を挙示した後、関塞・斥候・防人・駅馬・伝馬の設置と鈴契、および国境を定めることを指示している。副文は駅伝馬・鈴契絡みの短い文章で、井上光貞氏は後の令文を簡略にして掲記したものだろうと述べている。関塞・斥候については令文に適当な条文がなく、駅伝馬や鈴契絡みのような副文を作ることが困難にしても、防人については軍防令に具体的に規定している条文があるので、それを基に副文を作ろうと思えば容易に綴文できたであろう。唐制を十分に知悉している詔文の起案者は関塞以下について知るところがあり、項目を挙示したが、具体的に大化の頃の日本において実現するものとなると具体的な像を結ぶことができず、副文で詳細を展開することができなかったのかもしれない。一例を駅伝馬にとれば、令制下では朝廷と諸国との間の情報伝達に関わるが、大化の段階においては肝心な国は設置されておらず、『日本書紀』にみえる東国国司は律令国を越えたかなり広範囲な地域を管轄する臨時官の要素を有する役職であり、かかる状況下で駅伝馬制の具体像を構想することの困難は、容易に推察される。本来の詔文に関塞以下に関わる副文はなく、『日本書紀』の編者は駅伝、鈴契絡みで令文を簡略にした文章を掲記したのではなかろうか。この令文が、大宝令文であることは言うまでもないだろう。

第五節　大化改新詔㈢

改新詔第三条

本節では大化改新詔第三条をとりあげる。まず詔文を掲記すると、次の通りである。

其三曰、初造二戸籍・計帳・班田収授之法一。凡五十戸為レ里。毎レ里置二長一人一。掌下按二検戸口一、課二殖農桑一、禁二察非違一、催中駈賦役上。若山谷阻険、地遠人稀之処、随レ便量置。凡田長卅歩、広十二歩為レ段。十段為レ町。段租稲二束二把。町租稲廿二束。

主文は戸籍・計帳・班田収授の法を造るという甚だ簡単な文章で終っており、副文の方は養老戸令の為里条と同田令田長条に近似した文章であることが容易に知られる。

戸籍・計帳・班田収授となると、後の律令支配制度の根幹部分ということになり、改新詔第一条で打ち出した公地公民制に対応する具体的な施策となろう。この前後における新政府の動きをみると、既に触れている如く大化元年八月庚子紀の東国国司への詔の中で、「凡国家所有公民、大小所領人衆、汝等之任、皆作二戸籍一、及校二田畝二」を指示し、倭六県へ遣わされた使者には「宜造二戸籍一、并校二田畝一。謂レ検二覈墾田頃畝及民戸口年紀一。」を言い、大化二年八月癸酉紀詔でも発遣される国司に「以二収数田一、均二給於民一、勿レ生二彼我一。凡給レ田者、其百姓家、近二接於田一、必先二於近二」を記している。井上光貞氏は、戸籍・計帳を造るというのは、いわば現代的な表現であるが、戸口調査のためのなんらかの造籍は原詔にうたわれていたとみるべきである。律令制的な班田収授法そのものではないが、田地の調査と均田の理想とが、この時点においてうたわれ、期待されたことも、はなはだ自然のことである。

と述べている[35]。氏は律令制的な戸籍ないし班田収授法がうたわれ期待されていたと述べ、第三条主文に肯定的な評価をされている。大化の国司らに造籍、校田、また民への田の均給を指示する詔が出されているのであるから、元来の主文がどのような文章であったかは不明であるものの、造籍や班田のことを定めた法制定があって不思議でないだろう。第一条の公地公民制への切替えに対応するものとして、かかる法を作ることは論理的に不可欠なはずである。

造籍・班田の経験

造籍、校田となると朝廷にとり文字通り大事業であり、それなりの準備がなければ出来ないのは当然であるが、欽明天皇十年（五四九）七月に蘇我稲目らにより設置された吉備五郡の白猪屯倉についてみると、同天皇三十年（五六九）正月紀に、

詔曰、量二置田部一、其来尚矣。年甫十余、脱レ籍免レ課者衆。宜レ遣二膽津一（膽津者、王辰尓之甥也。）検二定白猪田部丁籍一。

同四月紀に、

膽津検二閲白猪田部丁者一、依レ詔定レ籍。果成二田戸一。天皇嘉二膽津定籍之功一、賜レ姓為二白猪史一。尋拝二田令一、為二瑞子之副一。

敏達天皇三年（五七四）十月紀に、

遣二蘇我馬子大臣於吉備国一、増二益白猪屯倉与二田部一。即以二田部名籍一、授二于白猪史膽津一。

とみえており、欽明天皇の頃建てられた白猪屯倉で耕田に当たる田部の丁籍を作り、次いで敏達天皇朝に至ると田部の名籍を作っていたことが知られるのである。丁籍は役務に当たる丁の名前を記した帳簿だろうが、名籍の方は丁のみならず戸単位で記した後の戸籍、計帳類似の帳簿らしい。白猪屯倉が小規模なものであるならば丁籍、名籍を作ることは容易であり、さほどの歴史的意味があるとは言えないが、吉備五郡に渉る大規模な屯倉であるから、五郡に渉る規模で丁籍、名籍を作ったと言ってよく、朝廷は欽明、敏達天皇朝において広範囲に渉る戸籍、計帳様の文書の作成を行い得る段階にまで来ていたのである。白猪屯倉について『日本書紀』では、白猪史の家伝に基づき比較的詳細な記述を行っているようであるが、他の多くの屯倉についても同様の管理方式が行われていたとすれば、朝廷の造籍能力はかなりなものになっていたことが推測されるのである。右引記事より膽津は白猪屯倉の田令になったことが知られ、欽明天皇十七年七月紀によれば、白猪屯倉の一部を構成するらしい児島屯倉の田令に葛城山田直瑞子が任命されている。田令らは丁籍、名籍を作る一方で、耕地の掌握、調査にも当たっていたことであろう。人の掌握より動くことのない土地の把握の方が容易であることは、論を俟たない。

私は大化に先行する時代における屯倉の経営からみて、朝廷にそれなりの造籍、校田経験の蓄積があり、改新詔第三条において戸籍・計帳・班田収授の法の制定を宣布していることに、少しも無理がないと思うのである。殊に重要なのは、白猪屯倉で五郡に渉り丁籍、名籍を作っていることであり、往々にして後の郡規模の屯倉で同様の方式が採られていたとすれば、郡規模での造籍、校田能力のあったことが考えられる。一例を挙げれば、安閑天皇朝における武蔵国造家の内紛に関わり置かれるようになった横渟・橘花・多氷・倉樔四屯倉は、後の横見・橘樹・多摩・久良郡に当たるとされている。これらの屯倉には計数に明るい渡来系の飛鳥部吉士の如き人たちが管理のために遣わされていたようであり、白猪屯倉の経営と同様のあり方が展開していたとみられるのである。律令時代の造籍や校田には郡単位という側面があり、大化前代に郡規模で造籍、校田を行っていたとすれば、改新政府がそれを基に戸籍・計帳・班田収授法の制定を言うのは自然の流れとも言えるのである。

班田の実施

先に触れた大化二年八月の国司に対する収めた田の民への均給指示は、正月の改新詔第三条の班田収授法に基づく施策と見得るように思われる。起案者とみてよい国博士高向玄理・僧旻は唐制を見聞して知悉し、その上に立つ内臣中臣鎌足は海外情報に通じ、その一方で白猪屯倉にみられる行政経験の蓄積を考慮すれば、改新詔第三条の宣布とそれに基づく造籍、給田が行われて不思議でないのである。律令班田収授は六年ごとに巡ってくるが、大化二年の国司に対する給田指示を第一回の班田とすると、次の班田は白雉三年（六五二）となるが、果して六年後の白雉三年紀正月条に、

自二正月一至二是月一、班田既訖。凡田、長卅歩為レ段。十段為レ町。段租稲一束半、町租稲十五束。

とみえている。尤も右引記事は、正月条の記事なのに「正月ヨリ是ノ月ニ至ルマデニ」という不可解な文章となっている。この点については虎尾俊哉氏が「この記事に何らかの誤脱の存することは既に周知の事実」と述べている[36]ところで、一案として白雉三年に先行する某年の正月より白雉三年の正月に至るまでの意とみることができるが、数年に渉る班田は考え難く、『日本書紀』の前後の記事のあり方から正月の前に「二月戊子朔」が脱落しているとみるのが妥当なようである。右引記事の前に記事が懸けられた月が脱落しているということである。かく解せば、白雉三年正月に開始された班田が二月に入り完了したの謂となろう。田を民に給うという発想は中国渡来とみてよいが、北魏制では春正月、唐制では十一～十二月、後の大宝・養老令制では十一月～翌年二月までとしており、謂わば一農閑期に

実施することになっている。かかるあり方を顧慮すると、白雉三年の班田が正月から二月にかけて行われたとするのが相応しいように思われるのである。班田が一、二カ月で終了となると、そんな簡単に遂行できるものなのだろうかという疑問が出かねないが、中国の制度は明らかに一、二カ月で終えることになっており、白雉の班田では全面的な収公、給田でなく、現実の耕田状況を調査して均しくなる方向で手直しする程度であるならば、新政府の行政能力として不可能ではなかったように思う。後代元慶年間の畿内班田では数年かけて行っているのであるが[37]、現実の耕作者の権利が伸張するなどして収授を円滑に行うことが困難な状況があったようであり、七世紀中葉の村落社会のあり方と相異していたことが考えられねばならない。

隋・唐の給田制度

先に唐の田地収授業務は十一月から十二月にかけて行うと述べたが、開元令逸文により示すと、

諸応二収授一之田、毎年起二十月一日一、里正預校二勘造簿一、暦十一月、県令総下集応二退受一之人上、対共給授、十二月内畢。

となっている。これと異なり、北魏令では、

諸還受民田、恒以二正月一。若始受レ田而身亡及売二買奴婢牛一者、皆至二明年正月一、乃得二還受一。

と規定していた。長期にわたり隋・唐で留学生活を送っていた玄理・僧旻らは北魏令についても読んでいたとみてよいだろうから、右条文あたりを参考にして一月から二月にかけての班田業務を構想したと見得るようである。猶、付言すれば、先引白雉三年の班田記事は大化二年から数えて六年めの記事であり、後の六年一班制の知識に基づき『日本書紀』編者が書記した舞文の可能性があるが、『日本書紀』編纂当時の現行令規たる大宝令文に従えば十一月開始

とあって然るべきであり、一月開始を言っていることから、後代の知見に基づく記述とは見做されず、何らかの原拠史料に基づいていると考えるべきであろう。一月開始という記述は大宝令文に従う限り不可能であり、この記述には拠がありとしなければならない。

造籍と班田の関係

白雉三年紀には、四月条に、

是月、造㆓戸籍㆒。凡五十戸為㆑里。毎里長一人。凡戸主皆以㆓家長㆒為之。凡戸皆五家相保、一人為㆑長、以相検察。

とあり、四月に戸籍を作ったことが知られる。「凡五十戸」以下は後の戸令の文章を採っており、四月造籍は大宝・養老令制の十一月上旬に作業にとりかかり、翌年五月三十日までに完了せよとする規定と矛盾しないが、班田と造籍の関係をみると、二月の班田終了後四月に戸籍を作っていることになり、大宝・養老令制下の戸籍を作った後班田を行うとするあり方と、大分相異している。大宝・養老令制では前年十一月に作成を開始し五月に作り了えることになっている戸籍により人員を把握し、次いでそれに基づき十月に授口帳を作り、十一月から翌年二月にかけて班田するのであるが、白雉三年紀正月、四月の記事をみると、この令制の方式と違うのである。私は、『日本書紀』の編者が白雉三年四月の造籍記事を造作したとすれば、当時の知識に基づき造籍記事の後に班田記事を置いたのではなかろうかと思う。かく考えることから私は、正月班田記事とともに四月の造籍記事にも信憑性を認めざるを得ないと考える。尤も両記事に付された後半の田積記事や戸令文に一致する文章は文飾である。

戸籍と受田額

ところで班田を行ってから戸籍を作るという実施順序は唐のあり方でもあった。先に唐における授田時期を示す開元令逸文を示したが、造籍に関わる開元令逸文を掲記すると、次の通りである。

諸戸籍三年一造。起二正月上旬一、県司責二手実計帳一、赴レ州依レ式勘造。郷別為レ巻、総写二三通一。其縫皆注二某州某県某郷某年籍一、州名用二州印一、県名用二県印一、三月三十日納訖。

正月に業務を開始して三月三十日に終了ということであり、白雉三年の班田→造籍という次第はかかる唐制に近似していることが判るのである。『日本書紀』の編者が班田→造籍という唐制に関する知識により記述したとは考え難いから、先述した如く白雉の班田・造籍記事は信頼性があると言ってよく、となると、日本で行われた当初の班田・造籍は唐制に近いあり方だったことになる。この起案者は唐制を見聞、熟知した人たちであるから、唐制に近いあり方を構想していたとして不自然ではない。唐制では、戸籍に先行する給田の結果を記入することになっている。一例を挙げれば、

戸主張奴奴載陸拾参歳　老男下下戸空不課戸
母宋　載捌拾参歳　老寡空
妻斛　載陸拾歳　老男妻空
女妃尚載参拾玖歳　中女空
合応レ受田捌拾弐畝弐拾弐已受 六十畝未受　廿畝永業　二畝居住園宅
一段弐畝永業　城西十里三支渠　東張均　西道　南道　北□(38)

の如くであり、戸籍作成の前提たる手実について唐賦役令逸文に「収二手実一之際、作二九等一定レ簿」とあり、唐令文

を継承している可能性の強い宋天聖戸令に「手実者、令㆔人戸具注㆓其丁口田宅之実㆒也」とあるから、手実作成の段階で耕田数が記載されていたとみてよい。白雉三年の班田、造籍がどのように進められたか皆目判らないが、どこまで実現されたかは別として、右のような唐制を念頭に実施することが意図されていたのではなかろうか。

戸籍への口分田額の記入になると、大宝二年（七〇二）西海道戸籍が知られている。

凡口壹拾陸 ┬ 口壹拾弐不課
　　　　　 └ 口肆課
受田弐町弐段陸拾歩

の如くであり、この記事について造籍後間もなく慶雲元年（七〇四）に行われる班田のためとしたり、和銅二、三年頃に予定されている班田のためと解釈されてきている。しかし将来の班田のための田積記載となると、班田実施までの間に戸口の変動があり得るから、利用し得る数字とはならず、依拠し難い見解と言わざるを得ないだろう。論者によっては戸口に死亡によるマイナスはあってもプラスは基本的にあり得ず、将来の班田の時に必要とする最大田積となるので、有意義な数字なのだ、と説いているが、謂ゆる陸奥国戸籍などに当たると婚姻による入籍や割来等がみられ、プラスが珍しくなく、最大田積という理解も根拠ありとは言えない。そもそも戸籍は天皇の御覧に供し長期に渉り保存するものである。そのような重要な文書に不確かな田額を記入するような事態は考え難いのではないか。私は西海道戸籍の田積記入を唐制戸籍の給田額記入と同性格とみてよいと考え、白雉の頃の唐制に近似した班田、造籍の次第の残存を見得るように思う。逆に西海造戸籍の田積記入から、七世紀代の班田、造籍に大宝・養老令制と比較してより唐制に近い要素のあることを確認可能であり、白雉三年の班田、造籍が唐風の次第であったとする私案を傍証することになると考えるのである。

耕地と農民の結びつき

猶、班田収授となると、耕地と農民の結びつき如何が関わってくるが、当時のあり方をみると、後代と異なりさほど緊密な関係にまで至っていなかった様子が看取される。当時の農業技術等に規制されて、永続的に使用し得る安定した耕地を得ることが困難で、数年間耕作するとそれまでの耕地を放棄して別な場所で耕作を開始し、集落が移転することも珍しくなかったのである。集落の移転は、七、八世紀の頃の集落址を示す竪穴住居址群が高々二十年程度の耐用期限が想定されるにも拘わらず、建て替えられることなく、放棄されている例が少なくないことから、窺知することができる。八世紀において多数の東国農民が東北地方へ移住しているのも、土地と農民の結びつきが強固とは言い難い状態であったことを示していると解される。かかる土地と農民の結びつきのあり方を踏まえると、農民の耕地の収授・均給にそれ程の困難があったとは思われないのである。

私は以上の考察より、改新詔第三条の主分は舞文でなければ、理想をうたい将来への期待を述べている、という解釈で済むものでもなく、現実の施策として宣布されている、とみるべきだと判断する。班田を行い次いで造籍を行うという次第などは、隋・唐留学経験者の発案として似つかわしいのではなかろうか。従前、白雉三年の班田、造籍次第についての検討は殆ど行われずに来ているが、改新詔第三条主文を実施に移しているものであり、史料性の看点から『日本書紀』白雉三年の班田、造籍記事は十分な信拠性を有している。『日本書紀』の編者が後代の知見により記述できる態のものではないのである。

改新詔第三条副文

改新詔第三条の副文は凡で始まり戸令為里条と田令田長条に関わり、ほぼ同文であるが、先に第二条副文の置坊長条絡みの文章が養老令の検校でなく大宝令の按検なる語を使用していることより、『日本書紀』編纂当時の現行法たる大宝令文に依っていると述べたが、第三条副文の為里条相当文章にも按検が使用されているので、大宝令文を転載していると考えられる。浄御原令文の可能性もあるが、編者はまずは編纂当時の現行法に当たることが考えられるから、大宝令文とみるのが適切である。養老令文では「検二校戸口一、課二殖農桑一、禁二察非違一、催二駈賦役一」を細字注文としており、大宝令文でも細字注文であったとすれば、副文は注文でなく本文として書記していることになる。この副文は主文と余り関係がないようにみえるが、戸籍、計帳の作成となれば戸口を管理下におく里長が関わり、戸に基づき里が編成されているので、為里条が引かれているのであろう。原副文では里の編成を言い、後の里長に相当するような在地の者が戸籍、計帳の作成や班田に関わることを言っていたので、『日本書紀』の編者がそれに依りつつ大宝令為里条の転載を行ったと見得るようである。

評の建立

前節で総領関係の史料を掲記した際、『常陸国風土記』の建評記事を示したが、戸ないし里を分割・付合させることにより評を建てることを行っていた。筑波・茨城郡の七百戸をもって信太郡を立て、茨城の地八里と那珂の地七里都合七百戸をもって行方郡とし、下総海上国造の管下と那珂国造管下の五里をもって香島神郡としたとみえている。信太・行方両郡の建立は癸丑、白雉四年（六五三）、香島郡は己酉、大化五年（六四九）とされており、史料の郡は本来は評であったことは言うまでもない。大化二年の改新詔第二条で郡司、評造を置くことを宣布しており、それに基づき郡の下の行政単位である里も編成されていたのであろう。『播磨国風土記』宍禾郡比治里の項は、次の通りである。

　比治里土中上　所三以名二比治一者、難波長柄豊前天皇之世、分二揖保郡一、作二宍禾郡一之時、山部比治、任為二里長一。依二此人名一、故曰二比治里一。

孝徳天皇朝において播磨国揖保郡から宍禾郡が分立した時、比治里の里長に山部比治が任じたのが里名の由来だということであり、当時の播磨において里による編成が進められていたことが看取される。『常陸国風土記』と同様に『播磨国風土記』においても孝徳天皇朝における建評を言い、評の下に里が編成されていたことを示しており、評―里という組織がこの頃出現していたことを確かめることができるのである。

山尾幸久説

　尤もかかる理解に対しては批判的見解もあり、山尾幸久氏は『常陸国風土記』の建郡記事は信憑性を欠き歴史的事実とは言い難く、『日本書紀』にみえる大化改新詔第二条の郡司を置くという文言を基礎に形成された歴史像に過ぎず、郡の分割・再編の年とされる己酉や癸丑は、冠位十九階の制定年に対応する年次ないしそれに継続する意味を出ない、と述べている[39]。『常陸国風土記』の建郡記事はいずれも古老の伝承という体裁をとっている。地元の言い伝えということであり、山尾氏もこの事実を認めている。私は地元の伝承に基づくとすれば、改新詔の郡司設置記事に基づき作りだされた歴史像とする理解は成立し難く、矢張り事実を伝えているとみるべきではないかと考える。風土記の編纂は和銅六年（七一三）の官命を受けて進められ、『常陸国風土記』は養老五年（七二一）の頃国守藤原宇合が責任者となって上呈されたと考えられている。大化の頃となると七十年前後昔のこととなるが、郡の分割・編成となれば地元にとり大事件であるから、正確な記憶が伝わっていたとみてよいのではないか。『常陸国風土記』のみならず『播磨国風土記』にも建郡記事があるのだから、大化の建郡を否定する必要は皆無であろう。

山尾氏は常陸国で建郡のことに当たっている総領の派遣を天武天皇朝末葉のことと考えているが、地元の伝承において、孝徳天皇朝と天武天皇朝をとり違えるような事態は考え難いように思う。立郡申請者の位階をみると、小山上や大乙上・大乙下・小乙下は大化五年（六四九）、天智三年（六六四）の位階制の双方にみられるが、那珂国造壬生直夫子の大建は大化五年制にみえず、天智三年制に始まっている。これを根拠に立郡申請は大化、白雉の頃のことでなく、天智三年以降のこととされることがある。尤もとも言える所見であるが、申請者らの位階は申請時のものでなく、生前賜った最高位たる極位とみれば、申請が大化、白雉の頃なされたとして不都合はない。立郡の功労者の位階が、後代の人に極位でもって記憶されるのは、自然なことではなかろうか。年代記である八世紀以降の国史で、官人の動向を収録するに当たり当時の位階をもって記事化しているのと、風土記の回想の文章とでは性格が異なるのである。

著名な天平二十年他田日奉部直神護解では、祖父小乙下忍について「難波朝廷少領司尓仕奉支」と記している。勿論ここの少領司は大宝令の郡司少領であり、孝徳天皇朝の助督を言い換えていると解される。この解は孝徳天皇朝の頃郡・評が置かれていたことを示し、『常陸国風土記』や『播磨国風土記』の建郡記事の流れの中に位置づけ得るのであるが、山尾氏は忍が孝徳天皇朝の頃助督になっていたことを否定し、他田日奉部直家の家譜を記した文書に忍が孝徳天皇朝の頃助督であった、という記載があり、神護はそれに依拠して忍について記述しているのであって、家譜自体は孝徳天皇朝に大改革があったとの観念に基づくものであり、事実とは言えないのだとされる。まず孝徳天皇朝に大改革があったという観念があり、それにより忍を孝徳天皇朝の助督とする歴史像が創出されたということであるが、私見によれば、氏が後代に至り創出されたとする歴史像を孝徳天皇朝において何ら不都合はないと考える。氏の論理に従えば、孝徳天皇朝に立郡・評の如き改革がなかったことになるが、氏はそれを証明していない。山尾氏の主張は言ってみれば論証を欠いた想像といったものであり、支持するに足らず、孝徳天皇朝の頃立郡・評が進められており、その下部構造として里が編成され機能していたのである。改新詔第三条副文の大宝令為里条相当文の背景には、郡、評―里体制の進展をみてよく、戸籍、計帳、班田収授の法の定立はかかる体制の進展と見合って進められたのである。山尾氏は『日本書紀』等より知られる孝徳天皇朝の改革とされるものは、天智・天武天皇朝以降に置くのが相応しいとされるのであるが、既述した白猪屯倉における田部の丁籍、名籍の作成やそれが郡規模で推進されていたらしいことを顧慮すれば、前代からの流れとして孝徳天皇朝に置いて不自然なところはないのである。『常陸国風土記』香島郡条の神戸に関する記載、

神戸六十五烟本八戸、難波天皇之世、加二奉五十戸一、飛鳥浄見原大朝加二奉九戸一、合六十七戸、庚寅年、編戸減二二戸一、令レ定二六十五戸一。

についても、格別疑う必要はなく、孝徳天皇朝の頃戸の編成がなされており、五十戸というまとまった戸数の奉加は、五十戸一里制の存在を推定し得るとみるのである。

田積に関係する副文

改新詔第三条の田積に関わる副文は養老田令文と全く同じであり、復元される大宝田令文とも同じであるから、『日本書紀』編者は大宝令を傍におき転載したとみてよいだろう。ところで『令集解』田令田長条古記には、

古記云、慶雲三年九月十日格云、准レ令、田租一段、租稲二束二把、以二方五尺一為レ歩、歩之内得二米一升一。一町租稲廿二束。令前租法、熟田百代、租稲三束、以二方六尺一為レ歩、歩之内得二米一升一。一町租稲一十五束。右件二種租法、束数雖二多少一、輸実猶不レ異。而令前方六尺升漸差二地実一、遂二其差升一亦差二束実一。是以取二令前束一、擬二令内把一、令条段租、其実猶益。今斗升既平。望請、輸租之式、折衷聴レ勅者、朕念、百姓有レ食、万条即成、民之豊饒、猶同二充倉一。宜二段租一束五把、町租一十

五束。主者施行。

とあり、令規租法とは別に令前租法なるものの存在したことが知られる。ここの令は大宝令を指すから、令前租法とは浄御原令時代を含むそれ以前ということになる。慶雲三年（七〇六）九月十日格に言う五尺、六尺の尺は高麗尺による尺度で、大宝・養老令では高麗尺五尺四方を一歩とし、この地積からの収穫米を一升とし、令前租法では高麗尺六尺四方を一歩とし、この地積からの収穫米を一升としていた。升という単位名は同じであるが令制と令前では相異し、後者を大升、前者を減大升と称し、両者の比率は三六対二五になる。令制では田長条により一段は三六〇歩になるので、一段は右五尺四方一歩が三六〇あることになるが、令前の六尺四方の地積を一歩とすると一段は二五〇歩になり、右引文の令前百代は二段で、五歩が一代に当たることになる。令前租法は一段につき一・五束、令制では二・二束になるが、束という単位名称は同じであっても、束に連動している升が令前大升、令制減大升の間で三六対二五という差があるので、結局「右件二種租法、束数多少ト雖モ、輸実猶、異ナラズ」となるのである。慶雲三年格によれば、令前六尺四方の収穫米を一升とする大升が令制導入により廃止されたにも拘わらず実際には流通しており、束把の数え方も大升に準拠した方式となっていて、令制を駆逐するような状況になっていたらしい。具体的には、令制では一段の租は減大升に連動した束把単位の二・二束であるにも拘わらず、実際には令前大升に連動した束把単位による二・二束を収納することが行われ、「ソノ実猶益シタリ」となっていたのである。升制の変動する中で収税に当たる者が収納量の加増を図っていたことになるが、慶雲三年格では農民が不利になるのを是正するため、旧制の大升に連動した束把による一・五束に戻していることになる。高麗尺六尺四方を一歩とする方式の定着していたことが窺知され、この方式は浄御原令時代のみならず、それ以前からのあり方だったらしい。

代制

高麗尺五尺四方を一歩とし田長条により長さ三十歩、広さ十二歩、三六〇歩を一段とすると、この田積は六尺一歩とすると二五〇歩になり、長さ二十五歩、広さ十歩になる。大化の頃は大宝令以前であり、慶雲三年九月十日格に言う令前の時代であるから、副文に言う「凡ソ田ハ長サ三十歩、広サ十二歩ヲ段トセヨ」という方式が行われていたとは考え難い。一段は長さ二十五歩、広さ十歩とあった方が似つかわしいのである。尤も慶雲三年格に「令前租法、熟田百代ノ租稲三束、一町ノ租稲一十五束」とあり、格の言う令前租法の田積の単位に田長条にみえる段がみえず、代町であり、令前にあっては段は使用されず代が使われていたらしい。虎尾俊哉氏が調査した大化から大宝に至るまでの間の文献にみえる地積の記載をみると、浄御原令施行以前にあっては専ら代（頃）により、それ以降になると町が使用されるようになっていることが判る。[40] 即ち代制から代町制への変化を見得るのであるが、段は使われていないのである。これより改新詔第三条の副文の田積規定は、大化当時のものではないことになる。『日本書紀』編者が大宝令文から転載した文章ということにならざるを得ないが、翻って思うに、唐で武徳八年（六二五）に施行された武徳令の田令逸文に、

諸田広一歩、長二百卌歩為レ畝、百畝為レ頃。

とあり、改新詔起案者はこの令文を読んでいたことはまず誤りないところであり、班田収授の法を立てれば田積規定も必要だろうから、副文で何らかの田積規定や租について定めていたことが考えられる。但し起草者らが作文した田長条相当の副文は田積が代で示されるなど後代の『日本書紀』編者からみてかなり異様な文章なので、それを採録せず、大宝令文からの転載を行ったのではないだろうか。原詔文に田長条相当の副文がなく、あって然るべきと考えた『日本書紀』編者が令文からの転載を行ったとみることも可能であるが、それなりの副文があったものの、代という

編纂当時は使用されていない地積単位が使われているので、原文によらず、令文の転載を行ったとみる方が、解しやすいように思う。

猶、先に検討した白雉三年（六五二）正月紀の班田終了を示す記事には「凡田、長卅歩為レ段、十段為レ町。段租稲一束半、町租稲十五束」という注文が付されていた。長さを三十歩とし段という単位を使用しているのは大宝令文に依拠した綴文とみざるを得ないが、租稲の段別一・五束は令制と異なり、浄御原令以前ということになる。弥永貞三氏は原拠史料に「凡田二十五歩為段頭」とあったのを潤色者が意味をとり違え、右引『日本書紀』にみる文章を作ったと推測している[41]が、原拠史料に段があったとは考えられず、氏の推測は当たらないようである。令前の田積法によれば一代が五歩になるから、唐田令田長条風の規定をすれば、「凡田、広一歩、長五歩為レ代」となる。原拠史料にかかる注記があったのを、『日本書紀』編者が右引注文のような文章に潤色したのかもしれない。租稲規定も、内容としては段租一・五束、町租十五束でよいのであるが、段は当時使われておらず、「百代三束」とでもあるのが相応しい。ここも原拠史料に潤色が施されているのであろう。

以上改新詔第三条について検討してきたが、戸籍・計帳・班田収授という律令支配の根幹に関わる制度が立案され、実施に移されていたとみてよいと考える。勿論後の大宝・養老令制と比べれば相異するところが少なくなく、またどこまで徹底して実施されたかについては不確かなところがあるが、詔文を現実味のない理想や将来への期待を述べたものとする評価では済まないものがあるのである。班田をとってみれば、『続日本紀』天平二年三月条に、

大宰府言、大隅・薩摩両国百姓、建国以来、未二曽班田一、其所レ有田、悉是墾田。相承為レ佃、不レ願二改動一。若従二班授一、恐多二喧訴一。於レ是随レ旧不レ動、各令二自佃一焉。

とあり、天平に至っても大隅・薩摩方面では班田が未実施であった。大化の頃戸籍・計帳・班田の実施が定められて

も、不徹底であったことは推察に難くない。

第六節　大化改新詔㈣

改新詔第四条

本節では大化改新詔第四条をとりあげる。第四条を示すと、次の通りである。

其四曰、罷㆓旧賦役㆒、而行㆓田之調㆒。凡絹絁糸綿、並随㆓郷土所㆑出。田一町絹一丈、四町成㆑匹。長四丈、広二尺半。絁二丈、二町成㆑匹。長広同㆑絹。布四丈、長広同㆓絹絁㆒。一町成㆑端。（糸綿絇屯、諸処不㆑見。）別収㆓戸別之調㆒。一戸貲布一丈二尺。凡調副物塩贄、亦随㆓郷土所㆑出。凡官馬者、中馬毎㆓一百戸㆒輸㆓一匹㆒。若細馬毎㆓二百戸㆒輸㆓一匹㆒。其買㆑馬直者、一戸布一丈二尺。凡兵者、人身輸㆓刀甲弓矢幡鼓㆒。凡仕丁者、改㆘旧毎㆓卅戸㆒一人㆖、（以㆓一人㆒充㆑廝也。）而毎㆓五十戸㆒一人、（以㆓一人㆒充㆑廝。）以充㆓諸司㆒。以㆓五十戸㆒、充㆓仕丁一人之粮㆒。一戸庸布一丈二尺、庸米五斗。凡采女者、貢㆓郡少領以上姉妹及子女形容端正者㆒。（従丁一人、従女二人。）以㆓一百戸㆒、充㆓采女一人粮㆒。庸布、庸米、皆准㆓仕丁㆒。

この条では、形の上で「罷㆓旧賦役㆒、而行㆓田之調㆒」が主文に当たり、続く凡で始まる六条の文章が副文に当たる様相を呈しているが、前者の主文に当たる文章が係るのは最初の調条と次の副物条のみで、三番め以下の官馬条や兵条・仕丁条、采女条は一応無関係であり、井上光貞氏は改新詔第四条には元来全体に関わる主文を欠いたまま、調・官馬・兵・仕丁・采女に関わる条文が列記されていたとみている。(42) 尤も遠山美都男氏は主文と無関係なようにみえる副文も、旧賦役に代わる新税制の一環ということで、主文に関わっていると考えている。(43) 私見では、主文に要約不足、舌足らずなところがあるとみれば、遠山説を妥当としてよいように思われる。改新詔第一～三条が主文と副文という構成をとっているのであるから、第四条も同様であったとする方が解しやすいだろう。

主文では従前の賦役をやめて、新しい税制の第一として田の調を行うと宣布していることになるが、賦役とは『令義解』に「賦者斂也。調・庸及義倉、諸国貢献物等、為レ賦也。役者使也。歳役・雑徭等、為レ役也」とあり、関晃氏が述べる[44]如く、賦はミツキに当たり生産物および手工業製品の収取の意、役はエタチで労働力の徴発の意であり、改新詔第三条で規定していたとみてよい田租に非ざる課税物や力役が賦役ということになろう。

止めることになった旧賦役の代わりに行うことになった調は田率課税であるから、従前の課税方式は田率によらず課されていたことになる。田率に非ざる方式となると、戸別ないし人別の賦課が考えられるが、『日本書紀』大化二年八月癸酉条に、

凡調賦者、可レ収二男身之調一。

とあり、この時に至り始めて丁男に課すという人別賦課方式を採用しているらしいので、改新詔のいう旧方式による調賦課は人別賦課方式ではないようであり、戸別賦課方式だったらしい。中国での調賦課の変遷をみると、南朝までは戸別の調徴収が行われ、唐では武徳令の賦役令課戸条が、

諸課戸、毎レ丁歳入二租粟二石一。調則随二郷土所一レ産。綾・絹・絁各二丈、布加二五分之一一。輸二綾・絹・絁一者、兼調綿三両。輸レ布者、麻三斤。

と復元されており、最初の律令法典である武徳八年（六二五）施行の武徳令の段階で、男丁に課す方式を採っていた。井上光貞氏は南朝の戸別の調収取方式が百済を介し大化前代の日本に伝わっていたのではないか、と推測しているが[45]、その可能性は頗る大であったとみてよいだろう。この推測に立てば、大化前代の段階において戸単位による人民把握が行われていたことになるが、既述した白猪屯倉における耕作民の丁籍、名籍の作成を考えれば、戸単位の

把握が実現されていたとして不思議でない。

田の調

中国では戸別の調徴収から課丁別の徴収方式への変遷が考えられるようであるが、改新詔に言う田率賦課方式は確認されず、改新詔に言う田の調は珍しい方式らしい。詔文では田率方式へ転換する理由を述べていないが、私は改新詔第三条で宣布している班田収授と連動しているとみることができるように思う。班田となれば農民に対し田を均給することが考えられるが、それぞれの戸に均給を旨として田が与えられれば、田率で調を課すことは合理的という側面があるように思われる。井上光貞氏の指摘によれば、田調について絹・絁・布の単位量は皆同一で、長さ四丈、広二尺半は四〇尺×二・五尺＝百平方尺という単純な数値となり、絹なら一町につき右単位量の四分の一、絁なら二分の一、布なら一の割合になるとされ、一町につきという詔文の表記は、元来は代を単位として記されていた可能性があるという。確かに一町につき一百平方尺の単位量は五百代につき一百平方尺の意で、五代、二十五歩の方格の土地につき一平方尺という割り切れる数になっている。代が令前の伝統的田積法であったことは既述したが、新しく施行することになった班田制にあわせて、代制の田積法に基づき定められたのが田の調と推論し得るように思われる。武徳令を読んでいたとみてよい改新詔起草者のことであるから、人別、丁男への課税方式採用が相応しいように推考されるが、均給を旨とする班田に合わせるとなると、田率方式が適切という判断をしたのであろう。井上光貞氏は田率方式が中国に先例がなく、かつ数値が単純なことから、結論としては大化の為政者の考えだしたものとしつつ、『日本書紀』編者の述作の可能性を疑っている。井上氏の疑いは尤もであるが、私は留学僧・生あがりの起案者が考案したもので、中国で見聞した方式に囚われない、改革者に相応しい斬新性をみるべきだと考える。そもそも『日本書紀』の編者となれば大宝令制下の人たちであり、田の調なるものを案出する状況下ではなかったであろう。

改新詔で行うことになった田の調に関わる副文に相応する養老令文は賦役令調絹絁条で、

凡調絹・絁・糸・綿・布。並随二郷土所レ出。正丁一人絹・絁八尺五寸。六丁成レ匹。長五丈一尺、広二尺二寸。美濃絁六尺五寸。八丁成レ匹。長五丈二尺。広同二絹・絁一。糸八両、綿一斤、布二丈六尺、並二丁成二絇・屯・端一。（中略）若輸二雑物一者、鉄十斤。（中略）其調副物。正丁一人、紫三両。（中略）京及畿内、皆正丁一人調布一丈三尺、次丁二人、中男四人、各同二一正丁一。

となっている。大宝令文も右養老令文とほぼ同文であったとみてよいだろう。一見して詔文副文と令文とが近似していることが知られ、絹・絁・布について令文の文体を副文が模していると推測される。井上光貞氏は、令文では品目ごとにそれぞれが異なっているので単位丈量とその単位名を記しているが、副文では単位丈量に違いがないにも拘わらず単位名を記している点に注目して、もともと単純な内容の詔文を令文に則して形を整えようとしたことに由るとみ、ここに原詔文の存在と令文による修飾を考えている。詔文副文の「糸綿絇屯、諸処不レ見」についても、原詔文に糸・綿を調品目として挙げながら数量が示されておらず、令文により整えようとしたため生じた不手際だと論じている。絹・絁・布については原詔文で田一町についての負担分を述べていたものの、糸・綿については品目のみしか挙げていなかったということであるが、『日本書紀』収載の改新詔第四条が『日本書紀』編者の作りだしたものでなく、原詔文が存在し、それが令文により修飾されたものであることをよく示していると解されるのである。

戸別の調

別途に戸別調を収取するという詔文副文の規定は、田の調を行うとする主文と明らかに矛盾しており、仮に後代の人が構想したとするならば、かかる矛盾は避けたことが考えられ、これも原詔文の一端を伝えているとみてよい。猶、この戸別調については慶雲三年（七〇六）二月庚寅紀に「准レ令、京及畿内人身輸レ調、於二諸国一減レ半。宜下罷二人身之布一、輸中戸別之調上」とあり、京・畿内に限り、人身調を旨とする令制を改めて戸別調に改めている。これより大化の戸別調も、畿内を対象とする田調制下の特例と見做す所見があるが、「別収二戸別之調一」の別に畿内を対象とするとの含意を読みとるのは少なからず解し難く、田調とは別に戸毎に一丈二尺の貲布を徴収するということではなかろうか。令制で京・畿内の正丁の調布は一人につき一丈三尺である。右説により畿内の戸別の調が一丈二尺となると令規正丁一人分の負担より軽くなり、不可解となるように思われる。矢張りここは田調とは別に一般の戸に課される負担とみるべきであろう。神亀三年山背国愛宕郡雲上里・雲下里計帳に丁男別の調銭賦課が記載されているので、慶雲三年に定められた畿内戸別調は神亀の頃には廃止されていたようであるが、大化前代に行われていた戸別調は社会に馴染むところがあり、改新詔第四条で田調に切替えても部分的に残存し、八世紀に入っても一時的かつ京・畿内限定とはいえ復活することがあったのである。

調副物

調副物について令文では調絹絁条の一部として規定され、凡で文章を起こすことをしていないが、副文では凡で始まり独立した条文の如き体裁をとり、かつ品目として塩・贄の二種のみ掲示している。令規では染料である紫から始めて、油脂・食物・手工業品等多品目に渉っている。先引した改新詔起案者らが学んでいたとみてよい賦役令調絹絁条相当の唐武徳令課戸条では、綾・絹・絁・布を調品目とし附加税として綿・麻を挙げ、調絹絁条にみえる食物等を含む雑多な品目を掲げていない。改新詔の原詔では、唐課戸条に倣うかたちで調品目として絹・絁・布・糸・綿をあげ町（代）ごとの負担量や丈量単位を示して完結し、次いで調副物について規定していたので、『日本書紀』編者は大宝令調絹絁条の構成を知りつつも調副物に関わる規定を凡で始まる体裁で整えたのではなかろうか。唐令文を念頭にすれば、原詔の起草者が田調の絹・絁・布・糸・綿に関する規定と副物規定とを別個のものとして綴文したことは十分に考えられることであり、それが『日本書紀』にみる詔文に継承されているのであろう。原詔文において唐令文にない塩贄規定は、繊維製品を挙げる規定とは別立てであったとみるのである。私は副物規定が凡で始まっていることから、田調に関わる詔文本来の副文は、絹・絁・布などと副物を一連のものとしている大宝令調絹絁条とはかなり異なる構成であったと推測し、それを大化当時のものとみてよいと考える。

官馬

官馬を貢納する規定に関し、坂本太郎氏が『魏書』巻三太宗紀、永興五年（四一三）正月条に、

　諸州六十戸出㆓戎馬一匹㆒。

泰常六年（四二一）二月条に、

　調民二十戸、輸㆓戎馬一匹、大牛一頭㆒。

とあるのを指摘しており、[46] 中国に類例をみるが、唐代に官馬貢納規定はなく、日本の律令法規にも見出されない。井上光貞氏は唐以前の中国の制度が日本へ入ってきていたとみているが、[47] これも随・唐で学んだ留学僧・生らが将来した知識によるのかもしれない。『隋書』巻二四食貨志によれば、煬帝が官人に馬驢を課したという記事があるので、このような記事についての留学僧・生らの知識を基にして官馬貢納規定の起案を行った、と考えることができそうである。井上氏は百戸に中馬一匹、二百戸に細馬一匹とある規定は、馬匹徴集の基準であって五十戸一里制とは無関係

としているが、五十戸一里は詔文起草者の考案に係るものであり、この編成には課税に当たっての基準という要素も顧慮されていたであろうから、馬匹徴集の基準では済まないものがあったように思う。矢張り、五十戸一里を念頭に、副文起草者は馬匹貢納単位を構想していたのではなかろうか。詔文副文の官馬貢納がその後どのように実施されたか不詳であるが、大宝令制以降において行われた形跡はなく、大化年間に行われたにしても間もなく廃絶したらしい。このような規定が後代の人による造作によるとは考え難く、凡で起文するような潤色はあるにしても、大化当時の原詔文を想定して不都合はないだろう。

兵器

兵器の輸納を定める副文は、律令兵士制に規定されている武器自弁に近似するが、井上光貞氏が輸という文字に注目して、自弁規定でなく兵器の納入に関わるとした所見が妥当である。(48)『日本書紀』大化元年九月丙寅条に使者を諸国に派遣して兵器を集治させることにしたとの記事があるが、改新政府は武力に訴えたクーデターを介して成立しただけに軍事に関心があり、武器の管理に意を尽くすとともに、武器を集積して軍備を整えることに努めていたらしい。副文にいう「人身」が具体的にどういうことを意味しているのか定かでないが、対蝦夷のフロンティアである東国のような限られた地域の人たちに課すことを意図していたのかもしれない。兵士による兵器自弁に非ざるその輸納は大宝令制と異なっており、その点で官馬の貢納に通じるところがあり、『日本書紀』大化改新詔の兵器輸納規定に潤色があるにしても、令制とは異なる独特の内容をもった原詔文があったとみられるのである。

仕丁

仕丁の徴発を定めている詔文副文に関連する養老令文に賦役令仕丁条があり、次の通りである。

凡仕丁者、毎二五十戸一二人。以二一人一充二廝丁一。三年一替。若本司籍二其才用一、仍自不レ願レ替者聴。（下略）

大宝令文も同文であったと考えられ、五十戸から二人を徴発し、うち一人を炊事に当たる廝丁とすると規定している。詔文副文の方では従前の三十戸から一人を徴発していたあり方を改め、五十戸から一人を徴発し、諸司に充用するとしている。仕丁を一人しか徴発しないのに一人を廝丁に充てるとなると不可解なことになるが、ここは仕丁としては五十戸から一人を徴発し、それとは別に廝丁を徴発するということなのであろう。副文の「毎二五十戸一一人以二一人一充二廝丁一」は右引養老令文に近似した文章となっているが、副文では従前の三十戸一人を五十戸一人に改めていることから独特の内容を盛っているとされ、この副文内容は原詔にあったとされている。私見でもかかる所見を是認してよく、原詔文において仕丁と廝丁とを全く別なものとしそれぞれ三十戸ないし五十戸に一人差発するとしていたのを、廝丁は仕丁に含まれるとする大宝令文に倣い文章を整えることをしたため、不可解な行文になってしまったのであろう。仕丁と廝丁を区別する原詔文と区別しない令文との違いに顧慮することなく、原詔文を令文に合わせて修飾したことによる不手際だが、原詔文があったのでこのようなことになったのである。

詔宣布以前に三十戸から一人の仕丁と廝丁とを徴発していたということは、当時戸による人民の把握が行われていたことを示し、改新詔第三条で五十戸一里制を打ち出したことと連動して、五十戸＝一里から仕丁・廝丁各一人を徴発するようにしたのであろう。弥永貞三氏は大化の五十戸一里が行われる前に三十戸一里が行われていたと考えているようである[49]。詔文の副文仕丁規定の後半は、仕丁一人の粮として五十戸から戸ごとに庸布一丈二尺、庸米五斗を出すことにしている。大宝令制の庸は賦役令歳役条で定められているところの、正丁の歳役十日の実役の替りの代納品であり、布二丈六尺と定められ民部省に収められ、賦役令計帳条により衛士・仕丁・采女・女丁等の食料に充てることになっている。仕丁の粮米を、詔文では五十戸が負担し、大宝令制では民部省より支給することに注目して、井上光貞氏は前者を部落給養、後者を官庁財政的と称している。[50] 副文の方も戸ごとに出す庸布・庸米を朝廷で収納、管理していたとすれば、副文と令制の間に部落給養ないし官庁財政的という相異はなくなり、共に官庁財政的となるが、庸の納入者が副文では戸、令文では正丁という大きな違いがあり、副文の背後に令制と異なるオリジナルな内容の原詔文があったとみられるのである。猶、副文で仕丁一人の粮を規定しても、廝丁の粮について述べていない。廝丁も仕丁と共に郷里を離れ仕丁と一緒に生活をするのであるから、給養が必要になる。令では賦役令計帳条により廝丁は仕丁として庸を財源とする食料支給に与かる定めであるが、詔文の文言に即する限り廝丁への給粮を欠く。原詔には廝丁への給粮規定もあったのだろうが仕丁に関する規定ということで、廝丁への給粮を省いてしまったのだろうか。

仕丁の制度は中国には例をみないようであり、天武天皇紀四年（六七五）正月条に新羅仕丁なるものがみえるので、朝鮮半島における先蹤を継承している可能性があるらしい。しかしその具体像は明らかでなく、大化元年（六四五）八月庚子紀に、

寺家仕丁之子者、如㆓良人法㆒。若別入㆓奴婢㆒者、如㆓奴婢法㆒。

とあり、奴婢に準ずるような世襲的に労役に従事する身分というような意味合の語法があったらしい。これは三十戸から一人が徴発されるような労務者とは解し難いように思われる。寺家仕丁は、寺に専属して労役に従う人たちであり、これと異なり三十戸から一人徴発されていた仕丁は既述した郡規模に渉る大規模な屯倉の如き朝廷直轄領の民や国造支配下の農民に課されていた力役だったのであろう。大化二年三月の皇太子奏にみえる中大兄皇子の使役する仕丁には入部と封民の二種あったことが知られるが、前者は専属の仕丁で寺家仕丁に類し、封民からの仕丁は五十戸か

ら一人の割合で徴発された役民のようである。

采女

改新詔第四条の副文の最後は采女に関する規定で、関連する養老令の後宮職員令氏女采女条は、次の通りである。

凡諸氏氏別貢レ女。（中略）其貢二采女一者、郡少領以上姉妹及女、形容端正者、皆申二中務省一奏聞。

大宝令文もほぼ同文であったとみてよいだろう。令文と詔文副文の間では郡少領以上の姉妹・娘の形容端正な者を貢上する点で相異しないが、従丁・従女規定や采女一人の粮として仕丁の場合に一戸が出す庸布・庸米の百戸分を充てる規定は令規にはなく、令制では采女の粮は仕丁の場合と同様に民部省に収納された歳役十日分の庸を充てる定めである。この粮米充当方式は仕丁の場合と同様に大化の独特の方式とみられ、詔文の采女規定にも原詔があり、『日本書紀』の編者が大宝令文により潤色しているとみてよいようである。因みに詔文に少領とあるが、大化二年正月当時においては評造を称されていたはずであるから、修飾されていることは確実なのである。

以上改新詔第四条について検討してきたが、舌足らずながら新しい賦役制度を行うとの主文を掲げ、次いで六条の凡で始まる副文により内容を示し、田の調、また戸別の負担を定めるなど、独特の規定からなっていることを述べ、原詔の宣布されていたことを考えてみた。田調は詔第三条で定めている班田制と連動し、戸別の負担は五十戸一里制と結びついているとみることができ、大化の賦役制の改革として相応しいと判断できるのである。尤も田の調は間もなく男身の調という人身課税に変わり、戸別の負担はその後例外的に行われた畿内調を別にして間もなく廃絶しており、永続する制度とはならなかったが、中国のあり方等を参照しつつ工夫されていたとみてよく、制度改革に情熱を抱いた帰朝留学僧・生らの知見が背景にあったと推察される。

第七節　風俗改廃の詔

薄葬令

大化二年三月甲申に風俗の改廃を布告する詔が出されている。最初に薄葬令と称される古墳造営の規制を行い、後半で十四条に渉り旧俗の矯正を指示している。前者を引用すると、次の如くである。

朕聞、西土之君戒㆓其民㆒曰、古之葬者、因㆑高為㆑墓。不㆑封不㆑樹。棺槨足㆓以朽㆒㆑骨、衣衿足㆓以朽㆒㆑宍而已。故吾営㆓此丘墟不㆑食之地㆒、欲㆑使㆓易㆑代之後不㆒㆑知㆓其所㆒。無㆑蔵㆓金銀銅鉄㆒。一以㆓瓦器㆒合㆓古塗車蒭霊之義㆒。棺漆㆓際会㆒三過。飯含無㆑以㆓珠玉㆒。無㆑施㆓珠襦玉柙㆒。諸愚俗所㆑為也。又曰、夫葬者蔵也。欲㆓人之不㆒㆑得㆑見也。廼者我民貧絶、専由㆑営㆑墓。爰陳㆓其制㆒、尊卑使㆑別。夫王以上之墓者、其内長九尺、濶五尺。其外域方九尋、高五尋。役一千人、七日使訖。其葬時帷帳等用㆓白布㆒。有㆓轜車㆒。上臣之墓者、其内長濶及高皆准㆓於上㆒。其外域方七尋、高三尋。役五百人、五日使訖。其葬時帷帳等用㆓白布㆒。担而行之。（注略）下臣之墓者、其内長濶及高、皆准㆓於上㆒。其外域方五尋、高二尋半。役二百五十人、三日使訖。其葬時帷帳等用㆓白布㆒、亦准㆓於上㆒。大仁小仁之墓者、其内長九尺、高濶各四尺。不㆑封使㆑平。役一百人、一日使訖。大礼以下小智以上之墓者、皆准㆓大仁㆒。役五十人、一日使訖。凡王以下小智以上之墓者、宜㆑用㆓小石㆒。其帷帳等、宜㆑用㆓白布㆒。庶民亡時、収㆓埋於地㆒。其帷帳等、可㆑用㆓麁布㆒。一日莫㆑停。凡王以下及至㆓庶民㆒、不㆑得㆓営殯㆒。凡自㆓畿内㆒及㆓諸国等㆒、宜定㆓一所㆒而使㆓収埋㆒、不㆑得㆔汚穢散㆓埋処々㆒。凡人死亡之時、若経㆑自殉、或絞㆑人殉、及強殉㆓亡人之馬㆒、或為㆓亡人㆒蔵㆓宝於墓㆒、或為㆓亡人㆒断㆑髪刺㆑股而誄。如㆑此旧俗一皆悉断。（注略）縦有㆓違㆑詔犯㆒㆑所㆑禁者、必罪㆓其族㆒。

これによれば、従前の古墳に比べ、石室や墳丘の規模はかなり小さくなっており、殯や殉死・宝物の副葬を禁止するなど薄葬を意図しているといってよい。最初に前文として中国皇帝の教諭を引用しているが、『魏志』武帝紀建安二十三年（二一八）六月条の詔「古之葬者、必居二瘠薄之地一、其規西門豹祠西原上、為二寿陵一、因レ高為レ基、不レ封不レ樹」および文帝紀黄初三年（二二二）十月条の詔「礼二国君一、（中略）夫葬也蔵也。欲二人之不一レ得レ見也。（中略）為二棺槨一足二以朽一レ骨、衣衾足二以朽一レ肉而已。故吾営二此丘墟不レ食之地一、欲三使二易レ代之後不一レ知二其処一。無レ施二葦炭一、無レ蔵二金銀銅鉄一、一以二瓦器一合二古塗車蒭霊之義一、棺漆二際会一三過、飯含無二以珠玉一、無レ施二珠襦玉匣一、諸愚俗所レ為也」からとったものである。斉藤忠氏は大化の国博士高向玄理・僧旻らが在唐中に中国における薄葬の制について知るところがあり、厚葬を諌めた虞世南の封事に魏の文帝の詔が引用されているのに触発されて前文が構想されている、と推測している[51]。尤もこの斉藤氏の推測に対し関晃氏は、虞世南の封事が対象としているのは臣下の墓でなく皇帝の山陵であることから、玄理らが大化当時薄葬の趣旨を説くに当たり文帝の詔を引くのはそぐわないと述べ、前文は『日本書紀』編者の作為とみた方が自然であると論じている[52]。確かに魏帝らは自らの葬儀について簡素にすべきことを言い、臣下の墓に言及していないが、薄葬思想という看点からすれば臣下の墓のあり方にも関わらせることが可能であり、関氏の批判を妥当とする必要はないように思われる。寧ろ皇帝が薄葬に向えば臣下もそうするのが当然と言うものであろうから、臣下への薄葬指示に皇帝の薄葬思想を前文として置いても不自然なところはない。関氏は右引薄葬令の内容が、三位以上および別祖・氏宗以外の造墓を禁じている大宝令制と異なり、そのような制限を欠いていることなどに注目して、大宝令制時代の『日本書紀』編者が机上で作り出せる態のものではないと論じ、大化当時のものとみてよいと述べている。この関説は支持し得ると言ってよく、国博士玄理や僧旻らとみてよい薄葬令起草者らは、在唐中に学んだ文帝の終制を念頭に綴文したことを考えてよいように思う。勿論『日本書紀』収載の詔文が本来のものであったとは思われず、右引文に「用白布」なる文言が重複して出てくるあたりは、原詔を書き直す際に犯してしまった不手際のようであり、『日本書紀』詔文が本来のものでないことを示していると解され、かなりな作為、潤色があったことが確実である。

薄葬令布告の理由

薄葬令が出された理由について通説的に、無駄な出費を省くという儒教的合理主義が考えられ、改新政府が天皇を中心とした秩序を整える目的で身分により墓制の統制を行い、殯を天皇にのみ認め王以下に禁止している、と解釈されてきているが、関晃氏は大化二年（六四六）三月という具体的な革新政策がつぎつぎに実施されはじめたばかりの時期に、現実の必要にあまり迫られない薄葬を旨とするだけの詔が出されるということは不自然だと主張し、墓制規制により政治的秩序の形成を窺えるにしても、この規定を手段として秩序化を図ろうとしたとみるのには無理がある、と述べている。氏は薄葬令の根本理由は出費の節約や政治秩序の形成でなく、造墓に差発される役夫の人数と日数を規定している点に注目して、豪族が私有民を公式に否定されて造墓のための私有民差発が不可能になっている状況を想定し、詔令の人夫動員は政府の手による差発と考えざるを得ないとし、従前の葬送方式と異なる全く新しい葬送方式に関わると論じている。関氏によればこの詔は、「小智以上の冠位を有する者が死んだ場合には、その葬送のために、政府が実際にどういう処置をするかという制度を新しく立てることが必須となったために出されたもので、（中略）制定の根本の理由は、公地公民制を基礎とする中央集権的支配への転換から必然的に生まれた『現実の必要』であった」という。有り体に言えば、大化改新の公地公民化により私有民差発が不可能になったので、政権の側が造墓から葬儀まで、必要な人夫の差発を含め面倒見するようになったということで、詔の本質は薄葬令というより公葬制を宣布していることになる。大化改新により私的な人夫動員が不可能になれば公葬が不可避になるという論理は成程と思わせるが、私は、この詔令の規制が小智以上という謂わば官人身分の者のみならず庶民までを対象にしていることから、公葬を旨としていたと解すのは少なからず困難ではないかと考える。そもそも公地公民制により従前の豪族は私有民差発ができなくなったにしても、代償として食封ないし後の位禄相当の布帛支給に与かることになっているのであるから、封民を動員するなり、食封からの収益や支給された布帛を財源に労務者を雇役することができたはずである。仮に従前の段階において部曲を動員していたとすれば、新制度下では従前の部曲相当民を、新しく支給されることになった食封の収益・布帛をもって雇傭するなどして賄えばよいのである。私はかく考えることから、詔は公地公民制の実施により不可避になった公葬制を定めているとする関氏の理解は失当である、と判断するのである。

関氏が公葬制を考えた背景には、喪葬令皇親及五位以上条「凡皇親及五位以上喪者、並臨時量二給送葬夫一」の規定があるらしい。この令文は大宝、養老令ともに同文であったと推測され、『令集解』古記を踏まえると、雑徭により百姓を送葬夫として動員する定めとなっていたが、臨時に決めるもので十分に制度化されていたとは言えず、右大臣藤原不比等が死去した時、養民・造器・造興福寺仏殿司が置かれ、養民司より人夫の動員が推知され[53]るものの、他に例をみないようである。唐令では職事官五品以上の葬儀では一定数の営墓夫を支給することを定めているが、日本令はこれと異なり、常に営墓のための人夫を支給するとはしていないのである。日本では伝統的に造墓・葬儀を公の責任で行う公葬制の浸透はあまりみられなかったのではないか。

造墓の負担

詔令は「廼者《このごろ》、我ガ民ノ貧絶シキコト、専墓ヲ営ルニ由レリ」と述べ、造墓が人々の貧絶の原因だとしている。関氏は豪族の墓を作るため庶民が差発され貧窮化しているると解釈しているが、ここも規制の対象に庶民が入っていることからすれば、差発される庶民の貧窮化が問題になっているというより、庶民から豪族までを含め造墓に費用を尽くすので貧窮化している意とすべきであろう。時代は降るが延暦十一年（七九二）七月二十七日官符「応レ禁三断両京僭二奢喪儀一事」では、

送終之礼、必従二省要一。如聞、豪富之室、市郭之人、猶競二奢靡一不レ遵二典法一、遂敢妄結二隊伍一仮設二幡鐘一。諸如此レ類不レ可二勝言一。貴賤既無二等差一、資財空為二損耗一。既窆之後酣酔而帰。非三唯欠二損風教一、実亦深蠹二公私一。

と指摘し、貴賤を問わず僭奢に趨る喪礼を戒め、規制することを令している。盛んな造墓、葬礼は貧者は勿論富豪にとっても負担だった。大化の頃庶民、豪族を含め、より大きな墓を作る競争が行われ、副葬品を派手にしたり殉死を伴ったり断髪・刺股のような風習があり、詔でそれを規制したのである。関氏の述べる如く、かかる規制は当時のつぎつぎに出されている革新策に比較してさし迫ったものでなく、大化二年三月という時点で宣布する必要はないと言えばないが、革新政治を推進する高向玄理や僧旻らにとり社会の秩序を乱すような造墓競争や殉死、断髪・刺股の如き陋習廃絶は緊要の課題だったのである。関氏は改革者からみて政治改革と社会習慣の矯正とが緊要度の点で相違すると考えているが、従い得ない思考方法である。大きな改革を意図する者にとり政治改革と社会改革とは一連のものとして把握されるものであろう。隋・唐の律令法制を導入しようとすれば、それを支えている儒教精神の導入が不可欠であり、これに反する愚俗・旧習の否定は正に緊要の課題となるのである。

旧俗矯正

大化二年（六四六）三月甲申詔では、葬礼規制に続き後半において旧俗を十二条に渉り具体的に挙示して矯正を指

示している。いまそれを示すと、次の通りである。

①復有二見言レ不レ見、不レ見言レ見、聞言レ不レ聞、不レ聞言レ聞。都無二正語正見一、巧詐者多。②復有二奴婢一、欺二主貧困一、自託二勢家一、求レ活。勢家仍強留買、不レ送二本主一者多。③復有二妻妾一、為レ夫被レ放之日、経レ年之後、適レ他恒理。而此前夫、三四年後、貪二求後夫財物一、為二己利一者甚衆。④復有二恃レ勢之男一、浪要二他女一、而未レ納際、女自適レ人、其浪要者、嗔求二両家財物一、為二己利一者甚衆。⑤復有二亡レ夫之婦一、若経二十年及二十年一、適レ人為レ婦、并未レ嫁之女、始適レ人時、於是、妬二斯夫婦一、使二祓除一多。⑥復有下為レ妻、被二嫌離一者上、特由レ慙二愧所悩一、強為二事瑕之婢一。事瑕、此云二居騰作柯一。⑦復有下屢嫌二己婦奸一レ他、好向二官司一請上レ決。仮使、得二明三証一、而倶顕陳、然後可レ諮。詎生二浪訴一。⑧復有二被レ役辺畔之民一、事了還レ郷之日、忽然得レ疾、臥二死路頭一。於是、路頭之家、乃謂之曰、何故使三人死二於余路一、因留二死者友伴一、強使二祓除一。由レ是、兄雖レ臥二死於路一、其弟不レ収者多。⑨復有二百姓一、溺二死於河一。逢者乃謂之曰、何故於我使レ遇二溺人一、因留二溺者友伴一、強使二祓除一。由レ是、兄雖レ溺二死於河一、其弟不レ救者衆。⑩復有二被レ役之民一、路頭炊飯。於是、路頭之家、乃謂之曰、何故任レ情炊二飯余路一、強使二祓除一。⑪復有二百姓一、就レ他借レ甑炊レ飯。其甑触レ物而覆。於是、甑主乃使二祓除一。如二此等一類、愚俗所レ染。今悉除断、勿レ使二復為一。⑫復有二百姓一、臨二向レ京日一、恐二所レ乗馬、疲痩不一レ行、以二布二尋・麻二束一、送二参河・尾張、両国之人一、雇令二養飼一。乃入二于京一。於還レ郷日、送二鍬一口一。而参河人等、不レ能二養飼一、翻令二痩死一。若是細馬、即生二貪愛一、工作二謾語一、言レ被二偸失一。若是牝馬、孕二於己家一、便使二祓除一、遂奪二其馬一。飛聞若レ是。故今立レ制。凡養レ馬二於路傍国一者、将二被レ雇人一、審告二村首一、首長也。方授二詶物一。其還レ郷日、不二須臾報一。如致二疲損一、不レ合レ得レ物。縦違二斯詔一、将科二重罪一。

①は虚言をするなということであり、解放された部民・部曲らが従前の主人の意向に沿い正言しないようなあり方の是正を指示しているのであろう。②は奴婢らが貧しい主人を捨て勢家に身を託し、勢家の方ではそれを本主へ返還し

ないようなケースを戒めている。大化改新のような大きな変革期にあっては、①②のような事態の出来することが間々あったのであろう。③〜⑦は男女絡みの紛糾であるが、井上光貞氏は一夫多妻と妻問い婚が当時一般の風習だったので夫婦関係が安定せず、その一方で新政府が訴訟機関を作りだしたので争いや訴訟がふえ、それに対処するための措置なのだろうと推測している。[54] 既に『隋書』「倭国伝」に倭国で訴訟を行い罪人を処罰していたことがみえているが、男女関係に関わり財物を貪求したり不当な祓除を求めるなどの行為は、儒教思想に基づく社会秩序の形成を構想しようとした改革路線の担当者にとり容認し難く、具体的な事例を挙げての戒飭となっているのである。前夫が自分の以前の妻を妻とした男に財物を求めたり、妻にしようと思っていた女を妻にした男に財物を要求し、また新婚の夫婦を妬んで祓除を求めるなどの行為は、当時広くみられていた風習だったのだろうが、先進的な儒教の教養を身につけた大化の改革者からみると、是正すべき陋習と映ったのである。このような行為は、改新以前にあっては容認されることがあったにしても、公地公民制の採用というような変動の中で社会の動きが顕著になり、容認では済まない状況が出現し、訴訟沙汰にもちこまれるようになった、と推測できそうである。

⑧〜⑫は役務を果すために朝廷へ向ったり調庸を背負ってのぼっていく役民に対し、路次の民が適切な対応をすることを求める内容である。行路途中の役民が路頭や河で死亡すると近隣の住民が伴侶に祓除を強要し、炊事をしていると自分の住居の近くで炊飯するのは不都合だと言って祓除を求め、炊飯のために借りた甑が壊れるとこれまた祓除を求め、乗ってきた馬が疲弊して使用できなくなって通過する地域の農民に預け、帰路返還を求めると、既に飼養を受けず痩死していたり、良馬だと匿奪されていたという。馬の件では、具体的に参河・尾張両地域の人が痩死させたり、良馬の匿奪をしていると指摘している。役務のために朝廷へ向いまた貢納物納入のため朝廷へ向う人は、大化以前からいたはずであるが、改新政治により格段に増加したことが考えられる。路辺の住人が通過する人に財物を強要

したり祓除を求めるのは、多分に当時の人々が小さな村落内で生活することを旨とし、外部との交流が限られていたあり方に関わり、謂わば未開的と称してよい状況を反映していると言ってよいだろう。新しい国家像にとり、かかる閉鎖的なあり方は不都合であり、交通を妨害する陋習として矯正が指示されているのである。更に朝廷へ向う役民が自由に交通できないとなると、改新詔で宣布した調庸制や仕丁制が円滑に機能しなくなる。大化の改革起草者にとり詔でいう陋習の廃絶は必須のものとして受けとめられたはずであり、大化二年三月の布告として相応しいと言えるのである。

猶、馬の痩死、匿奪のことで具体的に参河・尾張という地域名が挙げられていることについて遠山美都男氏は、東国へ遣わされた国司らの報告に基づくのではないかと推測している。(55) ⑫で馬に乗り進む行路の人が布二尋・麻二束を提供して乗馬を参河・尾張の人に預けるという件などは真に臨場感があり、仮に東国国司の報告に基づくのではないにしても、何らかの具体的な事案に基づく行文とみられる。①〜⑪についても同様に改新政府が実際に遭遇した問題状況なのであろう。陋習は大化の改革担当者にとり新しい国家像や社会秩序に合致しないものとして廃絶が必要と見做されたとともに、多分に改革の具体的な施策に不都合なものでもあった。

注

(1) 遠山美都男『古代王権と大化改新』第五章（雄山閣、一九九九年）。
(2) 門脇禎二『「大化改新」史論』上巻第三章（思文閣出版、一九九一年）。
(3) 前注（1）。
(4) 前注（1）。

（5）門脇禎二『「大化改新」史論』下巻第一章（思文閣出版、一九九一年）。
（6）井上光貞「大化改新と東国」（『井上光貞著作集』第一巻、岩波書店、一九八五年）。猶、東国国司の編成について井上光貞氏と門脇禎二氏（『「大化改新」史論』下巻第一章〈思文閣出版、一九九一年〉）との間に見解の相異があり、井上説で羽田臣・田口臣を長官とするのを門脇氏は誤りとし、小緑臣と丹波臣を長官としている。ここは門脇説を是とすべきであろう。
（7）門脇禎二前注（6）著書。
（8）前注（7）。
（9）『平安遺文』三三二九号。
（10）前注（7）。
（11）遠山美都男前注（1）著書第六章。
（12）前注（7）。
（13）遠山美都男前注（1）著書第七章。
（14）関晃「大化前代における皇室私有民―子代御名代考―」（『関晃著作集』第二巻、吉川弘文館、一九九六年）。
（15）山尾幸久『「大化改新」の史料批判』第五章（塙書房、二〇〇六年）。
（16）角林文雄「名代・子代・部曲・無姓の民」（『続日本紀研究』二〇九号、一九八〇年）。
（17）井上光貞「大化改新」（『井上光貞著作集』第三巻、岩波書店、一九八五年）。
（18）前注（14）。
（19）坂本太郎「大化改新の研究」（『坂本太郎著作集』第六巻、吉川弘文館、一九八八年）。
（20）本居宣長『古事記伝』巻二十二。
（21）飯田武郷『日本書紀通釈』。
（22）栗田寛『氏族考』巻上。

(23) 津田左右吉『日本上代史研究』(岩波書店、一九四七年)。
(24) 前注(14)。
(25) 薗田香融『日本古代財政史の研究』「皇祖大兄御名入部について—大化前代における皇室私有民の存在形態—」(塙書房、一九八一年)。
(26) 遠山美都男前注(1)著書第七章。
(27) 前注(17)。
(28)『続日本紀』大宝元年八月癸卯条。
(29) 井上光貞前注(6)著書「大化改新詔の研究」。
(30) 関晃「改新の詔の研究」(『関晃著作集』第一巻、吉川弘文館、一九九六年)。
(31) 長山泰孝「改新詔と畿内制の成立」(『続日本紀研究』二〇九・二一〇号、一九八〇年)。
(32) 前注(29)。
(33) 日本古典文学大系『風土記』(岩波書店、一九五八年)。
(34) 東野治之「四等官制成立以前における我国の職官制度」(『ヒストリア』五八号、一九七一年)。
(35) 前注(29)。
(36) 虎尾俊哉『班田収授法の研究』第三編第二章(吉川弘文館、一九六一年)。
(37) 前注(36)。
(38) 池田温『中国古代籍帳研究』収載天宝三年(七四四)燉煌郡燉煌県神沙郷弘遠里籍(東京大学出版会、一九七九年)。
(39) 山尾幸久『「大化改新」の史料批判』第六章(塙書房、二〇〇六年)。
(40) 虎尾俊哉前注(36)著書第一編第三章。
(41) 弥永貞三『日本古代社会経済史研究』「大化以前の土地所有」(岩波書店、一九八〇年)。
(42) 前注(29)。

(43) 遠山美都男前注（1）著書第七章。
(44) 関晃「改新詔の研究」（『関晃著作集』第一巻、吉川弘文館、一九九六年）。
(45) 前注（29）。
(46) 坂本太郎「大化改新の研究」第三編（『坂本太郎著作集』第六巻、吉川弘文館、一九八八年）。
(47) 前注（29）。
(48) 前注（29）。
(49) 弥永貞三前注（41）著書「仕丁の研究」。
(50) 前注（29）。
(51) 斉藤忠「高塚墳墓より見たる七世紀前後の社会」（『日本社会史の研究』吉川弘文館、一九五五年）。
(52) 関晃「大化のいわゆる薄葬令について」（『関晃著作集』第二巻、吉川弘文館、一九九六年）。
(53) 『続日本紀』養老四年十月丙申条。
(54) 井上光貞『飛鳥の朝廷』「大化の政治改革」（小学館、一九七四年）。
(55) 遠山美都男前注（1）著書第七章。

第四章　天智天皇朝の施策

第一節　甲子の宣

斉明天皇の重祚

白雉五年（六五四）に孝徳天皇が死去すると、皇極太上天皇が斉明天皇として重祚している。本来なら皇太子格であった中大兄皇子が即位してよいところだろうが、皇子としては大化以来の政治改革を先頭に立って推進しようとして、即位を避けたのであろう。日本古代の朝政執行に当たっては、推古天皇朝の聖徳太子（厩戸皇子）にみる如く、皇太子格の皇子が執政の任に就く慣行があったので、中大兄皇子は即位するより皇太子格であることを便宜としたのである。『日本書紀』の記事を追っていくと、七年間の斉明天皇朝において、同天皇四年（六五八）に有馬皇子の謀反事件が起きているが、同皇子は中大兄皇子の権力態勢に抗し得る存在でなく、あっけなく粛清されて終息し、四年から六年にかけて阿倍比羅夫らによる蝦夷・粛慎の討伐が行われ、末年に唐・新羅の圧迫を受け亡国となった後、遺民が再興を図る百済の救援が課題となっている。『日本書紀』の記事による限り大化に始まる改新政治が問題になっている様子を看取できないが、改新詔により打ち出された路線の実施が進められており、中大兄皇子がその先頭に立ち指導に当たっていたとみられるのである。斉明天皇朝の顕著な事実として、天皇が土木工事を好んだことが伝えられている。『日本書紀』には、多武峯に周垣を築き両槻宮を造営したことや吉野宮の築造が記載されているが、土木工事はかかる宮の造営だけでなく、全国規模での工事もあったのではないかと思われる。改新詔第二条で言っている駅馬・伝馬の制となれば、全国に駅路を始めとする官道の開削が必要であり、そのための工事の開始も考えられよう。『日本書紀』の記事としてはみえないものの、官道開削のようなことを含め、中大兄皇子の指導の下で改革路線の実現が着実に進められていたであろうと思う。

尤も斉明天皇朝の末年に始まる百済救援は当時の全国力を傾けた事業といった性格があり、このため内政面での改革は頓挫状態になったと思われる。斉明天皇七年（六六一）正月に天皇は中大兄皇子・大海人皇子らを従えて百済救援軍を率い難波を出帆して三月に博多に到着し、五月に朝倉宮を本営としている。

この征西は七月に天皇が朝倉宮で死去したことにより中止となり、中大兄皇子は大和へ帰還している。

天智称制

斉明天皇が死去すると、皇位に就き得るのは中大兄皇子以外にいない状況となるが、ここでも皇子は即位せず称制として朝政万機を執る選択をしている。斉明天皇死後、孝徳天皇皇后間人皇女が即位したとの説があるが、成立しないことは既述した。九州から帰還した後も百済救援は継続し、救援物資を送る一方で、天智称制元年（六六二）には阿倍比羅夫らに一七〇艘の船を率い人質として日本に滞在していた百済王子豊璋らを帰国させ、百済国王としている。豊璋は補佐役の鬼室福信と争い滅亡へと進むことになるが、中大兄皇子は天智称制二年三月に前将軍上毛野君稚子以下の将軍らに二万七千余人の軍勢を引率して渡海させ、結局八月に白村江で唐の水軍と戦って大敗し、九月に日本へ帰還している。この敗北は百済救援の失敗に終らず、欽明天皇朝に任那を失陥して以来その復興を目指してきた対朝鮮策が、完全に破綻したことを意味した。半島における朝廷の取っ掛りが無くなったということであるが、これを機に斉明天皇朝末年以来の軍事・外交の時代が終り、内政に目が向くようになっている。

甲子の宣

かかる状況下で出されたのが、天智称制三年（甲子、六六四）に布告された謂ゆる甲子の宣である。今、引用すると、次の通りである。

天皇命二大皇弟一、㋑宣下増二換冠位階名一、及氏上・民部・家部等事上。㋺其冠有二廿六階一。大織・小織・大縫・小縫・大紫・小紫・大錦上・大錦中・大錦下・小錦上・小錦中・小錦下・大山上・大山中・大山下・小山上・小山中・小山下・大乙上・大乙中・大乙下・小乙上・小乙中・小乙下・大建・小建、是為二廿六階一焉。改二前花一曰レ錦。従レ錦至レ乙加二十階一。又加二換前初位一階一、為二大建・小建、二階一。以レ此為レ異。余並依レ前。㋩其大氏之氏上賜二大刀一。小氏之氏上賜二小刀一。㋥其伴造等之氏上賜二干楯・弓矢一。㋭亦定二其民部・家部一。

天皇とはあってもここは称制の中大兄皇子であり、中大兄皇子が大海人皇子に命じて宣示させたことが知られる。右引文は五の段落に分け得るので、便宜のため㋑～㋭の記号を付した。甲子の宣については『続日本紀』大宝二年（七〇二）九月己丑条に、

　詔、甲子年定二氏上一時、不レ所レ載氏、今被レ賜レ姓者、自二伊美吉一以上、並悉令レ申。

とあり、甲子の宣に言及しているので、この宣が天智称制三年に布告されたことに疑問はない。㋑の部分は宣の総論に当たり、㋺～㋭はその具体的な内容であり、冠位の名称の改訂と階数の増加を行い、大氏・小氏の氏上に大刀・小

刀、伴造の氏上に干楯・弓矢を与え、民部・家部を定めることを指示している。官人および氏対策を定めていると言ってよく、㋑は「及」で結ばれた官人対策と氏対策の二項目からなっているとみることができる。官人対策・氏対策は改新詔以来の課題であるとともに、白村江での敗北を機に官人・氏秩序の統制、引き締めが求められたことによると考えられるようである。国力を傾けた末の敗北となると、どうしても秩序が乱れがちとなるものであり、それへの対応策という性格が認められるのである。階数の増加は下級冠位に著しいが、より多くの者を冠位体制に組み込みかつ差序を明確にしようとしていると解される。大氏・小氏は従前の臣・連に当たるが、大小という明確な序列化により、氏間の秩序をより整備することを図っているのであろう。かかる序列化は、白村江の敗北後の官人・氏対策であるとともに、敗北という国難を機に一挙に実施し得たという側面もあるようである。宣の具体的な内容の部分では㋺が長文で詳細に渉っているが、官人化してきている人たちにとり冠位に格別の関心があったことによる、とみることができそうである。

民部・家部

甲子の宣の㋺～㋭のうち従来研究者の多大な関心を惹起し検討されてきているのは、㋭の民部・家部である。これに関連して天武天皇紀四年（六七五）二月己丑条に、

詔曰、甲子年諸氏被ㇾ給部曲者、自ㇾ今以後、皆除之。

とあり、甲子に定めた部曲を廃止している。民部の訓は通常カキであり、天武天皇紀四年条の部曲もカキであるので、甲子の宣で定めた民部を天武天皇四年に廃止することにしたと解し得るようであるが、民部・家部を併称して部曲と称している可能性もあるようである。大山誠一氏は民部・家部と部曲の間で用語が不統一であるとみて、甲子の

宣と天武天皇四年詔にはそれぞれ原拠資料があり、史料として信拠し得るとしているが、[1]支持してよいであろう。但し民部・家部、また天武天皇四年詔の部曲に関し種々の異なった所見が提出されてきており、解釈が定まっていないのが実情なのである。

坂本太郎説と井上光貞説

以下、諸説を検討していくが、甲子の宣で定められた民部・家部について坂本太郎氏は、

曩に（改新詔ニヨリ）廃止せられた部曲を復活し、諸氏に賜はったものと解せられる。部曲の民を罷めて公民とすることは改新の重要項目であったのであるから、今之を復することは、政治的事情止むを得ざるに出で、又単に一部の復活であって、改新前の状態に復帰するものではないにしても、甚だ重大な修正事実といはねばならない。

と論じ、改新詔第一条の「臣・連・伴造・国造・村首ノ所有ル部曲ノ民・処々ノ田荘ヲ罷メヨ」への修正と見得ると述べている。[2]坂本氏は部曲に関し、改新詔で廃止、甲子の宣で復活、天武天皇四年詔で再度の廃止という展開を考えていることになる。この坂本説を発展させた井上光貞氏は、民部・家部と部曲の関係について民部＝部曲、民部・家部＝部曲の二様の解釈があり得るとした上で前者を妥当とし、甲子の宣で「定」と言い天武天皇四年詔で「給」という文字を使用している点に注意して、民部・家部らへの措置は給と定とを同時に含む如きものであったと考えざるを得ないとし、甲子の宣の「定₂其民部・家部₁」は改新詔による没収に対する反対処置で、再び返還されたことを意味するが、大化前代のあり方の全的復活ではないとし、

「定」の語には、所有権の上から見ると、「給」の語とは異なった意味が含まれている。思うに、大化改新によっ

て、国家権力はあらゆる所有に及んだ。従ってこれより以後の総ての所有権は公法下のそれである。しかし、大化前の国家権力は総ての所有には及んでいない。（中略）大化前の部民所有は公法以前の私的所有であり、天智天皇三年後、天武天皇四年に至る部民所有は公法下の所有であるとの帰結に導くのであって、ここに両者の間に全く別箇の所有権を想定せざるを得ないのである。して見るとこの時の部民への処置は「給」の語義が示すように、私的所有の復活ではあろう。しかしそれと同時に又、右は、公法による部民の公認とも認むべきであって、たとえば、諸氏の部民は、以前とは異なり、国家権力の監督下に立ったのであり、将来に向っては、その所有を保証せられると同時に、過去に遡って不当なる所有は容赦なく削られたであろう。

と論じている。(3) 井上氏は部民、部曲に大化以前の公法下以前の状態と以降の公法下のそれとを区別し、甲子の宣では公法下の部曲＝民部の所有を豪族らに認め、天武天皇四年に至りそれを廃止して再度収公したと考えていることになろう。収公→返還→収公という展開については坂本氏と同一見解であるが、甲子以降私的に所有されている部曲は大化前代と異なり、朝廷により公的に把握された存在ということになる。猶、井上氏は「過去に遡って不当なる所有」と述べている。大化改新詔により豪族の部曲はすべて朝廷の把握するところとなったが、漏れている部曲もおり、それを不当なる所有と表現していると解される。現実には国家の確認するに至っていない部曲もいたということである。坂本説を発展させた井上説は、ほぼ通説として受けとめられてきているようである。

井上光貞説批判

右に紹介した井上説は甚だ明解であり説得性に富んでいると言ってよいが、公法制下か否かは別として、甲子の宣が改新詔により一旦廃止した豪族の部曲を復活することを指示していたとなると、大変な復古策となり、それなりの政治的契機の介在があったことになろう。井上氏は白村江敗戦の影響をもって説明しようとし、部曲復活を豪族への妥協案と解し得るとしている如くであるが、敗戦後の政治的・社会的動揺に対処するとなれば秩序維持や統制強化に向うものであり、豪族の私経済の復活を図り、多少とも大化前代のあり方に戻しかねない部曲の返還は、右対処策に反するように思われる。冠位制の改訂により官人間の秩序をより詳細に定め、氏の大小により差序をつけるのは、官人統制の一環と見做し得るが、豪族に対する部曲の復活は、公法制下のものとはいえ、統制・引き締め策に相反するのではなかろうか。大化改新は豪族の官人化により国家秩序の安定化を図ることを目指していたと言えるが、それを踏まえると、白村江敗戦後の動揺に対処するため大化前代の要素を復活させるようなことは、考え難いことである。これでは動揺の増幅になりかねないのではないか。関晃氏は、大化改新は朝廷を構成する豪族全体が主体となって推進したもので、豪族層の中に部曲復活を求めるような反動的な動きは想定し難い、とする所見を述べている(4)が、至極穏当な理解であろう。

井上説は政治状況との関係で右にみるような難点を有しているが、それに終らず復活策が豪族の民部・家部のみで子代に及んでいないとすると、片手落ちということにならないだろうか。子代は既述した如く名代と同義で、皇親等に相続、伝領されていたとみてよい。部民として同性格であった貴豪族配下の部曲を復活し、子代を廃止のままにしておくようなことをすれば、かつての子代所有者の不満が昂まることは必至で、却って社会的動揺を惹起することになるのではなかろうか。更に改新詔第一条では子代、部曲廃止の補償措置として食封・布帛を賜うことにし、大化二年（六四六）三月の皇太子奏によれば中大兄皇子に食封が与えられていたことが確認され、補償措置が実施されていたことが知られる。私は甲子の宣が改新詔で廃止した部曲の復活を指示していたとするならば、廃止の補償措置である食封・賜物のことについて言及していたはずであろうと思うのである。私は当時の政治状況から廃止した部曲の復活は考え難く、子代を復活せずまた廃止に伴う補償措置のこと等を言っていないことから、甲子の宣を部曲の復活とみる井上説は成立しないと考える。

北村文治説

井上説は部曲と民部をともにカキ、貴豪族の私有民とみ立論されているが、北村文治氏は部曲と民部を区別し、前者が朝廷により確認されている部民であるのに対し、後者は朝廷未掌握の部民であると論じ、後者は改新詔布告により部曲の公民化が図られた後も豪族私有のまま存続し、それを朝廷が調査、掌握したのが甲子の宣の「定二其民部・家部一」なのだという[5]。北村氏の論理に従えば朝廷の掌握した部民が部曲なのであるから、甲子の宣で把握されることになった民部・家部が天武天皇四年（六七五）詔で部曲と称されているのは当然ということになり、天武天皇四年詔は甲子の宣により民部・家部から部曲とされていた部民の公民化を図っている、ということになる。井上説が部曲の廃止→復活→廃止という次第を想定したのに対し、北村説では豪族私有民の公民化に二段階があるとし、第一次を改新詔、第二次を天武天皇四年詔に当てたことになる。一旦公民化したものを再度部民化するという次第にどうしても無理が感じられるのに対し、北村説はこの難点を克服していることになろう。

北村文治説批判

北村説に関しては、民部・家部が朝廷未掌握の部民と言えるかどうかがポイントになるが、この点について関晃氏が批判しており、雄略天皇紀十七年（四七三）三月条、

詔二土師連等一、使レ進下応レ盛二朝夕御膳一清器上者。於是、土師連祖吾笥、仍進二摂津国来狭々村、山背国内村・俯見

村、伊勢国藤形村及丹波・但馬・因幡私民部㆒。名曰㆓贄土師部㆒。

および同天皇紀二十三年（四七九）八月条、

（大伴）大連等、民部広大、充㆓盈於国㆒。

の私民部ないし民部が完全に朝廷の掌握外であったとは考え難いと述べている(6)。後者について関氏は「（民部が）大連らの私有民全体を指しているからには、その中にその存在と所有が朝廷によってすでに確認されているものが含まれていることは明らかであろう」という。この関氏の批判は至極尤もで、民部を朝廷未掌握の私有民とする北村氏の概念設定が失敗していることを明白に示している。前者の土師連吾笥の私民部について関氏は「贄土師部という品部になる以前にどういう性質の私有民だったかを考える材料は何もない」と述べ、消極的に民部＝未掌握私有民説の根拠となり得ないとしているが、ここの私民部は吾笥の配下の土師部と考えてよいのではなかろうか。私には摂津・山背・伊勢・丹波・但馬・因幡等に分布する私民部が朝廷の掌握と全く没交渉な存在とは思われないのである。寧ろこれらの地域には後代の史料ながら土師部の居住が知られるのであり、吾笥はそれらの土師部から一部を割いて贄土師部としたとみるのである。私は諸豪族が朝廷未掌握の私有民を所有するという事実はあったと考えるが、未掌握ということは民部という公認の語を冠せられることもない、黒子的存在なのではなかったか。

関晃説

北村説を批判する関晃氏は、津田左右吉氏の民部・家部は「公民中、特に氏々に隷属して使役せられるやうに規定せられたものではあるまいか」という所見(7)に立脚して、甲子の宣の民部・家部は天武天皇四年詔の部曲に一致し、公民的性格を有する人たちで、令制の資人の制度が整う以前に、同様の性格のものとして定められたものと説いて

いる(8)。氏は天武天皇紀四年の部曲廃止とともに布告されている、

親王諸王及諸臣、并諸寺等所レ賜、山沢嶋浦、林野陂池、前後並除焉。

に注目し、部曲の廃止が右の山沢嶋浦等の収公と連動しているとみ、甲子の宣により後代の資人に当たるような人たちが民部・家部、部曲として豪族に配当され、山沢嶋浦等の用益に従事していたが、天武天皇四年詔による部曲停止に伴い山沢嶋浦等も収公されるようになったのだと論じている。関説は山沢嶋浦等の領有と結びつけて部曲の性格を吟味していて、それなりの説得性を有しているが、部曲なる存在は改新詔によれば明らかに豪族の私有民であり、公民的存在とするのは当たらないのではなかろうか。そもそも資人となれば末端とはいえ官人身分であり、考課の対象となる人たちである。因みに他田日奉部直神護が下総国海上郡大領に任命されることを求めて提出した解によれば、神護は養老二年（七一八）から神亀五年（七二八）まで十一年間兵部卿藤原麻呂の位分資人として仕えたとあり、郡領任用を求めるような人が就く職だったのである。かかる資人に類するような人たちが部曲、カキと呼ばれたとは考えにくく、関説も成立し難いと言わざるを得ないだろう。

山沢嶋浦等の収公は耕営されている田畠のそれでなく、その用益は雑令国内条の、

山川藪沢之利、公私共之。

に関わり、本来なら公私を問わず誰でもが用益してよいのであるが、天武天皇四年の決定は従前王臣らの排他的利用に委ねられていた状態を解除し、公私共利という本来のあり方に戻したということに他ならない。これにより王臣らの排他的、独占的用益は認められなくなったにしても、全く用益できなくなったということではないから、山沢嶋浦等の収公を直接的に必要労働力の減少と結びつけるのは当たらない。

石母田正説

石母田正氏は甲子の宣の民部は天武天皇四年詔の部曲に当たり、家部は後代の氏賤に他ならないとした上で、「民部・家部の賜与の制度史上の意義は、それが令制の食封（封戸）、とくに位封の原初形態であった」と考えている。[9]氏は給与という看点から民部・家部をとらえていることになり、部民ないし従属民の公民化如何という看点から検討してきていた従前の研究と大分様相を異にしている。氏によれば、天武天皇紀五年八月条の、

親王以下、小錦以上大夫、及皇女・姫王・内命婦等、給㆓食封㆒、各有㆑差。

が同天皇四年の部曲廃止の代替措置に当たるとされる。私は、民部・家部が氏を対象にして定められたのに対し、右引記事にみる如く食封は個人を対象とするという大きな違いがあることから、石母田説を肯うことはできないと考える。それに食封制度自体が改新詔により布告されており、既に実施されていたことが大化二年三月の皇太子奏から窺えるのであるから、民部・家部を食封に結びつけるのは失当と言わざるを得ない。

原秀三郎説

甲子の宣について特異な解釈を施している論者に原秀三郎氏がいる。氏は甲子の宣の㋑総論部分の「増換冠位階名」が具体的な内容を述べる㋺に対応し、「氏上」が㋩㋥、「民部家部」が㋭に対応すると指摘し、「其」なる文字に注目して、

「其」は「ソノ」とよんで直接あるものを指す場合と、「ソレ」とよんで語調を助ける無意味の助辞として用いられる場合とがある。後者は、令文の「凡」「諸」などと同じように考えればよい。この（甲子の宣）場合は前者の用例と考えられ、総論部分をさしていると解すべきである。書紀に用例を求めると、「改新詔」の、「即宣改新

之詔曰、其一曰…其二曰…其三曰…其四…」とある「其」が「改新詔」をさしているのをあげることができる。そうなれば、「亦定其民部家部」は独立項目であるから、「其」は氏上をさすと御都合主義で解釈するのではなく、他の項目と同様に総論部分をさして、(総論でいうソノ民部家部を定めた)と解すべきであると考える。と論じている。[10]かく解することにより氏は甲子の宣にみえる民部・家部が冠位や氏上と没交渉な事項と見得るとし、民部なる語は法制上の用語で令制民部省の民部に通じる語であり、養老職員令で民部卿の職掌を「掌二諸国戸口名籍、賦役、孝義、優復、蠲免、家人、奴婢、橋道、津済、渠池、山川、藪沢、諸国田事一」と規定していることに注目して、人民一般を意味する語であるとしたのである。民部省の和訓はカキベノツカサであり、カキは本来垣のように内外を隔てたり囲いこんだものを指す語で、カキノタミは自己の支配領域にとり込んだ民の意と解することが可能で、その主体は豪族であっても国家であってもよく、甲子の宣の民部は国家の民、公民のことになるのだという。これに対し家部は豪族支配下にある人民で、家人・奴婢と異なり相対的に自立した生活を営み、天武天皇朝以降公民になっていったと考えている。これより、甲子の宣は公民制と豪族に従属する家部を定めたもので、通説的に説かれている改新詔による公民化は当たらず、公民化政策は甲子の宣により開始された、ということになる。天武天皇四年の部曲廃止の詔については、この詔の部曲は甲子の宣に言う家部のことで、廃止詔により家部の公民化が図られたという。公民制は大化に始まるのではなく、甲子の宣ないし天武天皇四年詔により達成されるという主張で、謂ゆる大化改新否定論の中枢をなす所見ということになる。

原秀三郎説批判

かかる原説は頗る雄渾な学説と言うべきであるが、甲子の宣の総論部分が、「増二換冠位階名一」「氏上」「民部・家部」の三項目からなっているとする理解、および「其」なる用字について㋺～㋭の「其」がすべて総論部分を指しているとする氏説には疑問があり、総論部分については冠位関係と氏関係の二項目が「及」という接続辞で結ばれているとみるべきであり、「其」に関し㋺～㋥と㋭での使われ方の相異に注目すれば、文頭に「其」が置かれている㋺～㋥が総論部分を承けているにしても「其」が文頭でない㋭をそうみるのは難しく、ここは㋩㋥の大小氏ないし伴造という氏ないし氏上を指しているとみるのが妥当なように思われるのである。また㋭の民部を大宝・養老令制の民部省の民部で解釈するのも、少なからず無理であろう。既引雄略天皇紀十七年条および二十三年条の民部は明らかに豪族の私有民であり、民部省の民部は中国尚書諸部の一である民部尚書を継承したもので、意味合を異にしているとすべきである。附言すると、尚書諸部の民部は唐代に入ると太宗李世民の諱を避け永徽年間に戸部に改称されている。従って、大宝・養老令官制の民部省は古い時期の呼称を導入していることになる。大宝令以前にあっては民部省を称さず民官を称していたのであるから、民部省の民部の意味で七世紀代に民部なる語が使用されていたとは考え難く、既に関口裕子氏(11)や大山誠一氏(12)が述べている如く、大宝令制下における民部の用例を甲子の宣にあてるのは不可能と言わざるを得ないのである。民なる文字の原義は隷従民ないし被支配民であり、その意で豪族私有民を民部なる文字で表わしているのであろう。民部省の訓をカキベノツカサとする所見は『釈日本紀』にみえるが、『和名抄』ではタミノツカサとし、『朝野群載』官中政申詞でも同様の訓を施している。カキベノツカサとタミノツカサのどちらが本来のものであるか、にわかには決め難いが、『朝野群載』にみえる和訓が官司内で伝統的に行われていたものとすれば、タミノツカサが本来のものと見得るようであり、民部省の民部はカキなる従属民を意味する語とは一応別であった可能性が大きいように思われるのである。

甲子の宣の「其民部・家部」の「其」が直前の大小氏ないし伴造に関わり、天武天皇紀四年詔の「甲子年諸氏被レ給部曲」が甲子の宣を受けていることから、民部・家部は氏に関わる存在であり、矢張り民部はカキ、部曲のことで、私有民なのだろうと思う。原氏の解釈は根拠のないまま甲子の宣の民部を公民とする誤りを犯し、氏の部民の公民化を甲子の宣にみる所見は当たらない。

大山誠一説

甲子の宣で定めた民部・家部は諸氏を対象にしていたが、氏がほぼ畿内を居所とする貴豪族であることに立脚し、甲子の宣および天武天皇四年詔に独自の解釈を行っているのが大山誠一氏である。氏は前者の民部を後者の部曲に当て、家部は民部より隷属度の高い賤民身分の前身ととらえ、民部、部曲は部民化されていない畿内豪族の私的隷属民であったとし、部民制は「ヤマトの王と王廷の職務を世襲的に分担執行した多数の『氏族』を軸にして、被征服集団を人格的に所有（隷属関係）する体制」で、大和王権を構成する畿内の諸豪族が畿外の人民を服属させてゆく過程で構築した独特のタテ割的人民支配の体制であったという[13]。この畿外に展開した部民支配体制は大化改新の改革による統一的人民支配により廃止され、天智・天武天皇朝においては解決済みで問題になり得ないものとなっていたが、手つかずのままであった畿内豪族の私有隷属民対策を打ち出したのが甲子の宣ないし天武天皇四年詔ということになる。氏は、「民部・部曲らはほかならぬ畿内の人民であった」とし、

畿内の諸豪族（この場合大王家も含む王権構成メンバーを意味する）は、その大小あるいは歴史的消長に応じて、それぞれ畿内の村落の住民を彼らの家産的支配に組み込んでいたと思われる。おそらくヤケ（家）といった建造物を通じて直接村落の再生産を支配したり、あるいは在地の小首長らを支配下に組み込む形で間接的支配を展開していたものであろう。（中略）そういった諸豪族の支配下の住民こそ、ここでいう民部（＝部曲）・家部で

ある。

と述べ、甲子の宣では従前朝廷未掌握であった民部、家部の確認を行い、天武天皇四年詔では民部、部曲を廃止し公民化したと考えている。民部を朝廷未掌握の隷属民とする点で北村文治氏の理解を継承していることになるが、北村氏が改新詔による部曲の公民化、次いで天武天皇四年詔による甲子の宣で朝廷の掌握することになった民部→部曲の公民化、という二段階を想定したのに対し、大山氏は改新詔による畿外部民の公民化、次いで天武天皇四年詔による畿内民部＝部曲の公民化、という展開を考えていることになる。

大山誠一説批判

畿内と畿外を弁別して議論を進める大山説は甚だ明解な論理構成をとっているが、改新詔第一条の「別臣連伴造国造村首所有部曲之民」は畿外をも対象にした部曲のことを言っていると解されるので、出発点の部曲を畿内豪族の私有民とする理解に深刻な疑問を抱かざるを得ないように思われる。大山氏はこの点に関し、改新詔の右の部分は『日本書紀』編者の造作ないし誤解であり、削除すべきであるとしているが、古典の文句について誤りを言うにはそれなりの検討が必要であり、氏の改新詔の部曲に関わる行文を削るべきだとする所論は、余りに安易に過ぎるようである。北村文治説に関わり先に引用した雄略天皇紀十七年条の贄土師部設定記事によれば、土師連祖吾笥は摂津国来狭々村、山背国内村・俯見村、伊勢国藤形村および丹波・但馬・因幡等に居住する私民部を献進して贄土師部としたのであった。この記事より民部は摂津、山背という畿内地域にいたとともに、畿外である伊勢・丹波・但馬・因幡にも置かれていたことが知られるのであり、民部が畿内に住む豪族の隷属民という大山氏の理解は成立が困難になるのではなかろうか。この記事によれば贄土師部という新設の部民が畿外のみならず摂津、山背に置かれることになったというのであるから、部民は畿外を対象とする制度とする氏の理解は成立しないことになる。先引した雄略天皇紀二十三年（四七九）条にみえる大伴大連の所有する国に充盈する広大な民部も、畿内に限られていたとは到底思われず、畿外に拡がっていたと見ざるを得ないだろう。先述した如く贄土師部の前身の私民部は土師部であったとみてよく、これより部民土師部は摂津、山背という畿内にいたことになるように思われる。私は雄略天皇紀十七年、二十三年条の記事より部民も民部もともに畿内、畿外に居住していたと解され、民部＝部曲と部民を居所により峻別した大山氏の理解は成立せず、従って甲子の宣の民部、また天武天皇四年詔の部曲についての解釈も支持し難いと考えるのである。

民部の復活

私は、甲子の宣の民部はカキベで天武天皇四年詔の部曲と同義であり、改新詔第一条の部曲廃止令により廃止されたと考えるべきだと思う。民部、部曲と部民を区別し、前者を甲子の宣に至るまで朝廷未掌握の豪族隷属民ととらえる必要もないと考える。私は民部、部曲の語義については坂本太郎氏や井上光貞氏が説いていた通説的理解に従ってよく、部民を指しているとして不都合はないと思うのである。北村文治氏や大山誠一氏の所論にあっては民部を朝廷未掌握の隷属民としていたが、私には未掌握ということが何を意味するのか、甚だ分りにくいように思われる。歴史時代において国家、権力の掌握に至っていない者がいたことは確実であるが、未掌握ということは国家、権力の視野の外にあるということであり、民部という形でとらえられているとすれば、既にそれは黒子でなく、それなりに掌握されている人たちということになるのではないか。私はこの点で民部を未掌握の隷属民とする所見は、矛盾を犯していると考える。井上光貞氏は改新詔で部曲が公民化された後、公民化されず隷属、被所有のままにいる人たちを「不当なる所有」と称していたが、朝廷未掌握の隷属民とはこのような人たちを指すように思う。当然のことながら「不当なる所有」であるから、大化以降となれば朝廷が順次公民に組み込んでいったはずである。畿内の未掌握隷属民＝民部、部曲、畿外の隷属民＝部民とする大山誠一氏の所説は論外として、北村氏の説く改新詔により部曲の公民化が達成された後、朝廷の未掌握により私有民として残存している人たちがいたとすれば、判明するに従い井上氏の言う「不当なる所有」として公民化されていったと思うのである。民部、部曲がともにカキベを訓とすることより強いて両者間に差異を見出す必要はなく、前者を朝廷未掌握の民と解すのは失当なのである。

民部・家部と氏上

しかし部曲、民部について右述したように考えると、改新詔で廃止したものを甲子の宣で復活、そして天武天皇四年詔で再廃止という、井上光貞説を検討した際に述べた難点が不可避である。この点について私は、甲子の宣での復活は、改新詔で廃止した部曲の全面的復活でなく、限られた復活とみればよいと考える。甲子の宣では㋭の「亦定二其民部・家部一」の「其」が何を意味するかで議論が分かれ、原秀三郎氏が㋑の総論部分を指すと解釈したのに対し、多くの論者は㋩㋥の氏、氏上を指すと反論し、私も原氏の読み方には無理があり、氏・氏上説をとるべきだとしたのであるが、かく解すと、民部・家部は氏・氏上を対象に設定されたものということになる。甲子の宣では氏の規模に大小の差序をつけて氏上に大小刀を授与し、民部・家部を定めるというのであるが、氏の秩序を整える過程で氏上に対し民部・家部を定めたということで、氏・氏上に附属する民部・家部の員数を定めたということに他ならない。氏上は氏を統率し祭祀その他種々の業務に従ったとみてよいだろうが、そのためには一定の経費が必要であり、補助に当たる要員が必要になったことが考えられる。私は、この必要を満たすために置かれるようになったのが民部・家部なのではないか、と推測するのである。氏上が置かれれば、それに対し何らかの給付があって然るべきであり、それが民部・家部だとみるのである。氏上の任務遂行のための経費、要員となれば、当然僅かの員数の部民、家部で十分であったはずであり、甲子の宣では大小氏という差序に合わせ員数を定めていたことと思う。井上氏は公法制下の私有民という制約をつけたものの、甲子の宣では大化前代の部民所有に揺れ戻したと考えたのであるが、氏上の職務遂行に対する給付とみれば、そのような大規模な復古策とみる必要はないことになろう。民部は改新詔により公民化が図られた部曲であるから、身分としては良民身分として扱われ、良賤身分を定めた天智天皇九年（六七〇）の庚午年籍では良身分とされたと考えてよいだろう。家部については多くの論者が説いているように民部に比べ隷属度が高く、後代の氏賤に繋がるとみてよいように思う。

氏上と祭祀

氏上が祭祀に関わっていたことは、『続日本紀』和銅七年（七一四）二月丁酉条に、

以二従五位下大倭忌寸五百足一為二氏上一、令レ主二神祭一。

とあり、『令集解』神祇令に、

釈云、伊謝川社祭、大神氏宗定而祭。不レ定者不レ祭。即大神族類之神也。

釈云、大倭社大倭忌寸祭。宇奈太利、村屋、住吉、津守、大神社、大神氏上祭。

とみえることから窺知される。釈云の中の氏宗は氏上に相当する養老令の用語である。氏賤については唯一の実例が『類聚三代格』巻一寛平五年（八九三）十月二十九日官符「応レ充二行宗像神社修理析一賤代徭丁事」にみえ、当時筑前国宗像郡金崎に在住していた高階氏の氏賤十六人を良身分に改める決定をしている。この官符に引載されている高階

真人忠岑らの解状中には、

筑前社有㆓封戸神田㆒、大和社未㆑預㆓封例㆒。因㆑茲忠岑等始祖太政大臣浄広壱高市皇子命、分㆓氏賤年輪物㆒令㆔修㆓理神舎㆒、以為㆓永例㆒。

とあり、大和の宗像社の修理のために、高市皇子の指示で氏賤の年輪物をもって充てることにしたという。高市皇子は母が胸形君徳善女だったので宗像神社に関わり、高階氏は高市皇子の後裔なので宗像神社が氏神社になっているのであるが、年輪物を神舎修理料に充てることになった氏賤は筑前国宗像郡に居住していたとあるから、高市皇子が母を通じ宗像氏から入手したものらしい[14]。

ここで私が注目したいのは、氏上が祭祀に関わり、氏賤の年輪物が神社の修理に充てられていて、氏神社と結びついているように思われることである。氏神社が氏の祭祀に関わることは言うまでもないことである。私は高階氏の氏賤のあり方から、氏賤を氏の祭祀に関連する人たちとみることができるのではないかと考える。かく推考して可とすれば、氏賤の前身らしい家部を氏の祭祀に関連づけることが可能であり、甲子の宣では氏の祭祀の管掌を一の主要な任務とする氏上の制度を整備するに際し、祭祀のことに関わる家部を置くようになったとみることができるように思われるのである。勿論家部が氏上の下で祭祀以外の種々の業務に就いていたことを想定してよいのであるが、主要なそれの一に祭祀関係があったことは確実なのではなかろうか。家部の方はかく設定理由を推測できるが、民部の方は氏上の下でどのような任に就いていたか不明である。民部は、家部の場合に推測される祭祀関係というような特殊な任務をもたず、一般的な業務を任としていたので、天武天皇四年に至り家部は存続が図られたものの、廃止となったのかもしれない。この頃になると、官人への給与制度も整備、拡充され、氏上を対象とする民部の存続は必要性が減少し、氏の祭祀絡みの家部の方は猶、必要と考えられていたとみることができそうである。

以上議論の多い甲子の宣と天武天皇四年詔の民部、家部、部曲について検討してきたが、それらの語義については井上光貞氏の通説的理解に従ってよく、但し甲子の宣による民部・家部の設定は大化前代への復古策でなく、氏、氏上の制度の整備に伴う氏上への配当とみるべきで、部民制の復活ないし公民制の開始というような支配制度の改廃とは没交渉であったということになる。論者により甲子の宣の「定」と天武天皇四年詔の「給」の異同が議論されてきているが、甲子の宣では大小氏の氏上に支給される民部・家部の員数を定めたということで「定」という文字が使用され、天武天皇四年詔では支給したという意味で「給」なる文字が使われているのである。

第二節　近江令

近江令の存否

天智天皇はその七年（六六八）正月に称制をやめて即位している。称制二年に白村江で敗北した後九州方面に防人を置き烽を設け、対馬金田城や筑前大野城・大和高安城を築くなど防衛態勢の構築が急務となっていたが、それも一段落し、更に近江大津へ遷都して、即位となったのである。この即位年に天智天皇は謂ゆる近江令の制定を行っている。尤もこの近江令については非存在を説く有力学説があり(15)、存否如何に関し学説が定まっていないのが実情である。今、近江令の制定を示す史料をあげると、一は『藤氏家伝』上の記述、

七年正月、即二天皇位一。是為二天命開別天皇一。（中略）七年秋九月（中略）先レ此帝令下大臣撰二述礼儀一、刊中定律令上。通二天人之性一、作二朝廷之訓一。大臣与二時賢人一、損益旧章、略為条例。一崇敬愛之道、同止二奸邪之路一。理慎二折獄一、徳洽二好生一、至一於周之三典、漢之九篇一、无二以加一焉。

であり、他は『弘仁格式』序、

天智天皇元年、制二令廿二巻一。世人所レ謂近江朝廷之令也。

および天智天皇紀十年（六七一）正月甲辰条の、

東宮太皇弟奉レ宣、或本云、大友皇子宣命。施二行冠位法度之事一。大赦二天下一。法度冠位之名、具載二於新律令一也。

である。『弘仁格式』序の天智天皇元年は即位より数えたもので、称制より数えれば七年になり、『藤氏家伝』の紀年と同じである。近江令非存在説は、『藤氏家伝』上の記述や『弘仁格式』序は後代のものなので信拠性ありとは言い難く、天智天皇紀十年（六七一）条の記事の割注にみえる「新律令」は近江令に律が伴なっていなかったとする所見に従えば矛盾しており、これ以前に律令が制定実施されたことがないのに新を称するのは不可解であるとして、舞文とみている。尤も井上光貞氏は天武天皇紀十年（六八一）二月甲子条の、

天皇々后、共居二于大極殿一、以喚二親王諸王及諸臣一、詔之曰、朕今更欲下定二律令一改中法式上。故倶修二是事一。然頓就二是務一、公事有レ闕。分レ人応レ行。

に注目し、天武天皇が律令の更改を指示しているということは先行する律令のあったことを含意とし、近江令の存在を示すと説明している[16]。井上氏の解釈にそれなりの説得性があるとはいえ、従前の法式を更めて律令を制定しようということであるならば、必ずしも先行する律令を想定する必要はないだろう。

条例

『日本書紀』に近江令を作ったとの明確な記事がなく存否如何で議論が岐れざるを得ないのであるが、私は、『藤氏家伝』上の先引部分では、中臣鎌足が礼儀の撰述と律令の刊定を天智天皇に求められ、賢人らと旧章を検討して条例

を作ったと述べ、律令を作ったとまで言っていないことが注目されてよいように思われる。条例なる語は『続日本紀』や『類聚三代格』の法文中に散見し、箇条書きにした法律ないしすじ道を立てて定めている法例の意とみてよい。慶雲三年（七〇六）二月庚寅紀の七条の制を告げる詔では、戸の四等級を定めるとともに輸調の多少について「議作二余条例一」と指示し、大宰府管内で傭力が不足した時に備え「安穏条例」を作れと命じている。条例は律令と称し得るような体系的かつ大規模な法典とは言い難いようであり、鎌足が作った条例も後代の一部二十二巻からなる浄御原令や十一巻からなる大宝令、十巻からなる養老令と異なり、限られた数の法条を編纂したもののように思われるのである。『藤氏家伝』上は藤原仲麻呂が中臣鎌足を称揚する意図をこめて撰述した著作であるから、仮に鎌足が天智天皇に命じられた通りに令を作っていたとすれば、条例を作ったとせずに令を作ったと明記したことが考えられる。条例なる語は八世紀段階において極く普通に使用されていた語のようであり、仲麻呂が条例を作ったとしたのは、鎌足が作ったのが令でないことを承知していたことを示すのではなかろうか。『藤氏家伝』上では鎌足の作った条例が周の三典、漢の九篇であっても越えることがないと称讃しているが、前者が周代の「以佐レ王刑二邦国一詰二四方一」る法で後者が漢の蕭何が定めたところの著名な法である九章律とはいえ、隋・唐の律令とは様相を異にする体系だった法典ではないだろう。鎌足作成の条例を周三典、漢九篇と比較しているのも、それが律令のような法典でないことを踏まえてのことのように思われる。『弘仁格式』が全二十二巻としているのは、浄御原令二十二巻にひきづられて編者藤原冬嗣が作文したとみればよいであろう。但し鎌足の作った条例は大化改新詔以来の法を損益、検討して集大成しているとみてよく、『弘仁格式』序の言う「世人ノ所謂ユル近江朝廷ノ令ナリ」という文言は、それなりに当時における鎌足作成の条例に対する評価を伝えているように思われる。体系的な編纂法典たる令ではないが、そう評価しても不自然ではないということである。

条例作成協力者

大化の改革政治の立案者となると唐帰りの南淵請安や国博士となった高向玄理・僧旻がいたが、請安は乙巳の変後間もなく死去したようであり、僧旻は白雉四年（六五三）五月に死去、玄理は白雉五年に遣唐押使として渡唐して客死しているので、鎌足が旧章損益に際し共にことに当たったのはこれらの人たちでなく、若干後輩に当たる人たちらしい。滝川政次郎氏は白村江の敗北後来日した百済人沙宅紹明および許率母が、鎌足の相談に与かった賢人だろうとしているが(17)、この両人の参加を考えてよく、それだけでなく後に大宝律令の撰修に当たっている伊吉連博徳のような人物も諮問に応じていたとみてよいだろう。博徳は斉明天皇五年（六五九）に遣唐使坂合部石布・津守連吉祥に従って入唐し、天智称制元年に帰国している。大宝元年（七〇一）八月には律令撰修の功で禄を賜わり同三年には功田十町、封五十戸を下賜されており、鎌足の条例作成に参与したことも十分に考えられるのである。

以上の考察より既引した天智天皇紀十年正月条の割注「法度・冠位ノ名ハ、具サニ新律令ニ載スルナリ」の律令は、鎌足作成の条例を指していることになるが、「新律令」とあるので先行する律令がなければおかしいとする必要はなく、新たに制定された法令程度の意味合の語と解される。この割注が『日本書紀』の編者の手によるとすれば、編者らからみて件の条例が重要事項を定めているので、律令と称されているのではなかろうか。近江令否定論者から肯定説への批判として、律を伴わない近江令について「新律令」を言うのは矛盾しているという論点があったが、この律令が厳密な意味での律令法典の意でなく、重要法令集という意味合ならば、格別矛盾していると言い立てる迄もないことである。近江令の編纂如何については肯定説と否定説とが十分に噛みあわないまま説かれてきている感がするが、私は『藤氏家伝』上の条例を手掛かりに、浄御原令、ないし大宝・養老令のような体系的な法典ではないが、近江令と称されても不思議でないような内容を盛った法例集と見得るように思うのである。天智天皇七年（六六六八）に従前の法を損益して完成し、実施に移されていったのであろう。近江令というのは不正確であるが、鎌足作成の条例はかなり大規模な法例集と言えそうである。天智八年十月に鎌足が死去しているので、或いは鎌足が死去しなければ旧章を損益する作業は継続し、体系的な令法典の編纂に至っていたかもしれない。

条例の施行

条例は既布告の法を必要に応じ手直しし、また増補したものであるから、手直ししないものについては従前の法がそのまま条例を構成していることが考えられる。既引天智天皇紀十年正月条の冠位・法度の施行の宣命に関し、内容的に天智天皇紀三年二月条の甲子の宣中の冠位の布告と重複しており、いずれか一方が削除されねばならないとする所見がある。天智天皇紀の編年記事には、称制元年から数えた史料と即位元年から数えたそれとが整理されないまま収録されている箇処があり、記事の重出を見受けることがあるので、冠位施行をいう三年二月の記事と十年正月の記事にも重出の可能性があるのである。この点について井上光貞氏は、冠位が官人の身分に関わり人々が重大な関心を抱く事項であることを踏まえ、三年に冠位制を施行した後、十年正月甲辰に再度の施行を宣命しているとみている(18)。この日は、次述する新官制の施行、任命を行った癸卯の翌日に当たっており、それとの関連で再度の宣命となっているという。私は三年施行の冠位制を鎌足が損益の対象とした旧章の一とみ、それを含む条例を十年正月癸卯の新官制に基づく官人の任命を機に宣命したということは、十分にあり得るように思う。即ち私見では重複説をとらず、井上氏同様に天智天皇十年の再布告説をとるのであるが、これは天智天皇十年当時の朝廷内の動向と関連することでもあるので、次節で再論しようと思う。

法度・冠位

さて天智天皇紀十年正月甲辰条の記事によれば、この条例には法度と冠位の名称が記載されていたことが明らかである。法度が法律・制度を意味するとすれば、冠位の名称も制度に含まれること故、冠位の名称を記していると特記する必要はないはずであるが、井上氏の言うように冠位は官人らの格別の関心を惹起するものなので、冠位の名称を記しているのであろう。ところで甲辰の前日癸卯の新官制に基づく任命記事を『日本書紀』から引用すると、次の通りである。

是日、以二大友皇子一、拝二太政大臣一、以二蘇我赤兄臣一、為二左大臣一、以二中臣金連一、為二右大臣一、以二蘇我果安臣・巨勢人臣・紀大人臣一、為二御史大夫一。御史蓋今之大納言乎。

大友皇子を太政大臣、蘇我赤兄を左大臣、中臣金を右大臣とし、蘇我果安・巨勢人・紀大人らを御史大夫に任命している。左右大臣は乙巳の変後、孝徳天皇が即位すると直ちに阿倍内麻呂と蘇我倉山田麻呂を任命しており、それを継承しているのであろうが、太政大臣と御史大夫は初見であり、鎌足が作成した条例の中に定められていたとみてよい。太政大臣は、大宝・養老令制下では「師二範一人一、儀二形四海一、経レ邦論レ道、燮二理陰陽一」を職掌とし、天子補導の官で相応しい人物がいなければ闕けたままにしておく則闕の官であるが、『懐風藻』の大友皇子伝によれば、「拝二太政大臣一、総二百揆一以試之」とあるので、朝政を統理する最高執政官の様相を有していたらしい。唐の皇帝の下に組織されている中枢官司に中書・門下・尚書の三省があり、中書省が詔勅起案、門下省が駁正、尚書省が百官を率い執行に当たることになっている。大友皇子の就いた太政大臣は、唐尚書省の長官である尚書令に範をとっているようであり、左右大臣は尚書省の次官である左右僕射に倣っているらしい。御史大夫は天智天皇十年紀の割注に「御史ハ蓋シ今ノ大納言カ」とあり、後代の大納言の前身に当たる。大宝・養老令制下の大納言は左右大臣につぐ官であり、蘇我果安らの就いた御史大夫は蘇我赤兄・中臣金が任じた左右大臣につぐ官として構想されていたとみてよい。唐制御史大夫は糾察を任とする御史台の長官であるが、中国における元来の御史は皇帝の秘書官的性格をもち、大臣を補佐する職であった。果安らの御史大夫は唐制御史大夫というよりは、本来の御史に範をとっているらしい。井上光貞氏は副丞相をさす秦漢の制を借りたものとみている。(19)

天智天皇朝の六官

以上述べてきた太政大臣・左右大臣・御史大夫が鎌足の作成した条例中の法度の一として定められていたと考えられるが、天智天皇紀十年正月是月条の百済から来日した人たちに対する叙位記事中に、

　沙宅紹明 法官大輔

　鬼室集斯 学職頭

という記述がみえ、沙宅紹明が法官大輔、鬼室集斯が学職頭に任じられていたことが知られる。法官は後の式部省に当たる官司で大輔は次官、学職は大学寮に相当し頭は長官に当たる。これより天智天皇十年の頃の官制に法官、学職と称す官が置かれていたことが知られるのである。尤も論者によっては、官名が叙位記事の割注に記載されていることを根拠に、紹明と集斯の任官は天武天皇朝に入ってからのことで追記とみるべきだとし、法官は天武天皇朝の官制だと主張することがある。この主張に対して私は、天智天皇十年紀に法官大輔と割注されている沙宅紹明が天武天皇二年（六七三）閏六月庚寅に死亡していることに注目したい。この日の紀にみえる沙宅紹明の卒伝に、

　為レ人聡明叡智、時称二秀才一。於是天皇驚之、降レ恩以贈二外小紫位一、重賜二本国大佐平位一。

とあり、紹明が有能な帰化知識人で法官大輔の職に相応しかったと思われるとともに、この前後の朝廷内の動きをみ

ると、天智天皇十年十二月に天皇が死去したあと翌天武天皇元年には壬申の乱が出来して六月から七月にかけて戦闘が続き、八月から十二月にかけては近江朝方の官人の処罰や天武天皇方の官人の論功行賞が行われ、更には宮室の造営が行われるなど多忙を究め、即位式を行ったのは二年二月末のことであった。即ち天武天皇元年から二年にかけての時期は政界激動期であり、法官が天智天皇朝の官でなく天武天皇朝のそれだとすると、壬申の乱から紹明の死去した天武天皇二年閏六月までという激変期に定められたことになる。法官のような官制の創置となると、かかる激変期は相応しくなく、法官は天智天皇朝に案出され紹明が任官していたとみてまず誤りないように思われるのである。集斯の学職頭任官も同様に天智天皇朝のことと考えてよい。

太政大臣・左右大臣・御史大夫の下に設置されたことが知られる天智天皇朝の中央官制としては、右述した法官と学職に限られるが、天武天皇朝に入ると『日本書紀』朱鳥元年（六八六）九月条の天武天皇の殯葬の儀における誄詞奏上の記事等より法官、理官、大蔵官、兵政官、刑官、民官が置かれていたことが知られる。これらは唐尚書省諸部を構成する吏部、礼部、工部、兵部、刑部、民部に相当し、大宝・養老令制の式部、治部、大蔵、兵部、刑部、民部省に対応している。吏部以下六官が尚書六部に相当するとなると、六官は一組のものとして構想されたとみるのが相応しく、天智天皇朝に法官が設置されていた事実は、これ以外の五官も置かれていたとみてよいことになろう。天智天皇朝において法官のみが置かれ理官以下が未設置であった、というようなことは考え難いのである。六官が後の六省に対応するとなると、八省制の二省に相当する官が六官制に欠けていることになるが、八省のうち多分に内廷に関わる中務省と宮内省は少なからず異質であり、唐尚書省六部を範としたこともあって、両省に対応する官を構想するに至らなかったのであろう。但し天武天皇朝の段階で宮内官の設置が確認され、浄御原令制下では中務省に相当する中官が置かれていた。

乙巳の変後の官制改革

乙巳の変以降の官制改革に関わる記事となると、大化五年紀二月是月条に、

詔二博士高向玄理与釈僧旻一、置二八省百官一。

とあり、高向玄理と僧旻に改革案の作成が下命されている。僧旻は白雉四年（六五三）に死去し、玄理は同五年に唐で客死しているので、両人が天智天皇十年（六七一）の段階で確認される太政大臣・左右大臣・御史大夫や六官を構想したかとなると疑問があるが、隋・唐留学中に学んだ中国官制についての知識を活用し改革案を工夫したことが考えられる。『日本書紀』白雉元年十月条には、

為レ入二宮地一所レ壊丘墓、及被レ遷人者、賜レ物各有レ差。即遣二将作大匠荒田井直比羅夫一、立二宮堺標一。

とあり、造営のことに当たる官名である将作大匠がみえ、『続日本紀』和銅元年（七〇八）閏八月丁酉条によれば摂津大夫従三位高向朝臣麻呂が孝徳天皇朝の刑部尚書大花上国忍の子とみえ、養老元年（七一七）三月癸卯条には左大臣石上朝臣麻呂が孝徳天皇朝の衛部大華上宇麻乃の子と記されている。刑部尚書は唐尚書省六部の一であり、衛部は兵部尚書に対応するらしい。尤も衛部は中国の官制中に見出されず、百済の官制を継受している可能性があるらしいが、将作大匠および刑部尚書は中国の官名を直截的に導入しており、玄理と僧旻の考案に出たとみるに相応しい。刑部尚書を模した官が孝徳天皇朝に置かれていたことからすれば、刑部尚書以外の唐尚書省六部を模した官の設置も考えられてよいだろう。玄理や僧旻は唐官制を実見して来ているのであるから、これらの官は単に名称を借りているだけでなく、官としてそれなりの実態も備えていたのではないか。衛部について考察した笹山晴生氏は「その官制は統轄者としての諸大夫のみに冠せられた官名で、その後の体制整備への志向はこめられていたにしても、現実の下部機構の成熟度、集権的体制の充実いかんとは一応無関係であった」と結論している[20]。突きつめればかかる笹山氏の所見

を妥当としてよいのだろうが、既述した如く、推古天皇朝の頃から萌芽的ながら宮廷内に官が置かれるようになってきている状況を考慮すると、官としての体制もある程度は整って来ているとみてよいように思われる。先の将作大匠荒田井比羅夫は大化三年（六四七）紀是歳条に、

　工人大山位倭漢直荒田井比羅夫、誤穿㆓溝瀆㆒、控㆓引難波㆒、而改穿疲㆓労百姓㆒。爰有㆓上㆑疏切諌者㆒。天皇詔曰、妄聴㆓比羅夫所㆑詐、而空穿瀆、朕之過也。即日罷㆑役。

とあり、渡来系の土木の専門家であったことが判り、将作大匠の官設置とともにそれに就いたらしいことが窺知される。かかる将作大匠比羅夫の下に小匠ないし録事を称するような職名の者がいたとして不思議でないだろう。但し集権的な組織体制が出来上がっていたかとなると相当に疑問であり、笹山氏の所見に落着すると考えるのである。

　孝徳天皇朝段階における官については右述したような未熟さがあったと考えられるが、斉明天皇朝から天智天皇朝へと進む過程で進化が図られたことを想定してよいだろう。孝徳天皇朝において刑部とあった名称が刑官とされているのであるが、この間の改訂にあっては名称のみに終わらず、官司としての成熟度にも及んでいたと考える。孝徳天皇朝の刑部の長は刑部尚書であったが、天智天皇朝において某官の長は官長を称したらしい。史料によっては小野毛人墓誌銘にみる如く卿としている事例があるが、大宝令制八省の長である卿に拠り潤色していると解される。唐制に直結した某部尚書を某官長としているのは、より明確な形で長官・次官・実務官人という職階制を採用している様子を思わせ、官制としての成熟を看取できるのである。かかる改訂が斉明天皇朝以降の何時頃なされたか不明であるが、高向玄理と僧旻への官制改革作成指示と冠位十九階の制定が大化五年二月に行われていることに注目すると、冠位二十六階への改定を行っている甲子の宣の布告の前後かもしれない。冠位制と官制との間に緊密な関係があることを思えば、右の想定を根拠なしとするのは必ずしも当たらないだろう。かかる改訂を経た官制に関わる法度が鎌足の

損益、集成した条例の一部になっていたと考えられる。

冠位・法度以外の条例の内容

即ち中臣鎌足の作った条例に二十六階の冠位制と、条例の宣命をした天智天皇十年正月甲辰の前日癸卯に任命が行われた官制のことが含まれていたことは確実とみてよいだろうが、それ以外の法度として何が入っていたか不詳である。ただし鎌足が損益した旧章は乙巳の変以降布告されてきている重要立法とみてよいだろうから、まず最初に検討対象になったのは、大化二年正月に出された四条からなる改新詔であると考えられる。これは政治体制、支配のあり方を大きく転換した法であるとともに、内臣として鎌足が大きく関わっていた法であるから、鎌足は一貫して関心を払ってきており、天智天皇から律令の刊定を求められた段階で改新詔に立ち戻り法の見直しを開始したと推考されるのである。言ってみれば改新詔は大化以降の政治改革の原点であり、旧章の損益となれば、その見直しが最重要課題となったであろう。

律令畿内・国司郡司制

かかる観点から注目されるのは、改新詔第二条で宣べている畿内・国司・郡司等の地方制度である。私は改新詔で言っている国司は後代の国司と異なり、律令制下の国をいくつか併せた広い地域を管轄する官人で、『常陸国風土記』にみえる総領が当たると考えているが、天智天皇朝に入る頃になると、律令制下の国に相当する地方行政単位が出現するようになっている。大化の頃クニといえば国造の治める区域を指し、国司なる呼称の官職はなく、『日本書紀』にみえる大化の頃の国司は総領と表記される職名の人たちであった。大化の頃においては律令制下の国に相当する概念が欠如しており、従って後代の国司なる官の如きも存在しようがなかったのである。大化二年八月癸酉に発遣された国司は詔により、

　宜観㆓国々壃堺㆒、或書或図、持来奉㆑示。国県之名、来時将㆑定。

と指示されていたが、右引文の国々の境界とは後代の国をいくつか併せた地域のことであり、大化においてはかかる地域を地方行政単位として確定しようとしていたのである。当時の畿内が律令制下と異なり四地点により示される独特の地域からなっていたことは周知のことだが、畿外も同様に律令時代と異なり、かなり広い地域からなっていた。畿内は朝廷の膝下の地域なので、改新詔第二条副文により境界地点が定まっていたが、畿外に関しては定まっておらず、畿内同様にそれを定めようとしたのが右引詔の指示なのであろう。付言すれば、改新詔が畿内を四地点で示していたのは律令国が未出現であることに関わり、この事実は畿外においても律令国が出現していなかったことを示すのである。

令制国

但し現実に地方政治をすすめていく過程でかなり広い地域を管掌する総領では不便が感じられ、より小さな行政単位として律令制下の国が構想されるに至ったらしい。国造の支配地域の規模には大小があり、後の一国規模の国造の支配地域はそのまま律令国に移行し、小規模国造が分立する地域ではそれらがまとめられて一国を形成するようになったと考えられる。上毛野は前者の例であり、後者の例としては房総から常陸にかけての地域がある。『先代旧事本紀』巻十「国造本紀」をみていくと、一の律令国に置かれていた国造は一、二程度が多いことから、ほぼ従前の国造管掌下のクニを基本に据えて律令国が構想されているとみてよいようである。房総・常陸方面のあり方は特例と考

えられる。

律令国の出現を示す史料として『住吉大社神代記』播磨国賀茂郡椅鹿山領地田畠条があり、

即乙丑年十二月五日、宰頭伎田臣麻、率二助道守臣壱夫、御目代大伴沃田連麻呂等一、尋二大神御跡一奉二寄定一。

となっている。乙丑年は天智天皇四年（六六五）に当たり、播磨国宰頭伎田臣麻が助道守臣壱夫と目代大伴沃田連麻呂を率い住吉大社に仙山の寄定を行ったということであるが、宰頭、助、目代は国司を意味する国宰の頭、助、目に関わり、天智天皇朝の頃播磨国の出現とそこを管掌する官人として頭、助、目が置かれていたことが知られるのである。『播磨国風土記』讃容郡条に、

船引山、近江天皇之世、道守臣、為二此国之宰一、造二官船於北山一、令二引下一。故曰二船引山一。

とあり、天智天皇朝の頃国宰制度が播磨国で行われていたことを示している。『播磨国風土記』の道守臣は『住吉大社神代記』の助道守臣壱夫と同一人物だろうか。頭は奇妙な用字であるが、『続日本紀』宝亀八年（七七七）八月丁酉条に「大和守従三位大伴宿祢古慈斐薨。飛鳥朝常道頭贈大錦中小吹負之孫」とあり、国宰の長官に当たる。国宰が浄御原令制下における後代の国司を意味する語であることは周知に属すが、浄御原令国宰制度は天智天皇朝に始まるとみられるのである。

尤も律令国の出現については右述した天智天皇朝とする所見と異なり、天武天皇十三年（六八四）頃とする所見が森公章氏により説かれている[21]。氏は天武天皇紀十二年十二月丙寅条、

遣二諸王五位伊勢王・大錦下羽田公八国・小錦下多臣品治・小錦下中臣連大嶋并判官・録史・工匠者等一、巡二行天下一而限二分諸国之境堺一、然是年不レ堪二限分一。

同十三年十月辛巳条、

遣二伊勢王等一定二諸国堺一。

に注目して、天武天皇十二〜十三年の頃諸国の境界が定まり令制国が出現したと論じている。しかし右引記事は国堺を定めたという記事であり、国そのものはそれ以前から存在していたとして不都合はないのではないかと思われる。国境紛争とその裁定は平安時代に入っても見受けることがあり、国境が定まっていないということと国の存在は各別であろう。私は国界を定めたという右引記事は、従前曖昧であった国境を確定したの意にとればよいと考える。因みに天智天皇九年（六七〇）庚午に全国に渉り謂ゆる庚午年籍が作られているが、これに関し長元年間の「上野国交替実録帳」に「庚午年玖拾巻管郷捌拾陸、駅家戸肆」とあり、国単位で作られていることを示している。森氏は、『正倉院宝物銘文集成』中の、

下毛野奈須評全二

というような表記を、下毛野国が未出現なので単に「下毛野」と書いているのだとしているが、下毛野国が出現している状況下で右のような表記を行ったとしても、格別不可解という程のことではないだろう。律令制下の戸籍は京国官司が郡司以下を動員して作成するものであったが、国司ないし国司相当の官人を欠き作成するのは困難だったことが予想されるのであり、庚午年籍作成を可能にしたものとして律令国司に通じる国宰が置かれていたと見ざるを得ず、この看点からも天智天皇朝において国宰制が布かれるようになっていたことが確実だと考えるのである。

先引『住吉大社神代記』によれば播磨国宰は頭・助・目という三等官制を採用していたことが窺知される。七世紀段階において諸官司は後代の四等官制と異なり三等官制をとっていたことが確認されており、国宰制にもそれが認められるのである。律令国が出現すれば、改新詔にいう畿内にも国制が布かれるようになったことが考えられ、畿内制にも改革が加えられたはずである。私は天智天皇朝において東西南北の四至で畿内を示す方式が揚棄され、律令制下

と同様の大和以下の国名で示す方式が始まったとみてよいと考える。

国造と評司

本書第三章で述べた如く、改新詔に言う郡は評であり、郡司は評造ないし評督・助督であった。大化の頃は総領―評造、評督・助督という指揮系統により地方政治は運営されていたとみてよいが、律令国の設置とともに国宰―評督・助督というあり方に変遷していったであろう。律令制下の国司―郡司というあり方である。評督・助督には国造が任命され、地方政治の場から国造は漸次排除され、国宰の下の評督・助督が実権を握るようになっていった。律令制下の国造は一国一国造とされ、多分に祭祀を掌る祀官の要素を有しているが、天智天皇朝の律令国設置に並行して一国一国造化が図られるようになったのであろう。先に浄御原令制下、持統天皇朝における那須国造と那須評督との並存を考えたが、天智天皇朝に下毛野国が置かれるようになった段階で那須評は下毛野国管下に入り、下毛野国宰―那須評督・助督という指揮系統ができる一方で、既に任命されている那須国造はそのまま存続し、地位低下の進行する中で現任那須国造が死亡するなどにより消滅していったと考えられるように思う。他方大化の頃那須地域を除く下毛野地域を管下においていた下毛野国造は、下毛野国が置かれるようになると、同国の一国一国造になっていったと見得るようである。従前の国造から一国一国造への転化は、後者になり得なかった国造が自然消滅するような形で達成されたのであろう。那須国造碑にみえる那須国造那須直韋提について言えば、韋提は死去するまで那須国造を称し、その死去とともに那須国造は消滅したとみるのである。猶、「国造本紀」によれば、下毛野国造は豊城命四世の孫奈良別の後とされ、下毛野地域に威勢を振った下毛野氏であるのに対し、那須国造である那須直は建沼河命の孫である大臣命の後裔で、『続日本後紀』承和十五年（八四八）五月辛未条に奈須直赤竜が阿倍陸奥臣を賜姓されていることから阿倍氏系であることが判る。下毛野氏と那須氏はそれぞれ別系統で、下毛野地域で強大な勢力を振っていた前者が下毛野国の一国一国造になるのは、当然の推移だったであろう。

駅伝制

改新詔第二条では畿内・国司・郡司を挙げた次に、関塞・斥候・防人・駅馬・伝馬を置き鈴契を造るとしている。いずれも後の律令制度中に確認される重要な地方制度であり、詔起案者は中国の制度を参考にして項目を列挙しているのだろうが、駅伝馬と鈴契については副文でも触れており、他の項目よりも関心を寄せていたらしい。駅伝馬の利用に際し必要になるのが鈴契である。集権的な国制秩序を作るとなれば、朝廷と地方との円滑な交通システムを構築することが不可欠であり、駅伝馬制の整備は緊要の課題となっていたはずである。先に私は「上野国交替実録帳」に庚午年籍に関わる記載のあることに触れたが、そこには「管郷捌拾陸、駅家戸肆」とあった。これより庚午（六七〇）に上野国内に駅路が開削され、駅家四が設置されていたことが知られるのである。駅家四は、延喜兵部省式駅伝条から知られる上野国の坂本・野後・群馬・佐位・新田五駅との間に一駅の出入があるが、近似しており、ほぼ律令時代と変わらない駅制が庚午の頃作られていたことが判る。暫く前から考古学的調査により古代官道が検出され、研究が進められてきているが、上野地域では赤城山南麓、群馬県高崎市から伊勢崎、太田市にかけてのあたりで調査された官道、東山道址は伴出土器から七世紀後半に開削されたことが確認されており[22]、天智天皇朝における駅制の整備を裏付けている。宝亀二年（七七一）十月に東海道所属となるまで東山道に属していた武蔵国は上野国内東山道から分支する武蔵路により東山道本道と繋がっていたが、埼玉県所沢市で発掘調査された武蔵路址も伴出土器から七世紀後半の開削を示している[23]。白雉四年（六五三）六月紀には、修二治処々大道一。

という記事がみえている。直前に百済・新羅の貢調記事があるので、両国使人を迎えるための大道修治の可能性があるが、全国の駅伝に関わる官道の整備を言っていると解すこともできそうである。それは兎も角、改新詔で駅馬・伝馬のことを言っているものの、当時どの程度現実のものになっていたか不確かであるが、天智天皇朝に入る頃になると後の令制七道に当たる官道が開削されていたことが確実で、それに伴い鈴契の制度も整えられていたはずである。大宝・養老令では公式令で駅鈴・伝符の支給基準やどのような場合に駅馬・伝馬を利用するかについて詳細な規定を設けている。駅道を開削し駅家を置く段階に至っている天智天皇朝において、大宝・養老令の駅伝馬規定に準ずる法制が行われていたことを考えてよいのである。天武天皇元年（六七二）六月に挙兵を決意した大海人皇子は飛鳥古京留守司高坂王の許へ遣使して駅鈴の提供を求めている。高坂王が提供を拒んだので、大海人皇子方は駅鈴を入手できなかったという。駅鈴の管理に関わる法の作られていたことを推測可能であり、天武天皇元年六月という時点を考慮すれば、既に天智天皇朝において管理規定が整備されていたとみてよいのである。大海人皇子の挙兵に対処するため大友皇子方では使人を筑紫大宰栗隈王・吉備国守当麻広島の許および東国へ遣わしている。東方へ派遣された韋那公磐鍬について『日本書紀』では駅使としており、九州・吉備への使人も駅使であったとみてよいだろう。非常時に駅制が機能していたことが判るが、天智天皇朝における駅制整備により可能になっていたことは言うまでもないだろう。

造籍・班田法

改新詔第三条は戸籍・計帳・班田収授の法の作成を言っていた。戸籍については大化元年（六四五）八月に任命された東国国司や倭国六県に遣わされた使者に作成が命じられており、更に白雉三年（六五二）四月にも戸籍を作っている。既述した如く、大化前代の屯倉における丁籍・名籍の作成を顧慮すれば、改新政府に造籍能力があったとみてよく、大化元年八月ないし白雉三年の造籍を疑う必要はないが、天智天皇九年（六七〇）庚午に作成された庚午年籍については、八世紀に入り作成後三十年経つと廃棄してよい戸籍保存制度の下において、養老戸令の規定で「近江大津宮庚午年籍不ㇾ除」とされ、永久保存が定められている。井上光貞氏の研究によれば、この戸籍は氏姓を定め良賤の身分を記載し後代の基準になったという。[24]確かに庚午年籍は平安時代に至っても保存されており、六国史等に身分や氏姓をこの戸籍により改訂している例が散見する。即ち庚午年籍は従前の戸籍と異なり、作成基準が全国的に統一されかつ良賤・氏姓等をきちんと記入し、内容的に豊富になっていたとみられるのである。井上氏は大化以来朝廷の進めてきた国―評制がしっかり定着したので、後代の基準となし得る戸籍が作れるようになったと論じているが、それとともに大化以来の造籍を実施してきた過程で経験を積み、改善・充実を図ってきた結果でもあるだろう。律令制下の戸籍作成手続については戸令に規定がみえるが、庚午年籍を作る段階にあっては、戸令にみる造籍規定に准ずるような法条が定められていたのではなかろうか。

班田収授については、大化二年八月発遣の国司に対して田を収め民に均給せよとの指示が出されており、造籍を行った白雉三年（六五二）にそれに先立ち実施されていた。既述した如く白雉三年の班田、次いで造籍という次第は律令時代のあり方と異なり寧ろ唐制に近く、唐留学から帰国した当時の改革実務担当者の起案に相応しいように思われるのであるが、収田、均給の具体的なあり方がどのようであったか、田積から始めて史料を欠き不明である。

ところで給田方式には大宝・養老令に規定されている謂わば耕地を割り付ける屯田方式と、唐制の最高限度額を規定する限田方式とがあったことが指摘されている。[25]前者では男子に二段という、ほぼ一人の労力で耕作可能な田を支給し、後者は未開地を含め一人の労力では耕作不能な程の広い土地が限度額になっている。大化当時の給田がどちらの方式を採っていたか判らないのであるが、造籍・班田の次第が唐風であったことを顧慮すると、一定の耕作可能な面積の土地を割りつける屯田方式でなく、唐風の限田策を採っていたかもしれない。尤も屯田方式は戦時のような非常事態下に相応しいとされるので、軍事クーデターを断行して急速に改革を進め、その一方で唐・新羅の圧迫を感じていたとみてよい改新政府は、屯田方式を採用したとみることができそうである。大化元年八月庚子の東国国司への詔では「薗池水陸之利、与二百姓一倶」と指示し、未開地の利用については公私共利を旨とすることを言っているので、均給の対象は熟田に限定していたとみられ、この点からも屯田方式を採っていた可能性が考えられる。それは措いて、戸籍作成の進化・改善が進み庚午年籍が作られるようになっているのに並行して、班田収授についても天智天皇朝において大化の頃のあり方の改革が図られているように思う。

　以上改新詔を巡り布告以降、天智天皇朝における改変、発展について検討してきたが、中臣鎌足が旧章を損益して作ったという条例が右述した改変、発展に関わるとみて、まず誤りないだろう。改新詔は四条ながら支配のあり方、態勢を大きく改めることを内容としており、これを起点とする法令の損益を行った条例も支配の根幹に関わる事項を内容としていたことと思う。先に私は鎌足作成の条例を編纂法典としての令とみることはできないとしたが、令に規定されているような重要事項を内容としていたことも十分に推察されるところである。この条例を近江令と称するのは正しくないが、令に準ずるような法例集ではあった。

第三節　皇室制度

天皇呼称

大化改新から天智天皇朝においては、皇室制度にも改革が進められている。まず天皇呼称であるが、古く日本では君主の称号は大王であり、推古天皇朝の頃大王の呼称とは別に中国風の天子を意味するアメタリシヒコが使用されていた。これは外交関係で使用することを旨としていたらしく、開皇二十年（推古天皇八、六〇〇）に派遣された第一回遣隋使が使用していた。『隋書』「倭国伝」によれば倭王は「姓阿毎《あめ》、字ハ多利思比孤《たりしひこ》、阿輩鶏弥《あへきみ》ト号」していたとみえている。アメタリシヒコは中国語に翻訳すれば天児、天子であるが、天子そのものではないため隋との外交上で紛糾をおこすことはなかったらしい。ただし推古天皇十五年（六〇七）に派遣された遣隋使小野妹子は天子を号とする国書を煬帝の許へ齎し、煬帝から叱責を受けたことは周知に属す。この称号は中国皇帝支配下の侯王を意味する倭王と異なり、中国皇帝と対等であることを含意とする。恐らく妹子の派遣に先立ち朝廷内で君主の号をどうするかで議論が行われ、天子、天皇、皇帝等が検討され、妹子は天子を号とする国書を携えて渡航し、結果的に対隋外交の場で天子、天皇、皇帝等の称号を使用することに失敗するものの、国内や対朝鮮外交の場では使用するようになっていくのである。即ち私は中国皇帝の支配下からの独立路線を明確に示す君主の称号使用開始を推古天皇朝とみるのであるが、この称号使用について一の進化を大化改新にみることができると考える。

大化の天皇称号

乙巳の変の直前に三韓の調貢進のために使節が来日していたが、大化元年（六四五）七月丙子に巨勢徳太臣が高句麗使に、

明神御宇日本天皇詔旨、天皇所レ遣之使、与二高麗神子奉遣之使一、既往短而将来長。是故、可下以二温和之心一、相継往来上而已。

という詔を告げ、百済使に対しても「明神御宇日本天皇」で始まる詔を宣している。大化二年二月の鍾匱制を言う詔中に「明神御宇日本倭根子天皇」がみえ、更に同年三月の中大兄皇子の謂ゆる皇太子奏中にも「現為明神御八嶋国天皇」という称号がみえている。かかる称号は大化以前にみえず、その一方で大宝・養老令の公式令詔書条に「明神御宇日本天皇」という用語がみえることを根拠に、大化の「明神御宇日本（倭根子）天皇」、「現為明神御八嶋国天皇」は『日本書紀』の編者による文飾と解釈されることが多いが、私は皇権の強化を目指していた改新政府が天皇の神格化を闡明にした右のような称号の使用を案出したことは十分に考えられると思うのである。大宝・養老令制で「明神御宇日本天皇」は蕃国使に宣詔する時に使用するとされており、高句麗・百済使への詔の中で使っているのは令制の通りなので、後代の令文による修飾の可能性を排さないが、大宝令の制定に至るまでの間においてかかる称号を案出する契機となると、大化改新がそれに当たる可能性が大ではなかろうか。君主の称号の問題となると、大化改新のブレーンたる留学僧・生らの見解が徴されたことと考えられるが、私は「明神御宇日本天皇」がこれらの人たちの起案に基づく称号と見得るように思うのである。高句麗・百済使に対する詔の中での使われ方は大宝・養老令制通りであるが、中大兄皇子の皇太子奏中での使われ方は後代には例をみないものである。皇太子奏中の「現為明神御八嶋国天皇」は立后・立太子や元日受朝のような朝廷大事に使用される令規の「明神御大八洲天皇」に近似するが、皇太子奏

は入部・屯倉の返還の申し出を内容としていて、令制の朝廷大事とは異なり、かつ令制ではいずれも天皇が詔を下すときに使用する語であって、臣下（含皇太子）が使用するものではないのである。大化二年三月の皇太子奏での使われ方をみると、令規に似た用語とはいえ、令規と相当に異なっていると見ざるを得ず、大化の頃の独特の使用と考えられるのである。私はかく考えることから、「明神御宇日本天皇」ないしこれに類する称号は大化に始まるとみてよいと判断する。ここに改新政治起案者の皇権強化を印象づけようとの工夫をみることができるように思う。

外交文書にみる天皇称号

天皇称号については『善隣国宝記』鳥羽院元永元年（一一一八）の項に菅原在良が隋・唐以来の日本国へ提出された書状にみる例を勘申したことがみえており、次の如くである。

勘下隋唐以来献二本朝一書例上曰、推古天皇十六年、隋煬帝遣二文林郎裴世清一使二於倭国一書曰、皇帝問二倭皇一云々。天智天皇十年、唐客郭務悰等来聘書曰、大唐帝敬問二日本国天皇一云々。天武天皇元年、郭務悰等来、安置二大津館一客上二書函題一曰、大唐皇帝敬問二倭王一書。又大唐皇帝勅二日本国使衛尉寺少卿大分等一書曰、皇帝敬致二書於日本国王一。

裴世清が齎した国書に「皇帝問二倭皇一」とあったとするのは、『日本書紀』推古天皇十六年（六〇八）八月条の「時使主裴世清、親持レ書、両度再拝、言二上使旨一而立之。其書曰、皇帝問二倭皇一」に依拠したもので、当時煬帝が日本の君主を倭皇と称したとは考え難く、文飾に出たもので、真実は「皇帝問二倭王一」だったとみられる。天子なる語を使用したことで叱責した煬帝が、倭皇なる語を用いたとは考え難いのである。天智天皇十年（六七一）の唐使郭務悰の携えてきた国書については、日本国天皇をいう一方で、天武天皇元年に朝廷に呈出した書函には倭王と題されていた、という。郭務悰の提出した国書と函が同一時期のものとすると、少なからず矛盾の様相を呈していることになるが、論者によっては、作成した場所の相異により国書と函の標題が異なっていたと解釈したり、国書の標記を郭務悰が新しく大宰府で起草し直したと説き、また同一国書の別々の表現とする説が提出されている。私は君主の称号は国威に関わり、外交の場で頗る慎重に扱われるものであることを踏まえると、国書中の君主称号と函の標題が異なっている事態や来日中の使節が書き直すというような理解は、やや安易に過ぎる推測のように思う。

『日本書紀』天智天皇紀によれば、十年十一月に百済駐在の唐使郭務悰が二千人を率いて対馬に来着し、翌天武天皇元年三月に書函と信物を献上し、五月に多量の絁・布・綿を得て戻っている。当時百済に駐在していた唐軍は同盟していた新羅と対決するようになっていて、日本の援助を期待して遣使してきているのであるが、天智天皇十年紀には右郭務悰の来日とは別に百済駐在唐軍の指揮官である百済鎮将劉仁願が正月に李守真らを派遣して上表を行い、七月に戻ったとの記事がある。李守真は他にみえず、『資治通鑑』によれば劉仁願は高句麗征討の不手際を問われて当時雲南へ配流中だったとみられ、この記事には不可解なところがあるが、私はこの使節が郭務悰を使節員とし、劉仁願による派遣を詐って来日した可能性が考えられるように思う。『善隣国宝記』天智天皇三年条所引の『海外国記』には、唐使を称する郭務悰以下三十人と百済佐平祢軍ら百余人が来日し牒書と献物を齎したが、采女通信侶と僧智弁が九州へ派遣されて調査すると、唐天子の使人でなく百済鎮将の私使であることが判明し、郭務悰らの入国を認めず牒書の受納もとり止めている。白村江での戦いの後始末をするための百済鎮将による私使の来日のようであるが、天智天皇十年一月の劉仁願による李守真派遣なるものも、同天皇三年の私使同様に百済鎮将の私使だったのではあるまいか。新羅を牽制しかつ日本から援助を求める目的で百済在駐の唐官人らが遣使することは、十分に考えられるように思う。私は『日本書紀』には李守真が上表したとみえるものの、郭務悰が事に当たっていたとみるのである。かく推測して可とすれば、郭務悰は天智天皇十年一月と十一月の二度来日し、前者では「日本国天皇」と書いた国書を提出し、後者では「倭王」と書いたものを差し出したことになろう。

唐使による天皇称号の使用

隋は日本の天皇が天子は勿論、天皇、皇帝等を称すことを認めなかったと考えられるが、唐も同様であり、遣唐使らは苦肉の策として天皇は倭王にして名を主明楽美御徳《すめらみこと》と称する国書を提出していたらしい。天皇なる文字は使用しないが、姓名をスメラミコトとすることにより、天皇称号使用の実をとる策略である。即ち正式の唐使となれば日本の君主を日本国天皇と称すことはあり得ないが、天智天皇十年一月来日の唐使李守真、郭務悰らが百済鎮将らの私使であるならば、日本国天皇を称しても差し障りがないことになろう。この使節は日本の歓心を得ることを一の目的にしていたことが考えられるから、その意図で日本国天皇という称号を使用したのであろう。これに対し十一月に来朝した郭務悰が正規の唐使として唐皇帝の国書を将来したとすれば、日本の君主の称号としては倭王という表現以外にはあり得ないことになる。勿論当時の状況を考えれば、十一月来日の郭務悰も百済鎮将の私使の可能性を排さないが、二千人という大集団を率い軍事力を背景に、前回一月の時とは異なり日本に取り入るような日本国天皇を称さず、倭王とした可能性を考えてもよいだろう。それは兎も角、唐の公使が倭王を称しても、百済鎮将の私使と覚しき使人は日本国天皇と言っていることが確認され、天智天皇朝末の頃日本は勿論朝鮮半島で日本の君主について天皇なる称号が知られていたことが判り、その定着の程が窺知されるのである。先に大化の頃、明神御宇日本天皇ないしこれに類する称号が使われるようになったことを考えたが、その延長上で定着してきているのである。私は前節で検討した中臣鎌足が作った条例の中に、日本の君主を天皇と称することや明神御宇日本天皇といった用語のことが規定されていた可能性もあるように思う。

大海人皇子と皇太子制

皇室制度上の重要事項に皇太子制がある。天智天皇紀に大海人皇子を皇太弟とする記事がみえるが、同皇子が皇太子（弟）に冊立された気配はなく、『日本書紀』編者による文飾と見做される。『日本書紀』では皇太子制が行われる以前の朝廷における皇太子格の皇子を皇太子としており、継体天皇朝における勾大兄皇子や推古天皇朝における聖徳太子（厩戸皇子）はその例である。中大兄皇子も皇太子格であっても、皇太子制以前の段階であったので、皇太子に冊立されることはなかったと考えられている。天智天皇が十年十月病が重くなった時に大海人皇子を病床に喚んで後事を託すと告げると、大海人皇子は再拝して固辞し、

請奉二洪業一、付二属大后一、令二大友王一奉二宣諸政一。臣請願、奉二為天皇一、出家修道。

と述べている。天皇としての職務を皇后である倭姫王に委ね、大友皇子に政務万端を執行させればよく、自分は天智天皇のために仏道を修行したいということであり、これが皇太弟としての言葉であるとすれば、甚だ奇妙と言わざるを得ない。皇太弟ということは制度的に次の天皇に予定されている人物であるから、後事を託されればそれを受けるのが当然の立場である。仮に受けないとすれば、療養に努めて速かな回復を願うというような応答をするものであろう。因みに平安時代初の例であるが、病む平城天皇から譲位を打診された神野皇太弟（嵯峨天皇）は、医薬に努めて復調して欲しい、未熟な自分はまだ学ぶ必要があると申し出ている。大海人皇子の応答が皇太弟としてのそれであるとすれば、皇太弟としての任務放棄に他ならず、ここは皇位を継承しても不思議でない有力皇子であったにしても、制度としての皇太子の地位に就いていたとは思われないのである。

大友皇子の成長

天智天皇が即位する以前、称制三年（六六四）二月に大海人皇子は前章で検討した甲子の宣を宣布している。これは皇太子格の皇子として天皇の命を受けて行っていると解される。称制時代の天智天皇は、大海人皇子を自分が天皇になった時に皇太子格で遇するという了解をしていたのであろう。但し天智天皇として七年（六六八）に即位する頃になると宮人伊賀采女宅子の所生である大友皇子を自分の後嗣に当てることを考えるようになったようで、天智天皇と大海人皇子、大友皇子の関係が微妙なものになってくるのである。『懐風藻』の大友皇子伝によれば皇子は天武天皇元年（六七二）に二十五歳で死去しているから、天智天皇七年には二十一歳であり、成人に達していた。『懐風藻』の伝には、

魁岸奇偉、風範弘深、眼中精耀、顧眄煒燁。唐使劉徳高、見而異曰、此皇子、風骨不レ似二世間人一。実非二此国之分一。

とあり、天智天皇が次の天皇と考えても不思議でない人物であった。かかる状況下で出来したのが天智天皇七年、天皇主催の琵琶湖畔の宴席での長槍指貫事件であり、称制時代に自他ともに皇太子格とみていた大海人皇子の地位が危うくなり、鬱積した思いの同皇子が惹起したものに他ならない。皇太子（弟）格であっても皇太子（弟）そのものではないのであるから、大海人皇子の期待が外れかかっても致し方のないところがあり、その重苦しい思いが突発的な指貫事件となっているのである。

大友皇子の太政大臣就任

天智天皇十年正月に既述した如く新官制の下で大友皇子は太政大臣に就任している。この太政大臣の任務について

『懐風藻』では百揆を総ね万機を親しくしていたとしている。大宝・養老令制の太政大臣が天皇の師範役で、相応しい人物がいなければ欠員のままとする則闕の官であるのに対し、百揆を総ね万機を親しくするとなれば則闕の官では済まず、職事の最高執政官ということになる。先に天智天皇から後事を託すと打診された大海人皇子が、大友皇子に奉宣のことを行わせればよいと応答しているのを紹介したが、これはかつて大海人皇子が甲子の宣の宣布の時に行っていた権限に一致し、『懐風藻』の百揆を総ね万機を親しくするというのも、天皇の下での職務として同性格とみてよいだろう。大友皇子の太政大臣就任は皇太子への冊立と異なるが皇太子格への登用であり、天智天皇は次の天皇として大友皇子を認知する行動に出たと解される。一月五日に大友皇子の太政大臣任官が行われると、翌六日の紀に「東宮太皇弟奉宣、或本云、大友皇子宣命。施㆓行冠位法度之事㆒」とあり、本文で大海人皇子が冠位・法度のことを奉宣したとする一方で、割注で大友皇子が行ったとの異本の伝承を掲記している。『日本書紀』が天武天皇の側に立って記述されていることを顧慮すれば、異本の伝承の方により真実性があるように思われる。『日本書紀』の編者は奉宣に当たった皇子を大海人皇子とする史料と大友皇子とするそれとを入手していたことが判明するが、大海人皇子の権威を昂めようとする風潮の中で、それに反するような異本の伝承は、それが真実なので伝わったとみるのである。大友皇子は、前日任官した太政大臣の権限で奉宣を行っているのであろう。大友皇子の太政大臣任官は、皇太子格であった大海人皇子の立場を決定的に不利なものにしたとみることができる。

『懐風藻』にみる大友皇子の太政大臣任官

ところで『懐風藻』大友皇子伝では年弱冠にして太政大臣に任じ、二十三歳で皇太子となり、壬申の乱に遭って二十五歳で死去したとしている。弱冠は二十歳の異称であるから、天武天皇元年（六七二）における死去より逆算すると、天智天皇六年（六六七）に太政大臣に任官したことになる。これは天智天皇十年に太政大臣になったとする『日本書紀』の記述と大きく齟齬していることになるが、天智天皇六年は天皇が即位する以前の称制時代であり、この段階での大友皇子の太政大臣任官は考え難く、『懐風藻』に誤解があることが確実である。二十歳は男子が冠を着用し成人とされる年齢であることを考慮すると、『懐風藻』の編者は二十歳になった大友皇子は然るべき官職に就いて当然であるという観念により、太政大臣に任官したとしたのではないかと思われる。(26)『懐風藻』が近江方深重の思いを有する人物により編集されていることは周知に属すが、この思いが右観念を生みだしていたとみることができそうである。従って大友皇子の太政大臣任官について『懐風藻』の記述は依拠を欠き、『日本書紀』に従い天智天皇十年正月としてよく、任官の翌日の大友皇子による冠位・法度の宣命は、皇子が朝政執行の第一人者であることを印象づけるための儀式という性格を有していたと解される。法度は兎も角、冠位について言えば既に甲子の宣の一部として天智称制三年に大海人皇子が宣布していたものであった。天智天皇紀十年正月是月条には、

橘は己が枝々に生れれども玉に貫く時同じ緒に貫く

という童謡が引かれている。別々の枝についた橘の実が、それを玉として緒に通す時は同じ一の緒に通しているという歌意で、本来なら新官制の頂点に置くべきでない大友皇子をそれに就かせ、やがて起こることになる壬申の乱を風諭しているらしい。天智天皇が即位後大友皇子に次を委ねる気持に傾くようになっていたにしても、大海人皇子を皇太子格とみる風潮のある中で、朝廷内外に大友皇子の太政大臣任官を危ぶむ思いが少なくなかったことを示している。かかる状況下で、天智天皇十年九月に天皇は不予となり、十月庚辰に先述した如く大海人皇子を病床に喚びよせ、後事を託すと告げたものの皇子は拒み、出家して吉野へ入ることになる。応答する皇子の言葉から大海人皇子が皇太子（弟）でないことを読みとれることは既述したが、洪業を皇后倭姫王に付属し奉宣役を大友皇子にさせればよ

いとの言辞は、大友皇子も皇太子でないことを示しているように思われる。大友皇子が皇太子であるならば既に二十四歳になっているのであるから、倭姫王への付属でなく、大友皇子への付属が当然のことだったのではないか。「付属」は皇位に即くことでなく、かつての中大兄皇子が皇位に即かないまま天皇事を行った称制でもよいだろう。この事実は既に大友皇子が任官していた太政大臣が皇太子を含意とする官でなかったことをも示している。奉宣役は皇太子格ではあっても、皇太子そのものではないのである。

猶、大海人皇子が洪業の付属を提言した倭姫王に関し、天智天皇死後皇位に即いたとする説があるが、それを示す史料はなく、信拠性を欠いている。

大友皇子の皇太子冊立

大海人皇子が後事を託すとの天智天皇の申し出を固辞して吉野へ隠棲すると、天皇にとり大友皇子を明確に皇太子とすることに障害がなくなったことになり、皇太子とすることに踏み切ったと考える。『懐風藻』では天智天皇九年（六七〇）に二十三歳の大友皇子が皇太子となったと記しているが、この年次、年齢は信拠できないものの、天皇は皇子を皇太子とすることを正式に宣言したとみるのである。『日本書紀』天智天皇十年十一月丙辰条は次の通りである。

大友皇子、在㆓於内裏西殿織仏像前㆒。左大臣蘇我赤兄臣・右大臣中臣金連・蘇我果安臣・巨勢人臣・紀大人臣侍焉。大友皇子、手執㆓香鑪㆒、先起誓盟曰、六人同㆑心、奉㆓天皇詔㆒。若有㆑違者、必被㆓天罰㆒、云々。於是、左大臣蘇我赤兄臣等、手執㆓香鑪㆒、随㆑次而起。泣血誓盟曰、臣等五人、随㆓於殿下㆒、奉㆓天皇詔㆒。若有㆑違者、四天王打。天神地祇、亦復誅罰。卅三天、證㆓知此事㆒。子孫当絶、家門必亡、云々。

この年正月に左大臣に任官した蘇我赤兄らが大友皇子に従い内裏西殿の仏像の前で香鑪を手にとり天皇詔を守り違背しないことを誓盟しているのであるが、ここで私が注目するのは大友皇子以下六人が奉じている「天皇詔」である。『日本書紀』はこの詔について如何な内容であるか一言も語っていないが、大友皇子を皇太子とすることを言い、この大友皇子を赤兄らが守護すべきことを申し渡す内容ではなかったか。仏像の前での誓盟は、天智天皇が近江大津京を定めるとその内外に崇福寺・南滋賀廃寺・穴太廃寺などの造営を行い、母斉明天皇の追善のために筑紫観世音寺の建立を開始し北辺の鎮守として下野薬師寺を計画するなど仏教信仰に篤かったことを考慮すると、極く自然なものとして理解されるが、法力を代表する四天王とは別に三十三天に証知せしめている点に特異性があるように思われるのである。三十三天は忉利天を別名とし、帝釈天率いる須弥山の四方にそれぞれ八天、それに帝釈天を合わせた仏教守護神の住んでいるところであるが、忉利の付属なる語があり、地蔵菩薩が忉利天で釈迦如来の付属を受けて六趣の衆生を救済する故事が伝えられている[27]。これより皇位の委属・継承に験力があると信仰されていたようであり、三十三天の証知を求めているということは、大友皇子を皇嗣として仏教守護神が守って欲しいということであり、皇子を次の天皇とした上でのことと思われるのである。次の天皇となれば皇太子に他ならず、私は天智天皇詔は大友皇子を皇太子とすることを言い、その遵守を赤兄以下の官人に求めていたと解される、とみるのである。『続日本後紀』仁明天皇即位前紀には、

　太后曽夢、自引㆓円座㆒積累之。其高不㆑知㆑極。毎㆓一加累㆒、且誦㆓言卅三天㆒、因誕㆓天皇㆒云。

とある。嵯峨天皇の皇后であった橘嘉智子が夢の中で円座を積み重ねながら三十三天の名前を誦言し、後に仁明天皇となる正良親王を生んだということであるが、三十三天の信仰が皇子の皇位継承と結びついていたことを示している。仏前で赤兄らが泣きながら誓盟したというのも、天智天皇詔が通常の政策実施に関係するような内容でなく、天

皇の個人的状況に関わる大友皇子を皇太子とし守護せよとの指示であることによろう。吉野へ向う大海人皇子について世人が「虎ニ翼ヲ着ケテ放テリ」と語ったということはよく知られているが、赤兄らもこのことはよく知っており、その流涕は先の困難を見通した上での悲痛の思いに由ると解されよう。大友皇子および赤兄らが誓盟を行った翌日近江宮に火災が発生している。大蔵省（官）の第三倉より出火したという。宮舎の火災が往々にして政治的不満や緊張の中で出来していることを顧慮すると、大友皇子を皇太子とし守れと指示する天智天皇詔への不満、不快感を抱く者による放火によるのかもしれない。大海人皇子に心を寄せる者が天智天皇詔に不快感を抱いたことは、言うまでも無かろう。五日後の二十九日には再度天智天皇の前で赤兄らが誓盟を行っている。

大友皇子と監撫

第二章で『懐風藻』収載の大友皇子の詩作「五言、侍宴、一絶」と「五言、述懐、一絶」を紹介したが、後者では「羞ヅラクハ監撫ノ術無キヲ」と述べていた。監撫とは監国撫軍の意で、天子征行の際に太子が留まり守ることが監国に当たり、守る者が他にいて太子が天子と共に従軍するのが撫軍である。皇太子に非ざる者が監撫の任に就くことは考え難く、この詩は大友皇子が皇太子になっていたことを示していると解される。太政大臣として監撫なる語を使用した可能性が考えられるが、天智天皇の意向は兎も角、奉宣の任に当たり皇太子格と見做されてきている大海人皇子を措いて、大友皇子にとり監撫なる語を含む詩作は難しいのではなかろうか。私は大友皇子を皇太子とするとの天智天皇詔が出た後、懐いを述べたのが、「述懐」の詩と考えることができるように思う。天智天皇の不予、大海人皇子の吉野隠棲という急転回する宮廷事情を考慮すると、大友皇子にとってかかる詩作をする余裕はなかったのではないか、という想定があり得るが、既に太政大臣として奉宣のことに当たる経験を積み、病床の父天皇に代り自分がやらねば、という思いを抱いたとすれば、「述懐」の詩作は当時の大友皇子の心情に相応しいだろう。

大友皇子と蘇我赤兄ら六人が奉じた天智天皇詔が皇子を皇太子とするというような重大な内容であったとすれば、『日本書紀』にその旨の記事があってよさそうなところであるが、天武天皇を天智天皇の正統な後継天皇とする『日本書紀』の立場では、大友皇子を正式の皇太子とする記事の採用には躊躇せざるを得ず、「天皇詔」と表現するに留めているのであろう。この詔が大友皇子および左右大臣・御史大夫らにより涕とともに誓盟され、背いた場合は子孫・家門の絶亡を言う程の重大事ながら、内容について一言も言っていないのも、『日本書紀』の立場で認めたくない大友皇子の立太子を内容としていたからだとすれば、納得できるように思う。『日本書紀』は大友皇子の太政大臣任官までは記述しても、皇太子までは記事化できなかったのである。内容を言わない『日本書紀』の「天皇詔」なる語は思わせぶりとも言える文句であり、『日本書紀』編纂当時の人にとっては自明の言葉だったのであろう。但し『日本書紀』ではその内容について記述することは憚られたのである。

以上より私は天智天皇十年に大友皇子は立太子していたとみるのであるが、従前朝廷において皇太子制は行われておらず、大友皇子の皇太子を本邦最初のそれと解している。従前中大兄皇子にしても大海人皇子にしても有力な皇子として皇太子格ではあっても皇太子とはいえなかったのであるが、大友皇子は皇太子となり、その嚆矢に当たるとみるのである。(28)

不改常典

ここで想起されるものに、八世紀以降天皇が即位するに当たって発される詔中にみえる近江大津宮に御宇した天皇の始めた不改常典なる法がある。これについて文字通り天智天皇が立てた法とみる説と天智天皇に仮託した法とみる

説とがあり、内容について、

ⓐ近江令説

ⓑ嫡系ないし直系主義にたつ皇位継承法

ⓒ隋・唐風の専制君主としてのあり方を定めている。

ⓓ皇位継承者の決定を天皇大権として位置づけている。

ⓔ君臣の義を定め、皇統君臨の大原則を定めている。

ⓕ幼帝の即位を定めている。

の如き諸説が発表されている。(29) 不改常典が最初にみえるのは『続日本紀』慶雲四年（七〇七）七月壬子条の元明天皇即位詔中で、この法を受けて文武天皇が即位し持統太上天皇とともに治政に当たった、と言っている。慶雲四年は天智天皇の末年から三十余年しか経っておらず、当時の筆頭公卿石上麻呂は三十三歳で既に天智天皇の朝廷に出仕しており、他にも天智天皇朝の末年の不改常典の制定の有無について事実を知っている人が少なくなかったであろうことを顧慮すると、全くの根も葉もない造作であったならば、文武天皇の即位に関わる法として持ち出すのは困難だったと思われ、仮託説はとる必要がなく、天智天皇朝において不改常典なる法が出されていたとみてよいだろう。

ⓐ説については、近江令の編纂に疑問があることを別にしても、日本の大宝・養老令や唐令で天皇・皇帝の即位関係の規定を設けることをしていないことを考慮すると、近江令なる法典の中に即位規定があった可能性は小さく、従い難い所見であろう。ⓑ説は天武天皇↓（草壁皇子）↓文武天皇↓聖武天皇と続く皇統を念頭におくと説得的であるが、不改常典が天智天皇に出るとすれば、天智天皇↓大友皇子が正統となり、天武天皇の系統の嫡系に繋らず、文武・聖武天皇の即位に関わらせるとなると不都合な事態になると思われ、矢張り当たらない所見と言わざるを得な

い。ⓒ説は、即位詔では不改常典により即位するとなっている文脈からみて不自然であり、この説も支持し難い。不改常典は第一義的には天皇の即位絡みなのである。ⓓ説は前天皇の意思が次の天皇を決める際のポイントになっているとの所見を前提としており、文武天皇が前天皇持統の命をうけて即位し聖武天皇も前天皇の意思により即位すると不改常典を引く詔の中で言っているので、妥当的と言い得る面があるが、皇太子首親王を差し措いて元明天皇の意思で元正天皇が即位した時の詔では不改常典が引かれておらず、ⓓ説を是とするには躊躇せざるを得ないように思われる。ⓓ説の立場にたてば、元正天皇の即位の時こそ不改常典に触れて然るべきであろう。ⓔ説は高天原から降臨する時、瓊々杵尊に授けられたとする天壌無窮の神勅に類するものを想定しているが、皇室が存続する限り皇統君臨は当然のことであるから、即位詔の中で繰り返す必要があるか疑問であり、矢張り正鵠を失しているように思われるのである。ⓕ説は文武天皇が十五歳で即位しているのをみると説得的であるが、聖武天皇は二十四歳で即位しその即位詔中に不改常典が引かれているのであるから、この説を是とすることはできない。

不改常典と天智天皇詔

以上天智天皇の不改常典に関する先学の所説に触れてきたが、私は、不改常典が即位詔の中で即位の根拠として触れられている点に注目すると、天智天皇が正式に自らの後継者として大友皇子を指定したと考えられる、天智天皇十年十一月の大友皇子と蘇我赤兄らが奉じ誓盟した天智天皇詔が関わってくるように思われるのである。既述した如く、この詔は太政大臣として既に皇太子格の立場にあったとみてよい大友皇子を正式の皇嗣、皇太子とすることを言い、赤兄らに皇子を守ることを指示する内容であったと考えられる。私はこれを本邦における皇太子の嚆矢と見得るとしたのであるが、皇太子制を定めたとなれば、大友皇子ともう一人の有力な皇子である大海人皇子との皇位を巡る微妙な相剋の中で、前者の立場を制度的に確定したものにするという状況的効果が考えられるとともに、後代の皇位継承のあり方に多大な影響を与えることになったと思われる。私は、天智天皇十年詔が皇太子制を定め、皇太子からの即位を言っている点が後代の天皇の即位の際の根拠とされ、即位詔で言及されていると考えるのである。因みに八世紀代における不改常典を引く即位詔はいずれも皇太子からの即位の場合で、先に少し触れた皇太子からの即位でない元正天皇の即位詔では触れていない。皇太子からの即位でない元明天皇の即位詔では不改常典に触れているものの、前天皇文武の即位の根拠としてであって、自らの即位の根拠としてではない。

不改常典が皇太子とそれからの即位を定めているとすれば、内容を伴わない言い方でなく、直截的にその内容に即していてもよさそうなところであるが、天智天皇から大友皇子への皇位継承を言っていたであろうことを顧慮すると、天武天皇の系統の天皇の即位詔において具体的な内容に言及することは憚られ、不改常典という謂わば抽象的な言い方で終始しているのであろう。皇太子からの即位を定めていたのであれば、文武天皇の即位詔で触れていて然るべきであるが、この天皇の即位の背景には天武天皇とともに壬申の乱を戦った持統太上天皇がいたのであるから、大友皇子を正統視する要素を有する天智十年詔→不改常典を持ち出すようなことは考え難い。元明天皇となると天武天皇の嫡子草壁皇子妃ながら、天智天皇の皇女で壬申の乱にコミットしておらず、不改常典をもちだすことに抵抗感がなかったのであろう。

不改常典は皇位継承に関わる、謂わば皇室典範に類する法と言ってよいだろう。天智天皇朝においては大化改新詔以来の法を損益して法条を作り、その一方で皇位継承法についても重要な決定をなしていたことになる。近江令という編纂法典が編まれたとは考え難いが、律令的法制の骨格が作られたと言い得るように思われる。

注

（1）大山誠一『古代国家と大化改新』第一部第二（吉川弘文館、一九八八年）。
（2）坂本太郎「大化改新の研究」第四編第一章（『坂本太郎著作集』第六巻、吉川弘文館、一九八八年）。
（3）井上光貞「庚午年籍と対氏族策」（『井上光貞著作集』第四巻、岩波書店、一九八五年）。
（4）関晃「天智朝の民部・家部について」（『関晃著作集』第二巻、吉川弘文館、一九九六年）。
（5）北村文治「改新後の部民対策に関する試論」（『北大文学部紀要』六、一九五七年）。猶、北村文治説と同様の所説を平野邦雄「甲子宣の意義—大化改新後の氏族対策—」（『古代史論叢』上巻、吉川弘文館、一九七八年）が述べている。
（6）前注（4）。
（7）津田左右吉『日本上代史の研究』「上代の部の研究」（岩波書店、一九四七年）。
（8）前注（4）。
（9）石母田正『日本の古代国家』第三章第一節（岩波書店、一九七一年）。
（10）原秀三郎『日本古代国家史研究』第一編前編（東京大学出版会、一九八〇年）。
（11）関口裕子「『大化改新』批判による律令制成立過程の再構成」（『日本史研究』一三二・一三三号、一九七三年）。
（12）前注（1）。
（13）前注（1）。
（14）拙著『日本古代の政治と地方』「応分条と氏賤」（高科書店、一九八八年）。
（15）青木和夫『日本律令国家論攷』「浄御原令と古代官僚制」（岩波書店、一九九二年）。
（16）井上光貞『飛鳥の朝廷』「近江朝廷と律令」（小学館、一九七四年）。私も従前近江令は作られていたと考えていたが（拙著『日本古代の政治と宗教』「不改常典について」（雄山閣、一九九七年））、本書で見解を改め非存在説をとるに至っている。

(17) 滝川政次郎『律令の研究』第一編第二章(刀江書院、一九一七年)。
(18) 前注(16)。
(19) 前注(16)。
(20) 笹山晴生『日本古代衛府制度の研究』「『難波朝の衛部』をめぐって」(東京大学出版会、一九八五年)。
(21) 森公章『古代郡司制度の研究』「評制下の国造に関する一考察—律令制成立以前の国造の存続と律令地方支配への移行—」(吉川弘文館、二〇〇〇年)。
(22) 坂爪久純「上野国の古代道路—牛堀・矢ノ原ルートとそれをめぐる道路遺構について—」(『古代文化』四三五号、一九九五年)。
(23) 飯田充晴・根本靖「所沢市東の上遺跡の調査」(『埼玉県地域研究会(一九九〇年)発表要旨』)。
(24) 前注(3)。
(25) 吉田孝『律令国家と古代の社会』「編戸制・班田制の構造的特質」(岩波書店、一九八三年)。
(26) 拙著前注(16)では『懐風藻』の所伝により、二十歳での大友皇子の太政大臣就任を是としていたが、本文のように改める。
(27) 『地蔵菩薩本願功徳経』。
(28) 大友皇子を本邦における皇太子の嚆矢とみる私見と異なり、皇太子制は浄御原令に始まり珂留皇子=文武天皇を最初とする所見がある(荒木敏夫『日本の皇太子』、吉川弘文館、一九八五年)。この説によれば、『日本書紀』天武天皇十年(六八一)二月条に皇太子になったことがみえる草壁皇子は、真実の皇太子でなかったことになる。その根拠として皇太子とされた後に草壁皇子に位階が授けられることや、天武天皇死後即位せず母持統天皇が即位していることがあげられているが、皇太子が位階をもつことについては大宝・養老令制下のあり方と異なっていたとみればよく、父天皇死後即位しなかったことについては身体が病弱であったことが考えられるようである。後代のことであるが、皇太子首皇子は元明天皇が退位した時、父文武天皇が即位した時の年齢である十五歳に達していたが、即位できず、元正天皇が即位している例がある。事情によっては、皇太子でありながら前帝が欠けたからといって直ちに即位できるとは限らないのである。

(29) 前注(26)。

第五章　天智天皇の死とその後

第一節　天智天皇の死

天智天皇の死と大友皇子の即位の有無

大友皇子と蘇我赤兄らが、皇子を皇太子とし守護すべきことを指示していると考えられる天智天皇詔を奉じ誓盟した同天皇十年（六七一）十一月丙辰から十日経った十二月乙丑に、天皇は死去している。天智天皇の死後は順調にいけば、大友皇子が即位することになるが、周知の如く大友皇子が即位したか否かについては壬申の乱があり議論のあるところである。天智天皇が死去し新宮で殯葬が開始されると、皇位継承を巡る争いを諷する童謡が歌われたり大炊寮の鼎が鳴るような不穏な雰囲気が漂う事態となるが、大友皇子方と大海人皇子方とが明確な形で対決するようになるのは翌年の五月に入ってからのことであり、この間、朝廷による唐使郭務悰らの応接や物資の贈与ないし高句麗の貢調使の接受等の重要な式次第は、滞りなく執行されていたらしい。ここで六世紀以降、斉明天皇に至るまでの天皇の死（含退位）と後継天皇の即位日時を『日本書紀』により示すと、

㋑継体天皇退位　二十五年二月七日

安閑天皇即位　同年二月七日
㋺安閑天皇死去　二年十二月十七日
宣化天皇即位　同年十二月
㋩宣化天皇死去　四年二月十日。但し別伝に十月
欽明天皇即位　同年十二月五日
㊁欽明天皇死去　三十二年四月
敏達天皇即位　翌年四月三日
㋭敏達天皇死去　十四年八月十五日
用明天皇即位　同年九月五日
㋬用明天皇死去　二年四月九日
崇峻天皇即位　同年八月二日
㋣崇峻天皇死去　五年十一月三日
推古天皇即位　同年十二月八日
㋠推古天皇死去　三十六年三月七日
舒明天皇即位　翌年一月四日
㋷舒明天皇死去　十三年十月九日
皇極天皇即位　翌年一月十五日
㋦皇極天皇退位　四年六月十四日

孝徳天皇即位　同年六月十四日

ⓛ孝徳天皇死去　白雉五年十月十日

斉明天皇重祚　翌年一月三日

斉明天皇の後継は天智天皇であるが、六年間の称制時代を経て七年めに即位しているので、前天皇の死（含退位）と後継天皇の即位との関連という看点からすると例外であり、省いた。右示したⓘ〜ⓛのうちⓗⓝⓒを除くといずれも四カ月未満で後継天皇が即位していることが判明する。ⓗの宣化天皇の死去時については宣化天皇紀と欽明天皇紀とで所伝を異にし、前者によれば宣化天皇死後十カ月経って欽明天皇が即位したことになるが、後者によれば二カ月後の即位である。どちらに依るべきか判定し難いが、前者だとすれば、宣化天皇死去時点の欽明天皇が若く、安閑天皇皇后であった山田皇女に朝政をみることを求めるなどのことをしていたため、即位が遅れたと解されるようである。

ⓝは欽明天皇が任那再建を命ずる詔を遺して死去したことがあり、同天皇死から一年後の敏達天皇即位となったらしい。この遺詔は甚だ強烈な内容となっており、敏達天皇が即位に踏切るには長期の時間を必要としたと推測される。

ⓒは推古天皇の曖昧な遺詔が一因となって、山背大兄王と田村皇子との間で紛糾がおきたことに由る。即ち格別の問題がなければ前天皇が欠けた後、遅くとも三、四カ月のうちに後継天皇が即位していたことが判明する。私はかかる先例を考慮すると、天智天皇が十年十二月三日に死去した後、翌年五月の近江朝廷と大海人皇子側との対決がはっきりしてくるまでの間に大友皇子の即位があったとみるべきだと考える。既述した如く、天智天皇の末年において大友皇子は正式に皇太子になっていたとみられ、かつ左大臣赤兄以下が大友皇子を守護することを仏前で誓盟していたのであるから、朝廷内で円滑な皇子の即位を図ることがあっても、遅延させるような状況は考えにくいのである。誓盟は仏前のみならず天智天皇の御前でも行われていた。赤兄らが大友皇子の速かな即位を図ることを天皇に誓ったとみ

て、まず誤りないところであろう。三月から五月にかけて唐使郭務悰らの応接や物資賜授、また高句麗貢調使の接受記事が『日本書紀』に採られているのは、近江朝方の政務執行に関わる史料が残存していたことを示し、となると、大友皇子の即位を示す史料も残っていた可能性が考えられるが、『日本書紀』編者としてはそれを認める立場でなく、記事化されていないのであろう。

天智天皇の山科陵の造営

天智天皇の殯儀は十二月癸酉に執行され、山背の山科に山科陵が営まれ埋葬されている。『万葉集』一五五は左注に「従二山科御陵一退散之時、額田王作歌一首」とあり、

やすみしわご大君のかしこきや　御陵仕ふる山科の鏡の山に夜はも夜のことごと昼はも日のことごと哭のみを
泣きつつ在りてや　百磯城の大宮人は去き別れなむ

となっている。この歌は天皇を埋葬した山科陵での喪葬の儀がすべて終了し、奉仕していた官人らが退散している様子を詠んでおり、天智天皇の葬儀が滞りなく済んだことを示していると解される。尤も天武天皇紀元年（六七二）五月是月条には、

朴井連雄君、奏二天皇一曰、臣以レ有二私事一、独至二美濃一。時朝庭宣二美濃・尾張、両国司一曰、為レ造二山陵一、予差二定人夫一。則人別令レ執レ兵。臣以為、非レ為二山陵一必有レ事矣。若不二早避一、当レ有レ危歟。或有人奏曰、自二近江京一至二于倭京一、処々置レ候。亦命二菟道守橋者一、遮下皇太弟宮舎人運二私粮一事上。天皇悪之、因令二問察一、以知二事已実一。

とあり、舎人朴井雄君の大海人皇子への報告によれば、近江朝廷から天智天皇の山陵築造のため美濃・尾張両国司に人夫の動員令が出されていたということであり、これが事実だとすれば、この段階で山科陵造営のための人夫動員中

となるので、山陵は完成しておらず、天智天皇の埋葬以前ということになりかねない。しかもこの報告を機に近江朝廷方と大海人皇子側との軍事対決が明確化してくるので、未完成の山科陵の造営が円滑に進められたか疑問であり、更に言えば山陵での葬儀を行い得る状況であったか疑わしい様に思われるのである。ただし『万葉集』の額田王の山陵での葬儀終了を歌意とする作歌は疑うことはできないだろうから、壬申の乱勃発となる以前に山科陵は完成し、埋葬の儀も終了していたのであろう。強いて臆測を逞しくすれば、近江朝廷方では山陵における葬送儀が終了したにも拘わらず、美濃・尾張国司に対し山陵築造を名目に人夫動員を令し、武器を携帯させるようなことを行っていたのかもしれない。斉明天皇は七年（六六一）七月丁巳に死去した後、天智天皇四年（六六五）二月丁酉に死去した間人皇女とともに越智岡上陵に埋葬され、舒明天皇は十三年（六四一）十月丁酉に死去した後翌年十二月壬寅に滑谷岡に埋葬されている如き、埋葬に至るまでかなり長い期間を経過している例があるが、白雉五年（六五四）十月壬子に死去した孝徳天皇は一カ月後の十二月己酉に大坂磯長陵に埋葬されているので、天智天皇が壬申の乱勃発以前に山科陵に葬られていたとして不自然なことはないのである。

近江朝廷方で山陵造営のため人夫を動員するのは当然のことだったろうが、大海人皇子側との対立が深刻化していく中で動員した人夫の武装化を図り大海人皇子側に備える軍事力とし、更には造営が終了し葬儀が了った後に、新たに山陵造営を騙って人夫の差発とその兵士化を行っていた事態は、十分に考えられるように思う。朴井雄君の報告した人夫の動員と武器の携帯は、右述したような事態に関わるのではなかろうか。私は、近江朝廷方と大海人皇子側との相剋に必ずしも関わらない山陵造営のための人夫差発が、漸次前者にとっては軍事力強化の手段として意識され、後者にとっては重大な敵対行為と映るようになっていたと考えるのである。雄君の報告が大海人皇子が挙兵に至る契機になっていたことは確実であり、人夫の動員が壬申の乱勃発の直接的原因と見得るようである。この乱の推移についてここで述べる必要はないが、結果的に近江朝廷方が敗れ大海人皇子側が勝利して終息している。

大海人皇子の大友皇子への反感

大友皇子は大海人皇子の甥であり、大友皇子妃十市皇女は大海人皇子の娘であるから、近江朝廷方と大海人皇子が対決した壬申の乱は舅甥《おじおい》、舅婿《しゅうとむこ》の争いということになる。かかる骨肉の争いにあっては深刻な敵意が介在することが多いが、この乱では大海人皇子が大友皇子に対して強い憎しみを抱いていたらしい。大海人皇子は戦いに敗れ縊死した大友皇子の首を営前に運ばせている。死体から首を切断して大海人皇子の前に献進しているのは、皇子の大友皇子に対する強烈な敵意の程を示しているように思われるのである。大海人皇子としては、乙巳の変以降兄中大兄皇子に協力し、斉明天皇死後中大兄皇子が称制となると自他ともに皇太子（弟）格と思っていたにも拘わらず、天智天皇の即位の前後の頃から大友皇子の地位が上昇し、皇位に即く望みは断たれ吉野隠棲へ追い込まれたことがあり、大友皇子に強い敵意、憎しみを感じざるを得なかったのであろう。殊に山陵造営の人夫に名を借り、軍事的圧力をかけてきているとなれば、許し難い思いをもったことは容易に推察されるところである。この思いは大海人皇子妃である鸕野皇女（持統天皇）も共有していたとみてよい。この皇女は天智天皇の娘であるから、壬申の乱は生家につくか婚家につくかを問われたことになるが、後者を選び大海人皇子と乱を戦いぬいたことは周知に属す。鸕野皇女も大友皇子に敵意、反感を有していた。大海人皇子・鸕野皇女と大友皇子との間の溝の由来は、両人の兄、父である天智天皇が大友皇子を皇位継承者としたことに起因すること故、右溝意識は天智天皇にも向っていたとみてよい。既述した天智天皇主催の琵琶湖畔での宴席で大海人皇子が起した長槍指貫事件は、大友皇子に肩入れする兄への反感の発露という性格があり、天智天皇の晩年の大海人皇子の剃髪、吉野隠棲も兄の猜疑を解くための行為で、心外のものであったことは言うまでもない。天武天皇即位前紀によれば、天智天皇の病床に喚ばれた大海人皇子に対し側近の蘇我安麻呂が「有意ヒテ言ヘ」と助言し、皇子はこれに従ったのであった。

文武天皇朝における山科陵造営

このため天武・持統天皇朝を通じ天智天皇ないし近江朝に対する扱いは冷淡だったようであるが、持統天皇朝が終り文武天皇朝に入ると様相が大分変り、天智天皇の評価が昂まってきている様子を看取することができる。『続日本紀』文武天皇三年（六九九）十月甲午条には、

詔、赦㆓天下有㆑罪者㆒。但十悪・強窃二盗、不㆑在㆓赦限㆒。為㆑欲㆑営㆓造越智・山科二山陵㆒也。

とあり、天智天皇陵である山科陵の造営が行われていることが知られるのである。山科陵は大友皇子の下で造営され、額田王の作歌にみる如く埋葬の儀も終了していたとみられるので、既成の山陵の修繕を意味する修造でなく全く新しく築造することを意味する営造なる語が使用されているのは不可解であるが[1]、天武・持統天皇朝を通じて放置されていた山科陵の再整備となると、修造でなく営造なる語が相応しいとされたのかもしれない。この陵に関わる伝承として『政事要略』巻二十九年中行事に、

年代記云、辛未、此年天皇乗㆑馬行㆑事、幸㆓山科郷㆒之間、更不㆓還御㆒。交㆓山林㆒不㆑知㆓其崩所㆒。以㆓沓落地㆒為㆑陵、云々。

とあり、同様の所伝は『扶桑略記』や『水鏡』にみえている。天皇が山科郷へ行幸して還御せず崩所が不明だというのは、誠に不思議な所伝であり、『日本書紀』の近江宮で死去したとする記事を踏まえれば、到底信拠し得ない伝承である。私は、一度造営された天智天皇陵が天武・持統天皇朝を通じ放置されている間に場所等も定かでなくなり、

文武天皇三年に全く新しく築造することになったことにより、右所伝が生ずるようになったのではないかと推測する。天智天皇の崩所が判らないというのは、近江朝時代の元来の山陵の所在地が不明になっていたということなのであろう。山科陵造営に当たり赦が発令されていることについて藤堂かほる氏は、赦とは「更始自新」であり、これまでの統治行為の結果を白紙に戻して、新秩序を形成するという意味をもつ象徴的行為である、という看点から、越智・山科二陵の造営を新しい国家秩序の形成に関わる大事とみている(2)。私は藤堂氏の言う新しい国家秩序を、天武・持統天皇時代の天智天皇への評価、処遇を改めることと解せるのではないかと考える。両天皇にとり近江朝廷は賊軍であり、近江朝廷を開始した天智天皇は許すことのできない存在とされていたのではないか。かかる天武・持統天皇の朝政指導における姿勢を大きく方向転換するとなれば、赦令を発することも納得できるように思われるのである。

天智天皇と文武天皇

文武天皇は天武天皇の孫に当たり、出生は天武天皇十二年（六八三）であるから壬申の乱から十年余経っており、それへのこだわりがあったとは考えられないだろう。即位時に死亡していた父草壁皇子にしても壬申の乱当時十一歳であり、親である天武・持統天皇がもっていた近江朝への敵愾心を有していたか疑問である。母の阿倍皇女は天智天皇の娘であり、壬申の乱当時十二歳であったから鸕野皇女の如くそれにコミットすることはなく、近江朝廷方と大海人皇子方との争いの中でいずれかに結びつくという立場であったとは思われず、対天智天皇ということでは父親の故、親近感を感じていたことが考えられよう。後論する如く持統天皇は壬申の乱を回顧して屢々吉野へ行幸し、天武・持統天皇朝の起点がそこにあることを確認する行為に出ているが、文武天皇も吉野へ行幸しているとはいえそのような執心は認められず、祖母の場合と異なり天智天皇に対して最初から敵意、反感を抱くことなく対処できたように思われるのである。尤も山陵の造営というような大事となれば、祖母が有していた情念に囚われずに済むようになっていたにしても、それなりの契機が必要である。私はここで中臣鎌足の息、藤原不比等の存在に注目すべきだと考える。

藤原不比等と天智天皇

不比等は壬申の乱当時十四歳であり、対決する近江朝廷、大海人皇子方のいずれにも与することなく、局外中立的な立場で終始していたとみてよいだろう。ただし乱後は天武天皇の朝廷に出仕し順調に官途を進んでいたらしい。天智天皇の主催する湖畔の宴席で大海人皇子が長槍指貫事件を起し怒った天智天皇が皇子を執害しようとした時は、固諫した鎌足のとりなしにより事無きを得、皇子は鎌足を親重するようになったという。また壬申の乱が勃発した時は、鎌足が存命していればこのようなことにならなかった、と慨嘆している。大海人皇子が鎌足を深く信重していたことが知られ、この縁で不比等も天武天皇朝から持統天皇朝において好遇を受けたのである。更に不比等は大宝律令の編者として百枝と首名の二人を出している山科の田辺史大隅らの家で養育されており、当時宮廷出仕者に求められていた法律知識を身につけていて、重用された人物であった。因みに不比等の官歴で最初に知られるのは、持統天皇三年（六八九）二月に就任している判事である。不比等は大宝律令の撰定でも刑部親王の下で実質面での最高責任者であった。天武天皇の皇太子草壁皇子は持統天皇三年に死去するが、その時皇子は愛用の佩刀を不比等に授け、我が子珂瑠皇子（文武天皇）の将来を託したとされ、天武・持統天皇朝における不比等の置かれた位置がどんなものであったかを適確に示している。不比等は珂瑠皇子、文武天皇に多大な影響を与え得る立場にあり、同天皇元年八月癸未に娘宮子を夫人とし、大宝元年（七〇一）に首皇子（聖武天皇）が出生している。天武天皇は『万葉集』に和歌を採られておりその嗜みが窺われるものの漢詩文を作っていないが、文武天皇は『懐風藻』に三首の詩を採られていて、詩作に関心があったことが知られる。これなどは不比等の訓養を受けたことに由るらしい。

　持統天皇朝から文武天皇朝にかけて律令編纂が重要課題となっており、不比等はその責任者の位置にあったから、当然のことながら近江朝時代以来の法整備の進展を見直すことを行ったはずであり、自分の親である鎌足と天智天皇との連携による法条作成を検討し、更には律令、公地公民体制への起点となった大化改新の重要性を再認識するに至っていたことと思われる。養老三年（七一九）十月辛丑紀詔は次の通りである。

　開闢已来、法令尚矣。君臣定レ位、運有レ所レ属。洎二于中古一、雖二由行一、未レ彰二綱目一。降至二近江之世一、改張悉備。迄二於藤原之朝一、頗有二増損一。由行連改、以為二恒法一。

簡明に律令法の整備過程に触れており、近江朝の時代に法令整備が進み、藤原朝、文武天皇朝において大宝律令の編纂が行われたことを言っている。この詔には右大臣として不比等が関わっていたとみてよく、右の法整備史観は不比等の認識に他ならないだろう。不比等の近江朝における法整備を評価する姿勢が窺われるのであり、この姿勢が天智天皇朝に対し格別のこだわりを抱かなくなっていたとみてよい文武天皇に影響を与えていたことが考えられるのである。私は不比等を通じ文武天皇は当時の国家体制にとり鎌足と天智天皇の連携による改革政治が重大な意義を有することを確認し、天智天皇の再評価に至ったとみることができるように思う。文武天皇に譲位した持統上皇は大宝二年（七〇二）十二月まで存命するが、退位後は朝政を視る立場でなく、大友皇子を皇嗣とした天智天皇に隙を感じることがあったにしても父であることを思えば、その権威が復活し造陵の提議があっても強いて反対するようなことはなかったであろう。文武天皇の母である阿倍皇女も天智天皇の娘で造陵に反対する立場でなく、寧ろ提議に積極的に関わることをしたのではなかろうか。私は天智天皇の再評価は文武天皇の即位により朝廷の天智天皇に対する見方、とらえ方が従前と大きく変ってきたことと、藤原不比等の働きかけがあったことに由るとみるのである。文武天皇三年の山科陵の造営は、不比等の提議に始まるとみるのも一案だと思う。不比等は既述した如く山科の田辺史大隅らの家で養育されており、山科のあたりについては熟知していたことが考えられる。不比等が大友皇子による山科陵築造とそこでの天智天皇の埋葬を実見し、その後手入れされず放置されたままの山陵を心に掛けていたということは、十分にあり得たように思う。父鎌足と天智天皇の連携による改革を評価する不比等が、山科陵の造営を提議した蓋然性は頗る大とみるのである。

天智天皇の位置づけ

文武天皇三年（六九九）に造営された山科陵について藤堂かほる氏は藤原宮中軸線の真北に位置していることに注目して、藤原宮の天極に当たると解釈し、天智天皇を天極に位置すべき先帝として評価していたと説いている(3)。氏は天智天皇を従前のそれと異なる律令国家の初代天皇とみていた、とも述べている。朝廷が所在がはっきりしなくなっていた山科陵を再度造営するに当たり、新たに藤原宮の真北を運び陵地を占定した可能性は大きいように思う。不比等が律令国家体制整備に大きく歩を進めた天智天皇の陵を宮の真北に築き、藤原宮に対し南面するような形にすることを構想したとして不思議でないだろう。文武天皇三年造営の山科陵が山科の地に築かれたのは元来のそれが山科に営まれていたからであるが、敢えて藤原宮の真北にしたのは、作為に出ている可能性を否定し難いのである。不比等は元来の山科陵が藤原京の地の北方に所在していたのを奇貨とし、宮に南面する陵地を選んだのではなかったか。

天智天皇の忌日

持統天皇朝の頃から前天皇の忌日の仏事が行われるようになっている。『日本書紀』持統天皇元年（六八七）九月庚午条に、

設㆓国忌斎於京師諸寺㆒。

とあるのが初見で、この日京内諸寺で天武天皇を追福して一周忌の仏事を行っている。これは唐制を導入したものであり、壬申の乱をともに戦い天武天皇を追慕する気持の強かった持統天皇が始めた行事として相応しい。如何なる経路で国忌の制が導入されるようになったか不明であるが、天武天皇朝において遣唐使の派遣はないものの、朝鮮を介すなり非正規の唐との交流はあったろうから、それを経路にして唐制国忌が日本において知られるようになっていたのであろう。仏事のこと故、仏教界の関与で始まった可能性が考えられるようである。持統天皇紀二年乙巳条には、

詔曰、自㆑今以後、毎㆑取㆓国忌日㆒、要須㆑斎也。

とあり、天武天皇の忌日の設斎を恒例行事とすることにしている。持統天皇朝における国忌は天武天皇を対象とするもので終始していたらしいが、大宝二年十二月甲午紀には、

勅曰、九月九日、十二月三日、先帝忌日也。諸司当㆓是日㆒、宜㆑為㆓廃務㆒焉。

とあり、九月九日の天武天皇の国忌とは別に十二月三日の天智天皇の国忌に当たり廃務すべきことを定めている。大宝儀制令太陽虧条では国忌の諸司廃務を定めていたと推測されているが、大宝令前にあっては廃務が定められていなかったようで、右引勅は大宝令施行間もなくの段階における廃務励行を指示しているらしい(4)。ところで先学によっては右引勅を天智天皇国忌の初置を示すものと解釈することがあり、その可能性もあるが、天武、天智両天皇の忌日を挙げて廃務の励行を言っている行文からすれば、天智天皇の国忌も天武天皇のそれと同様に勅以前から定められてい

たとみて不都合はなさそうである。仮に右勅が天智天皇の国忌決定に関わるとすれば、天武天皇のそれについて言及する必要はないだろう。私は文武天皇三年の山科陵造営に並行するような形で天智天皇忌日の国忌化が図られていたと推測し得るように思う。先に私は、山科陵造営を藤原不比等の提議によるのではないかと考えたが、不比等は山陵造営を提議するとともに天智天皇忌日を国忌とすることも提議したのではなかったか。今まで放置され場所も判然としなくなっていた前天皇の山陵造営となれば、その天皇の評価が大きく変ったことを示すとみてよく、山陵造営の延長上に国忌設斎があって不思議でないように思われるのである。

山科陵の造営や天智天皇忌日の国忌化は文武天皇朝における天智天皇の再評価の動きと解されるが、天武・持統天皇朝の終了により天智天皇の見直しを可能にする状況が出現し、その一方で父が仕え大化改新を断行した天智天皇を藤原不比等が推奨することにより、右の動きが出現したと推論される。

第二節　二つの皇統意識

天武天皇の王朝開始

大海人皇子は乙巳の変以降斉明天皇朝にかけて兄である天智天皇に皇太子格の皇子として協力してきたが、大友皇子が成長してくるに従い天智天皇は大友皇子を後継者と見做すようになり、漸次天智天皇と大海人皇子との間に溝ができるようになり、前者が死去すると、大友皇子と大海人皇子方とが戦火を交える壬申の乱となったことは周知の通りである。このため大海人皇子にとり大友皇子方は賊軍であり、天智天皇も前帝ながら十分な敬意をもって処遇する存在でなく、寧ろ天武天皇は即位すると天智天皇とは一線を画した王朝を開始するという意識を濃厚に有していたらしい。天智天皇の娘である天武天皇皇后鸕野皇女も壬申の乱を大海人皇子とともに戦い、天武天皇と同様の意識を有していたとみてよい。天武天皇は鸕野皇女との間の子である草壁皇子を皇太子とするが、天武天皇が死去した当時病弱であったらしく即位せず、母鸕野皇女が称制し次いで持統天皇として即位している。草壁皇子は持統天皇三年（六八九）四月に幼齢の珂瑠皇子を遺して死去している。持統天皇は珂瑠皇子が十五歳になり成人するのを待って十一年八月に退位し、珂瑠皇子が文武天皇として即位するが、文武天皇も丈夫でなかったらしく慶雲四年（七〇七）六月に幼い首皇子を遺して死去すると、天智天皇の娘でもある母の阿倍皇女が元明天皇として即位し、霊亀元年（七一五）九月には元明天皇の娘氷高内親王が元正天皇として践祚し、神亀元年（七二四）二月に首皇太子が聖武天皇として即位している。この皇位継承に関し通説的理解として、草壁皇子―文武天皇―聖武天皇は男系で天武天皇に始まる皇統を受け継いでいるとされ、女性である持統・元明・元正天皇は天武天皇の皇統を維持、存続させるための中継天皇と解釈する説が行われている。この皇統は聖武天皇の次の孝謙＝称徳天皇に引き継がれ、称徳天皇死後は天智天皇の子である施基皇子の子白壁王が光仁天皇として即位するので、これ以降皇統が天武天皇系から天智天皇系に交替するとみている。

天智天皇系皇統説

この王朝交替説は非常に分かりやすいが、最近前節で述べた文武天皇朝における天智天皇を評価する動きに注目して、草壁皇子―文武天皇―聖武天皇と続く皇統を天武天皇系とするのは当たらず、持統天皇を中継天皇とみず天智天皇を継ぐ本命天皇ととらえ、草壁皇子以降の皇統を天智天皇を開祖とするそれと解釈する見解が発表されている。(5)文武天皇朝において天智天皇の忌日を天武天皇のそれに合わせて国忌としているあたりを顧慮すると、天智天皇を開祖とする皇統という理解も強ち否定し難いところがあるが、天智天皇の再評価が即、皇統の開祖を意味するかとなると少なからず疑問があり、検討を要するように思う。天智天皇が中臣鎌足と連携して乙巳の変を成功に導き、大化改新を断行し公地公民制に基づく律令国家の開祖であることは確かであるが、それと皇統の開祖ということとは自ずと別な概念であり、文武天皇朝以降における天智天皇の再評価が前者に関わると言えても、後者には直結しないのではないか、と言うことである。

天武天皇系皇統の本命たる草壁皇子や文武天皇は母親が鸕野皇女ないし阿倍皇女でともに天智天皇の娘であるから、天智天皇は母方を通じ祖父ということになる。持統天皇からみて天智天皇は父であっても許せないものがあったと考えられるが、阿倍皇女や文武天皇からみると必ずしもそのような存在でなく、偉大な父、外祖父となり、顕彰の対象になっても不思議でないように思われる。しかしこのことと皇統如何とは別で、当時の皇統が男系で引き継がれていることを思えば、娘の父、母方の祖父が偉大な存在として評価されるようになっても、皇統の開祖となることにはならないように思われるのである。因みに即位した天皇が自分の外祖父を顕彰することは、少しも珍しいことでない。光仁天皇の外祖父紀諸人は光仁天皇朝の宝亀十年（七七九）十月に生前の従五位上から従一位を贈られ、曽孫に当たる桓武天皇から延暦四年（七八五）五月に正一位太政大臣を贈られている(6)。かかるあり方を考慮すれば、文武天皇朝における山科陵の造営や忌日の国忌編入があっても、皇統如何とは拘わらず、文武天皇による外祖父顕彰の一環とみることが可能であろう。七世紀末から八世紀前半にかけての天智天皇の復権を天智天皇系皇統意識の擡頭と結びつけるには、猶、一考を要するように思われる。

『古事記』『日本書紀』にみる皇統観

皇統如何ということになれば、当時の朝廷・貴族が歴史をどうみていたかという歴史観が関わってくるので、ここで八世紀前半の歴史書である『古事記』と『日本書紀』をとりあげてみたいと思う。言うまでもなく、『古事記』は稗田阿礼が誦習した帝皇日継と先代旧辞を太安万侶が撰録して、和銅五年（七一二）正月二十八日に元明天皇に奉上したものである。時代的には神代から推古天皇までを対象としているが、注目すべきは序文で天武天皇の詔により撰録事業が始められたことを言い、天武天皇について、

暨下飛鳥清原大宮御二大八州一天皇御世上、潜龍体レ元、洊雷応レ期。開二夢歌一而相レ纂レ業、投二夜水一而知レ承レ基。然、天時未レ臻、蝉二蛻於南山一、人事共給、虎二歩於東国一。皇輿忽駕、凌二渡山川一、六師雷震、三軍電逝。杖矛挙レ威、猛士烟起、絳旗耀レ兵、凶徒瓦解。未レ移二浹辰一、気沴自清。乃、放レ牛息レ馬、愷悌帰二於華夏一、巻レ旌戢レ戈、儛詠停二於都邑一。歳次二大梁一、月踵二夾鐘一、清原大宮、昇二即天位一。道軼二軒后一、徳跨二周王一。握二乾符一而摠二六合一、得二天統一而包二八荒一。乗二二気之正一、斎二五行之序一、設二神理一以奨レ俗、敷二英風一以弘レ国。重加、智海浩汗、潭二探上古一、心鏡煒煌、明観二先代一。

と記述していることである。右引文では誠に生きいきとした筆致で天武天皇が吉野へ退隠した上で軍を興し、敵方である近江朝廷軍を破ったことを叙述している。安万侶は、壬申の乱の時美濃国安八磨郡の湯沐令で軍功を挙げていた父品治から戦闘の様子を聞いており、精彩のある描写を行っているのであろうが、この文章は近江朝廷方を敗北させたことに天武天皇即位の由来があったことを示し、和銅五年の段階で安万侶が上呈し且つ受納された史書中でそれを語っているのは、当時の朝廷が壬申の乱勝利にその正統性を置いていたことを示すとみてよい。文武天皇が即位し皇太子首皇子が即位し得るのは、壬申の乱を勝ち抜いた天武天皇の皇統を受け継ぐ子孫であることに由る、ということ

である。安万侶は天武天皇の「帝紀ヲ撰録シ、旧辞ヲ討覈シテ、偽リヲ削リ実ヲ定メテ、後葉ニ流ヘムト欲フ」という『古事記』撰述を指示する詔令を引用しているのであるが、天武天皇に新王朝創立とそれに伴う修史という意識があり、安万侶にも同様の意識があったことを読みとってよいであろう。「凶徒瓦解」とある凶徒とは近江朝を指し、それを瓦解させたということは旧王朝を亡ぼしたことに他ならない。「天統ヲ得テ、八荒ヲ包ム」は天武天皇が舒明・皇極天皇の嫡を得て皇位に即いているということであり、兄天智天皇とは異なる皇統の開始というニュアンスが感じられるのである。

養老四年（七二〇）四月に奏上された『日本書紀』には『古事記』のような序文がないが、突出した特徴として天武天皇紀に二巻をさき、上巻では専ら壬申の乱を扱っている。『日本書紀』の編者が壬申の乱を重視していたことが容易に看取され、乱における勝利を王朝の拠りどころとしていたことが推知される。『日本書紀』が天武天皇系皇統説に立っていることは、まず誤りないところであろう。『古事記』撰録時の天皇は元明天皇であり、『日本書紀』奏上時のそれは元正天皇で異なるが、朝廷で実権を振るっていた人物となると右大臣藤原不比等である。不比等が両書撰述過程で細部に渉り容喙するような事態は考え難いが、王朝の正統性や皇統如何といった重要事項については指導を行っていたとみてよいだろう。天武天皇を称揚する序文の付された『古事記』が受納され、天武天皇を特別扱いした『日本書紀』が奏上された背景に不比等の意向があったとみてよく、不比等は皇統に関し天武天皇系を正統とする立場にたっていたことが推測されるのである。『日本書紀』の完成は養老四年であるが、『古事記』の撰録された和銅五年前後の頃は編纂事業が軌道にのりかかっていた時期であったと考えられ、修史に当たる官人らの間に壬申の乱を回想し、王朝の正統性をそこにおける勝利に結びつける思考がひろまっていた様子を想定できそうである。そしてその思考は不比等が容認するものであった。前章では天智天皇再評価の動きに関わる人物として不比等の存在を指摘したが、この人物は天智天皇を顕彰する一方で、皇統については天武天皇系のそれを正統視する立場にたっていた、ということになる。

『古事記』『日本書紀』の皇統観と神話

尤も持統天皇朝以降の皇統を天智天皇系と説く論者からは、『日本書紀』は天武天皇系皇統説にたっているが、『古事記』は天智天皇系皇統説にたち、前者は後者を批判する立場で撰述されている、とする所見が出されている。この所見を強力に述べている水林彪氏によれば、『古事記』の天孫降臨の場面で取り仕切り役になっている天照大神は天智天皇・草壁皇子に相応し、天照大神の子で降臨する迩々芸命の父天忍穂耳命は天武天皇、迩々芸命は首皇太子、天照大神と対をなし支援する役の高皇産霊尊（高御魂神、高木神）は藤原鎌足・不比等、高皇産霊尊の娘で天忍穂耳命と結婚する万幡豊秋津師比売命は藤原宮子に当たるととらえられ、『古事記』の天孫降臨譚は天智天皇系皇統を正統視し、且つこの皇統に藤原氏が協力するあり方を織りこんだ構想となっているという(7)。水林氏によれば、藤原氏の祖である天児屋命は高皇産霊に出るとされる。『古事記』と異なり『日本書紀』の天孫降臨の場面では高皇産霊が仕切り役となり天照大神は脇役でしかなく、高皇産霊は天武天皇に結びつけられ、かかる構想を内容とする『日本書紀』は『古事記』を批判する意図で執筆されている、というのである。

高天原ないし天孫降臨の場における神々のあり方を『古事記』『日本書紀』編録時の宮廷の状況と結びつけて解釈することは屢々行われてきているが、水林氏は『古事記』と『日本書紀』が皇統観において全く異なる立場にたち、後者は前者を批判する叙述を行っている、と解釈し、前者の皇統観が当時の主流であり、藤原不比等のとるところとなっている、と判断していることになろう。私は両者の間にさまざまな相異があって不思議でないにしても、不比等が実権者として臨む朝廷に上呈された二つの史書において皇統如何という重要事項について相異し、一が他を批判するようなことは考え難い事態だと思われるので、水林氏の解釈には従い得ないと考える。

水林彪説批判

水林彪氏は『古事記』の天照大神を天智天皇・草壁皇子に当てているのであるが、同神が女神であることを思うと不可解の思いを禁じ得ない。『日本書紀』の天照大神は姉と記載されていることなどから女性であることは明白なものの、『古事記』では同神を女神と明示していない。氏はこれを根拠に『古事記』の天照大神を男神と考えているのであるが、根の国へ行く前に高天原へ辞去の挨拶のためにやってきた須佐之男命を迎える天照大神が「御髪ヲ解キテ、御角髪ニ纏キ」弓矢で武装したとする『古事記』の件は、通説的解釈の如く、女性が角髪という男装に身なりを改めていると解されるので、その本性は女性とみるのが妥当であろうと思う。勿論男神が角髪にあらざる結髪を解き角髪に改めたという理解が全くあり得ないとは言えないが、当時の知られる男性の結髪は角髪以外になく、他方埴輪等から知られる女性の結髪は潰島田風のそれのみであるから、『古事記』の右の件は、女性が潰島田風の結髪を解いて男子の身なりである角髪に改めた、とするのが穏当な解釈なのである。『古事記』の「御髪ヲ解キテ」が「御髪ヲ梳リテ」とでもあれば、乱れた髪を整え角髪に結ったと解釈できるのであるが、「解キテ」では既に結ってある髪を結い直したの意としか解せない。始めから角髪であるならば角髪に改める必要はなく、角髪でない結髪を角髪に改めたとしか解されず、となると当時の女性の髪型が潰島田風、男性の結髪が角髪という実態を考慮すると、女性の髪型である潰島田風の結髪を男子の角髪に改めたと解さざるを得ないのである。

藤原氏の祖を高皇産霊とする所見については、水林氏も明示的根拠を欠くとしており、想像説と言ってよい見解で

『尊卑分脈』にみる藤原氏の祖神

天御中主尊―○―天八百万魂尊┬神魂命―櫛真乳魂命
　　　　　　　　　　　　　└津速魂命―市千魂命―居々登魂命―天児屋根命

あるが、『日本書紀』一云に、

至二於日神、閉二居于天石窟一也、諸神遣二中臣連遠祖興台産霊児天児屋命一、而使レ祈焉。

とあるので、八世紀前半の頃藤原氏の祖天児屋命を興台産霊（居々登魂命）の子とする所伝のあったことが知られる。九世紀の『古語拾遺』には神産霊神（神魂神）を天児屋命の父とする所伝がみえるが、『尊卑分脈』では居々登魂神を天児屋命の父とし、右掲の如き系譜を記載している。祖神伝承となると仲々帰一しないのであるが、八世紀以来の有力な藤原氏の祖に関する伝承として興台産霊―天児屋命という系譜のあったことが確認され、他方天児屋命を高皇産霊に結びつける伝承はないのであるから、藤原氏の祖を高皇産霊に結びつけるのは困難と言わざるを得ないように思う。八世紀段階において天児屋命を高皇産霊に結びつける伝承があったとすれば、高皇産霊は神話世界で神産霊神や興台産霊より遥かに有力な神のこと故、後代においても藤原氏は高皇産霊を祖神系譜に位置づけたはずである。私は水林氏の論ずる、『古事記』の天照大神を支援する高皇産霊を藤原氏の祖神とする所見は成立しないと考える。

『古事記』の天照大神と元明天皇

私は、『古事記』の天照大神を主神とする高天原のあり方は、奏上された元明天皇が女性であることに注目すると、女帝が主宰する朝廷と結びつけて理解されるべきことと考える。この神話世界は、謂わば元明天皇にエールを送る性格のものと解すのである。『古事記』の序文に戻ると、既述した如く天武天皇を称揚するとともに、元明天皇に関して、

　皇帝陛下、得レ一光宅、通レ三亭育。御二紫宸一而徳被二馬蹄之所一レ極、坐二玄扈一而化照二船頭之所一レ逮。日浮重レ暉、雲散非レ烟。連レ柯并レ穂之瑞、史不レ絶レ書、列レ烽重レ訳之貢、府無二空月一。可レ謂下名高二文命一、徳冠中天乙上矣。

と記述し、言葉を極めて賞賛しているのである。『古事記』の天照大神が元明天皇に相応するという所見は従前から説かれてきているが、私はそれを否定する必要はないと考える。

右の点に関連して『古事記』は推古女帝で擱筆しているが、これも推古女帝が『古事記』時代の有終の美に当たることを強調し、元明女帝の治世の栄華に結びつけて理解させようとの意図に出ているのであろう。推古天皇記は短文で素っ気ない記述ではあるが、ここは女帝の世であることが重要なのである。論者によっては、敏達天皇記の文章中に日子人太子（彦人大兄）の子舒明天皇に言及している件のあることに注目して、舒明天皇がとりあげられている最後の天皇であり、舒明天皇朝までが『古事記』の扱っている時代であると説かれているが、全体構造をみれば推古天皇で終っているというのが、紛れもない事実であろう。

以上より私は水林彪氏が精力的に説いた、皇統観において『日本書紀』が『古事記』を批判しているとみる所説は成立せず、後書で天智天皇系皇統観を読みとれるとする所見は失当と言ってよいと考える。両書ともに天武天皇系を皇統とする史観にたっているとみて、不都合はないであろう。

壬申の乱の回顧

天武天皇朝から八世紀前半にかけての顕著な事実に、壬申の乱で功績を挙げた者が死亡した際の顕彰がある。いずれも贈位を行い賜物を贈るなどをしているのであるが、天武天皇朝において十九人、持統天皇朝三人、元明天皇朝二人の例が知られる。元正天皇朝に入ると壬申の乱から時間が経過し、壬申の乱の功臣にして死去する者がいなくなるのだろうが、功臣死者への顕影の替りに霊亀二年（七一六）四月癸丑に功臣の子十人に功田を支給することが行われている。壬申の乱の功臣への顕影は天武天皇による吉野隠退から勝利に至る戦闘を回顧し、それにより新しい王朝が出現したことを再確認する働きをなしたことが考えられ、持統天皇は勿論、文武・元明・元正天皇らも皇統が天武天皇に始まることを再確認したのではあるまいか。元正天皇による壬申の乱の功臣の子らへの功田支給が即位七カ月後に行われているのをみると、即位早々の段階において自らの父草壁皇子が天武天皇の子であること、そして壬申の乱の勝利が践祚に深く関わっているとの認識があったように思われるのである。仮に元正天皇朝において天智天皇系皇統説がとられていたとすれば、壬申の功臣の子に敢えて賜田を行うようなことはなかったであろう。天智天皇系皇統説を是とする朝廷貴紳にとり、近江朝方を敗北させた壬申の乱の記憶は好ましいものではなかったはずである。

壬申の乱への回顧となると吉野への行幸があるが、吉野への退隠を共にした持統天皇はその在位中に三一回出かけ、文武天皇は二回、元正天皇は一回、聖武天皇は三回出幸している。持統天皇の行幸が突出しているが、回数は落ちるとはいえ文武天皇以下も出かけており、天武天皇の王朝発祥の地とも言える吉野への関心が継続していたことが判明する。吉野への関心が、天武天皇系皇統意識と結びついていたであろうことは容易に推察されるところである。聖武天皇の三度の吉野行幸のうちの最初は、即位後間もなくの神亀元年（七二四）三月に挙行されており、即位に伴う壬申の乱の回顧という性格が窺えそうである。

元正天皇は養老元年（七一七）九月に美濃国方面へ行幸して、近江国と美濃国で畿内を除く諸国司らの奏する土風の歌舞や風俗の雑伎を観覧し、美濃国多耆郡の美泉（養老の滝）を訪れている。この行幸は大嘗祭の翌年に行われた儀礼的な意味合の深いものとされているが、近江・美濃両国での国風の観覧は壬申の乱を回顧するという政治的意図があったと推察され、天武天皇系皇統意識と関連を有していたことが考えられる。天平十二年（七四〇）十月に始まる聖武天皇による伊勢行幸は藤原広嗣の乱の最中における出幸であることによりよく知られているが、伊賀国から伊勢国へ入り、美濃・近江国を通過して山背国相楽郡の恭仁宮へ入っている。ほぼ壬申の乱の時の天武天皇の行軍の蹤を追訪している趣向があり、広嗣の乱を契機に曽祖父天武天皇の事跡を回顧していることが窺知される。この行幸も天武天皇系皇統意識に関わっているとみてよいだろう。曽祖父の勝利の蹤を追うことにより、広嗣の乱鎮圧の確信を得ることを求めたのだと考えられる。行幸途次の聖武天皇は、自らが天武天皇の皇統に繋がることを強く意識したはずである。広嗣の乱という異常事態下における天武天皇の事跡追訪は、聖武天皇にとり天武天皇の重みがどれ程のものであったかをよく示していると考えられる。

天武天皇系の皇統

八世紀には皇統断絶の危機や謀反を起こした者により皇位候補者とされたり、偽立された皇親がいる。元明・元正天皇朝においては首皇太子が次の天皇としてほぼ衆目の一致するところであったが、性格的に問題があり、父文武天皇が即位した十五歳になっても幼稚を称され、皇嗣として不安なところがあった。元明天皇が霊亀元年（七一五）二月丁丑に、

勅、以二三品吉備内親王男女一、皆入二皇孫之列一焉。

という決定をしているのは、首皇太子が即位し得ない場合に備え、皇曽孫である長屋王と吉備内親王との間の子、膳夫王らの身分格上げを図り、皇嗣にしようとの意図に出ていると解される。膳夫王が天武天皇―高市皇子―長屋王と続く天武天皇系に繋がることは言うまでもない。これより元明天皇が皇嗣の候補を天武天皇系から起用することを考えていたことになろう。霊亀元年二月以前において吉備内親王所生である膳夫王らを皇孫でなく皇曽孫としていたのは、元明天皇が膳夫王らを天武天皇の曽孫とみていたことを示しており、この事実は元明天皇が継嗣は男系によるとの認識を有していたことを明らかにしている。膳夫王らを皇孫とするということは、天武天皇の孫とすることに他ならない。女系による系譜によるならば、膳夫王は吉備内親王の子であるから、元明天皇の孫になり、更めて皇孫扱いするとの指示は不要である。

天平勝宝八歳（七五六）五月に聖武太上天皇が死去すると、遺詔により新田部親王の子である道祖王が皇太子に立てられている。但し道祖王は聖武太上天皇諒闇中の淫縦を理由に廃され、天平宝字元年（七五七）四月に孝謙天皇の召により群臣の商議が行われている。右大臣藤原豊成・中務卿藤原永手は道祖王の兄塩焼王を推し、摂津大夫文室珍努・左大弁大伴古麻呂は舎人親王の子池田王、大納言藤原仲麻呂は同親王の子大炊王を推薦し、結局大炊王が皇太子となり、孝謙天皇の譲位を受けて淳仁天皇として即位している。ここで候補になっている皇親はいずれも新田部・舎人親王の子で、天武天皇の孫に他ならない。天平宝字元年七月には橘奈良麻呂の変が発覚しているが、謀反に道祖王と長屋王と藤原那娥子との間の子である黄文・安宿王らが加わり、消極的ながら塩焼王も関与していた。謀反が成功した場合は、これら四人の皇親のうちから天皇を選ぶことにしていたという。四人の王はいずれも天武天皇の子孫で、奈良麻呂らは天武天皇系の皇親中からの即位を考えていたことになろう。天平宝字六年（七六二）六月庚戌の孝謙太上天皇詔は、道鏡に寵を寄せる太上天皇が淳仁天皇の皇権を制約し国家大事・賞罰二柄の回収を宣言しているこ

とで知られているが、自らの即位事情として、

朕御祖大皇后《（光明皇后）》乃御命以弖、朕尓告之久、岡宮御宇天皇《（草壁皇子）》乃日継波、加久弖絶奈牟止為、女子能継尓波在止母、欲令嗣止宣。

と述べている。聖武天皇に男子皇嗣がいない中で光明皇后が、草壁皇子の系統が絶えかかっているので、女子ながら即位させることにした、という内容である。ここで言っている草壁皇子の系統とは、複数の天武天皇後裔のうちの草壁皇子系ということであろう。「女子ノ継ニハアレドモ」という表現に、元来皇位は男系により嫡々相承されるべきであるというニュアンスが込められているように思われる。矢張り天武天皇―（草壁皇子）―文武天皇―聖武天皇という系統が本命とされていたのである。天平宝字八年九月に乱を起した藤原仲麻呂は、塩焼王を天皇に偽立している。仲麻呂も皇統は天武天皇系という認識を有していた。

皇統の交替

皇嗣未決定のまま宝亀元年（七七〇）八月に称徳天皇が死去すると、遺宣を称し藤原永手らに推挙された白壁王が皇太子となり、光仁天皇として即位している。光仁天皇は天智天皇の孫、施基皇子の子で、天智天皇系皇統ということになる。通説的理解として、光仁天皇の即位をもって皇統が天武天皇系から天智天皇系に交替したととらえてきているのであるが、天武天皇以降、光仁天皇即位までの天皇が女帝を除くといずれも天武天皇の孫・曽孫であることから、右説を是としてよく、八世紀初以降の皇統意識を強いて天智天皇系とみる必要はないと考えられる。継嗣令が男系嫡々相承を旨としていることはよく知られているが、法条の規定に終らず、先引霊亀元年二月の元明天皇勅にみる如く、朝廷を構成する人々の意識としても男系嫡々相承を当然の規範としていたのであった。これを念頭におけば、天武天皇以降の皇統が天武天皇系と認識されていたことには疑問の余地がないのである。天武天皇死後、天智天皇の

娘である持統天皇が朝廷で家父長的な立場で采配を振い、文武天皇の即位が持統天皇の指示によっていたことは文武天皇即位詔や元明天皇即位詔中で述べられている通りであろうが、これにより皇統意識までが天智天皇―持統天皇の系列となったとは言えないと考える。壬申の乱以降天武天皇系の皇統が続き、それが称徳天皇の死により絶えた後光仁天皇の即位により、天智天皇系へ皇統が交替するとする通説を確認してよい。文武天皇朝の頃から天智天皇の再評価が顕著になり、山陵が造営されたり忌日が国忌とされているが、これは皇統意識とは別に、天智天皇が大化改新を断行し律令国家の起点をなす偉大な天皇であり、文武天皇にとっては母方の祖父、元明天皇にとっては父であることに由るのである。

注

（1）藤堂かほる「天智陵の営造と律令国家の先帝意識―山科陵の位置と文武三年の修陵をめぐって―」（『日本歴史』六〇二号、一九九八年）。
（2）前注（1）。
（3）前注（1）。
（4）藤堂かほる「律令国家の国忌と廃務―八世紀の先帝意識と天智の位置づけ―」（『日本歴史』四三〇号、一九九八年）。
（5）水林彪「律令天皇制の皇統意識と神話」（『思想』九六六号、二〇〇四年）。
（6）『続日本紀』宝亀十年十月丁酉条、延暦四年五月丁酉条。
（7）前注（5）。

天智天皇《てんちてんのう》と大化改新《たいかのかいしん》

■著者略歴■
森田　悌（もりた　てい）
1941年　埼玉県に生まれる
1965年　東京大学文学部卒業
1967年　同法学部卒業
現　在　金沢大学教授、群馬大学教授を経て、群馬大学名誉教授
　　　　文学博士

主要著書

『平安時代政治史研究』吉川弘文館、1978年。『邪馬台国とヤマト政権』東京堂出版、1998年。『訳注日本後紀』（編）集英社、2003年。『推古朝と聖徳太子』岩田書院、2005年。『王朝政治と在地社会』吉川弘文館、2005年。『日本後紀』上中下、講談社（学術文庫）2006～2007年。他

2009年2月5日発行

著　者　森　田　　　悌
発行者　山　脇　洋　亮
印　刷　藤原印刷㈱

発行所　東京都千代田区飯田橋 4-4-8 東京中央ビル内　㈱同成社
TEL03-3239-1467　振替00140-0-20618

ISBN978-4-88621-468-3　C3321